ESCRITOS METAPSICOLÓGICOS E CLÍNICOS

COLEÇÃO "CLÍNICA PSICANALÍTICA"
TÍTULOS PUBLICADOS

1. Perversão	Flávio Carvalho Ferraz
2. Psicossomática	Rubens Marcelo Volich
3. Emergências Psiquiátricas	Alexandra Sterian
4. Borderline	Mauro Hegenberg
5. Depressão	Daniel Delouya
6. Paranóia	Renata Udler Cromberg
7. Psicopatia	Sidney Kiyoshi Shine
8. Problemáticas da Identidade Sexual	José Carlos Garcia
9. Anomia	Marilucia Melo Meireles
10. Distúrbios do Sono	Nayra Cesaro Penha Ganhito
11. Neurose Traumática	Myriam Uchitel
12. Autismo	Ana Elizabeth Cavalcanti e Paulina Schmidtbauer Rocha
13. Esquizofrenia	Alexandra Sterian
14. Morte	Maria Elisa Pessoa Labaki
15. Cena Incestuosa	Renata Udler Cromberg
16. Fobia	Aline Camargo Gurfinkel
17. Estresse	Maria Auxiliadora de A. C. Arantes Maria José Femenias Vieira
18. Normopatia	Flávio Carvalho Ferraz
19. Hipocondria	Rubens Marcelo Volich
20. Epistemopatia	Daniel Delouya
21. Tatuagem e Marcas Corporais	Ana Costa
22. Corpo	Maria Helena Fernandes
23. Adoção	Gina Khafif Levinzon
24. Transtornos da Excreção	Marcia Porto Ferreira
25. Psicoterapia Breve	Mauro Hegenberg
26. Infertilidade e Reprodução Assistida	Marina Ribeiro
27. Histeria	Silvia Leonor Alonso e Mario Pablo Fuks
28. Ressentimento	Maria Rita Kehl
29. Demências	Delia Catullo Goldfarb

30. Violência	Maria Laurinda Ribeiro de Souza
31. Clínica da Exclusão	Maria Cristina Poli
32. Disfunções Sexuais	Cassandra Pereira França
33. Tempo e Ato na Perversão	Flávio Carvalho Ferraz
34. Transtornos Alimentares	Maria Helena Fernandes
35. Psicoterapia de Casal	Purificacion Barcia Gomes e Ieda Porchat
36. Consultas Terapêuticas	Maria Ivone Accioly Lins
37. Neurose Obssesiva	Rubia Delorenzo
38. Adolescência	Tiago Corbisier Matheus
39. Complexo de Édipo	Nora B. Susmanscky de Miguelez
40. Trama do Olhar	Edilene Freire de Queiroz
41. Desafios para a Técnica Psicanalítica	José Carlos Garcia
42. Linguagens e Pensamento	Nelson da Silva Junior
43. Término de Análise	Yeda Alcide Saigh
44. Problemas de Linguagem	Maria Laura Wey Märtz
45. Desamparo	Lucianne Sant'Anna de Menezes
46. Transexualismo	Paulo Roberto Ceccarelli
47. Narcisismo e Vínculos	Lucía Barbero Fuks
48. Psicanálise da Família	Belinda Mandelbaum
49. Clínica do Trabalho	Soraya Rodrigues Martins
50. Transtornos de Pânico	Luciana Oliveira dos Santos
51. Escritos Metapsicológicos e Clínicos	Ana Maria Sigal

Coleção Clínica Psicanalítica
Dirigida por Flávio Carvalho Ferraz

ESCRITOS METAPSICOLÓGICOS E CLÍNICOS

Ana Maria Sigal

Casa do Psicólogo®

Aos meus queridos Hugo, Barbara,
Juan Pablo e Bianca;
sem eles, não seria eu.

*"Toda conquista se paga com o exílio,
toda possessão com uma perda."*
(J.-B. Pontalis)

© 2009 CasaPsi Livraria, Editora e Gráfica Ltda.
É proibida a reprodução total ou parcial desta publicação, para qualquer finalidade,
sem autorização por escrito dos editores.

1ª edição
2009

Editores
Ingo Bernd Güntert e Jerome Vonk

Assistente Editorial
Aparecida Ferraz da Silva

Produção Gráfica & Capa
Ana Karina Rodrigues Caetano

Editoração Eletrônica
Sergio Gzeschnik

Revisão Gráfica
Flavia Okumura Bortolon

Projeto Gráfico da Capa
Yvoty Macambira

Dados Internacionais de Catalogação na Publicação (CIP)
(Câmara Brasileira do Livro, SP, Brasil)

Sigal, Ana Maria
Escritos metapsicológicos e clínicos /Ana Maria Sigal – São Paulo: Casa do Psicó-
logo®, 2009. – (Coleção clínica psicanalítica /dirigida por Flávio Carvalho Ferraz)

Bibliografia.
ISBN 978-85-7396-643-5

1. Metapsicologia 2. Psicanálise 3. Psicologia clínica I. Ferraz, Flávio
Carvalho II. Título. III. Série

09-05111   CDD-150.195

Índices para catálogo sistemático:

1. Metapsicologia e psicologia clínica.   150.195

Impresso no Brasil
Printed in Brazil
Reservados todos os direitos de publicação em língua portuguesa à

Casapsi® Livraria, Editora e Gráfica Ltda.
Rua Santo Antônio, 1010
Jardim México • CEP 13253-400
Itatiba/SP – Brasil
Tel.Fax: (11) 4524.6997
site: www.casadopsicologo.com.br

SUMÁRIO

AGRADECIMENTOS 13

PALAVRAS PRELIMINARES 15

I. SOBRE O SEXO, A SEXUAÇÃO E O FEMININO 23

1 - A ORGANIZAÇÃO GENITAL INFANTIL 25

2 - ALGO MAIS QUE UM BRILHO FÁLICO: CONSIDERAÇÕES ACERCA
DA INVEJA DO PÊNIS 47

3 - A MULHER NÃO NASCE MÃE, PODE TORNAR-SE MÃE 69

4 - A MATERNIDADE COMO FUNÇÃO SIMBÓLICA 89

5 - NOTAS PARA UMA AULA DE SEXUALIDADE INFANTIL 103

6 - NOTAS PARA UMA AULA DE COMPLEXO DE ÉDIPO 127

II. SOBRE METAPSICOLOGIA, RECALCAMENTO
PRIMÁRIO E NOVAS PATOLOGIAS 157

7 - FORMAÇÃO DO EU: UM ESTUDO PARA LER O ESTÁDIO DO ESPELHO ... 159

8 - O ARCAICO E AS PATOLOGIAS ATUAIS 177

9 - FRANCIS BACON E O PÂNICO: UM ESTUDO SOBRE O RECALCAMENTO
PRIMÁRIO 187

10 - O ORIGINÁRIO: UM CONCEITO QUE GANHA VISIBILIDADE 207

III. SOBRE O INFANTIL E O TRABALHO CLÍNICO COM CRIANÇAS 229

11 - A CLÍNICA COM CRIANÇAS: UM CALDEIRÃO FERVENDO 231

12 - OS PAIS, O RECALQUE PRIMÁRIO E A CIRCULAÇÃO DE
SIGNIFICANTES ENIGMÁTICOS 261

13 - TRANSFORMAÇÕES NA CLÍNICA COM CRIANÇAS 279

14 - MEDICALIZAÇÃO NA INFÂNCIA: UM ESTUDO SOBRE A SÍNDROME
DE DESATENÇÃO (ADD) 307

IV. SOBRE A FORMAÇÃO DO ANALISTA..................................325

15 - CONSIDERAÇÕES SOBRE A REGULAMENTAÇÃO DA
PROFISSÃO DE PSICANALISTA 327

16 - A ORDEM QUE DESORDENA 347

17 - ENTRE ENSINAR PSICANÁLISE E FORMAR PSICANALISTAS 361

18 - O DEPARTAMENTO DE PSICANÁLISE DO INSTITUTO SEDES
SAPIENTIAE E A FORMAÇÃO DE PSICANALISTAS 371

V. OUTROS TEXTOS 385

19 - O PSICODIAGNÓSTICO E A PSICANÁLISE.......................................387

20 - PSICANÁLISE, GRUPOS, INSTITUIÇÃO PÚBLICA...............................413

21 - DIALOGANDO COM A PSIQUIATRIA..427

REFERÊNCIAS BIBLIOGRÁFICAS 453

AGRADECIMENTOS

Não posso apresentar este trabalho de um modo descontextualizado, porque ele tem as marcas de uma história, tem as marcas das presenças que lhe dão corpo. É aqui onde quero recordar Regina Schnaiderman, que se transformou no pilar que engendrou minha história no Brasil. A ela, a Boris, a Isaias Melsohn, Miriam, Marilene, Sandra, Bela e Sérgio, a Madre Cristina, a Amazonas Alves de Lima e a Antônio Cláudio Fonseca, que me receberam com os braços abertos, agradeço por terem possibilitado que o Brasil se transformasse numa escolha de vida.

Aos meus amigos argentinos e brasileiros agradeço por terem me permitido, com sua presença, sustentar um projeto e reconstruir uma família neste novo território.

Agradeço a Flávio Carvalho Ferraz, que me incentivou a fazer este livro, e a Mara Ziravello, jornalista e psicanalista que, corrigindo meus textos, ensinou-me o prazer das palavras e o rigor do português.

PALAVRAS PRELIMINARES

Este livro trabalha algumas temáticas que têm a ver com a história de uma formação e de uma vida. Traz as marcas das minhas análises, das minhas supervisões e dos percursos teóricos que fui percorrendo em 42 anos de formação. "Só depois" é que a história revela um sentido. Por isso, ao deparar com a possibilidade de fazer um livro que reuniria alguns dos meus escritos, confrontei-me com a necessidade de entender qual era o caminho, quais as pegadas que essa minha pequena história havia construído.

As buscas que me nortearam falam de percursos teóricos, da forma com que entendo a clínica, do papel que a realidade tem na formação do sujeito e daquilo que me "fisgou" do desenvolvimento do pensamento psicanalítico na segunda metade do século XX. Os eixos que organizam este livro revelam andaimes que vão se consolidando com as minhas perguntas, com as respostas parciais às minhas inquietações, caminhos percorridos na transmissão, posições éticas diante do conhecimento e o exercício desse ofício impossível.

O percurso que forma um analista não está determinado apenas pelo tripé da análise, da supervisão e do estudo teórico:

a história, a política, a economia, a cultura vão também conduzindo esse trajeto. Quando Freud comenta, em sua autobiografia, que abandonaria a pesquisa médica porque desta não poderia viver, está se encaminhando para um desconhecido que o transformaria no criador de uma das teorias que revolucionaram o século XX. Quando o nazismo assola a Europa, também marca os destinos do movimento psicanalítico; a Primeira Guerra Mundial também influi na própria teoria: surge a ideia de pulsão de morte para explicar o inexplicável. A vida dos grandes homens produz grandes viradas. A vida de cada um de nós produz as pequenas viradas do entorno, produz as mudanças que implicam os que estão por perto, as mudanças micropolíticas de nossas instituições e do campo analítico pelo qual circulamos. A forma com que articulamos nosso conhecimento produz teoria.

No decorrer de uma formação e nas demandas que a clínica nos impõe, alguns temas vão se destacando e ocupando o nosso interesse. O fato de ter começado minha inserção institucional num serviço de psicopatologia infantil ligado à enfermaria do Hospital das Clínicas de Buenos Aires propiciou que as problemáticas ligadas à psicanálise com crianças fosse um polo de interesse. Ainda em Buenos Aires, no ano de 1974, publiquei alguns textos ligados à psicopatologia e ao psicodiagnóstico da criança. Mas um tema que já me demandava constante atenção era o do lugar dos pais na psicanálise com crianças.

Naqueles anos, a formação dos analistas era eminentemente kleiniana. O modo como se entendia a formação do sujeito, priorizando o inatismo dos impulsos de vida e de morte, promovia uma clínica na qual o outro tinha pouca implicação na determinação da formação do sujeito e sua patologia. Os pais carregavam o mundo fantasmático que a criança projetava, e o próprio bebê reagia segundo a forma com que essas projeções voltavam-lhe a partir do exterior.

Trabalhando tanto no serviço público como no consultório, constatava que a clínica sem os pais era insuficiente. Ainda que no inconsciente tempo e espaço coexistissem com uma lógica própria, as marcas da história e a processualidade tinham registro no aparelho psíquico. E, pela condição particular de a criança ser um sujeito em pleno momento de formação, o trabalho com o entorno e com os outros da constituição psíquica começava a despontar como uma alternativa enriquecedora.

Paralelamente, novos estudos metapsicológicos aprofundavam caminhos traçados por Freud e não suficientemente desenvolvidos em sua obra. Lacan, Winnicott, Laplanche e Piera Aulagnier detectaram a importância do lugar da alteridade na formação do sujeito e trabalharam com a ideia de priorizar o que antecede o nascimento como elemento também fundante na constituição subjetiva.

A criança nasce em um mundo que lhe dá um lugar e a interpreta a partir do outro e da cultura. Nasce num mundo desejante e é falada por ele. Articula-se na linguagem da transgeneracionalidade.

Poderíamos nos perguntar por que começar falando das crianças, e não acompanhando a ordem dos trabalhos tal como figuram no livro. Fiz essa escolha porque foi assim que foram concebidos. Mas depois se reordenaram segundo uma nova ordem, como se reordenam as inscrições inconscientes. Uma questão abre novos caminhos, deriva em outras ideias, desperta o interesse por novas temáticas que, associando-se a outras, ressignificam o percurso.

Primeiro uma questão nos desperta o interesse, vamos atrás das descobertas, fazemos nossos próprios *ensembles*, construímos novas articulações. Reordenamo-las segundo vários eixos. Criamos novas associações, surge algo novo. A formação e a escrita estão muito ligadas ao processo que se desenvolve numa análise.

Assim foi que, pensando nos pais, a metapsicologia se impôs no meu trabalho. A clínica sempre norteando o desejo; a reboque, a leitura, a pesquisa, os encontros com aqueles que foram os mestres. Vamos atrás das pessoas e dos textos que falam a nossa clínica, deixamos que nos atravessem e, no fim, acabam se fazendo carne, fazendo parte da trama do nosso pensamento.

Se pensarmos no eixo "O infantil e o trabalho clínico com crianças", veremos que o título reafirma, a partir do infantil, o lugar de importância fundamental da sexualidade na formação do sujeito e na estruturação do inconsciente, seja adulto ou criança. O inconsciente, para quem acompanha o pensamento de Freud, tem a marca do recalcado sexual.

O que trabalho tem a ver com o que da sexualidade é implantado pelo outro da díade materna, dando origem ao objeto-fonte da pulsão. Discuto, ao mesmo tempo, a necessidade de se rever o que poderia ser, em Freud, o filogeneticamente herdado. Ser fiel a Freud é repensá-lo.

Se, na metapsicologia, o infantil se estrutura a partir do outro, os pais adquirem um novo estatuto constituinte. E isso tem que se reverter na clínica. Por essa razão, começo a trabalhar, a partir dos anos 1970, incluindo os pais no tratamento.

Devo dizer que, no começo, foi uma verdadeira batalha. Recebi duras críticas e senti a necessidade de justificar teoricamente as mudanças a cada passo. Era quase um sacrilégio, naquela época, incluir os pais no tratamento da criança. Duvidava-se de que aquilo que estávamos fazendo era mesmo psicanálise. Hoje em dia, entretanto, podemos dizer que isso compõe grande parte dos atendimentos.

Esta linha de trabalho culminou num livro sobre o lugar dos pais na psicanálise de crianças[1] e, para sua elaboração, convidei analistas cujo pensamento e cuja interlocução eram fundamentais para avançar e difundir a minha posição. Que era a de incluir os pais para trabalhar com eles, para implicá-los com seu inconsciente. A ideia que vinha gestando era a de que os pais circulassem pelo tratamento nos momentos em que o analista, em razão da transferência, entendia que se fazia fundamental a presença de uma palavra que, vindo do pai ou da mãe, poderia desbloquear a resistência ou trazer à tona algo que nos pais era recalcado.

---

[1] SIGAL, A. M. (org.) *O lugar dos pais na psicanálise de crianças.* São Paulo: Escuta, 1994 (2ª edição revisada e ampliada em 2002).

Junto com o infantil, estudos sobre o recalcamento primário e as novas patologias me convocavam a pensar. Trabalhar o recalcamento secundário como produtor de patologias que transitam pelo edípico dava conta das neuroses históricas. No entanto, outras patologias que apareciam na clínica, cada vez com mais frequência, instigavam-me a estudar as questões que Freud evoca nas "neuroses atuais". Para isso, fez-se necessário rever a ideia de inconsciente desde as origens, isto é, o momento da própria fundação do inconsciente. A síndrome do pânico se transformou num polo que demandava saber sobre o originário e sobre o que circula desligado dentro do aparelho psíquico, produzindo efeitos que não necessariamente têm as características do sintoma, porque não carregam em si significação. São produto de fixações primevas, pré-edípicas, que não encontram destino na representação de palavra.

O encontro com Laplanche e a leitura ávida de suas obras marcaram uma possibilidade de continuar sendo freudiana em um mundo institucional no qual os novos pensadores da psicanálise acabaram por ofuscar a obra de Freud. A leitura dos textos lacanianos enriqueceu minha clínica, e o pensamento dos autores franceses se transformou numa leitura obrigatória. A tradição inglesa, na qual havia me iniciado, ampliava-se com Winnicott, e, fazendo eco às palavras de Laplanche, em lugar de "queimar Melanie Klein" foi mais frutífero fazer uma releitura dessa obra para aproveitar sua riqueza descritiva do mundo imaginário e repensá-la com novas articulações.

A única filiação é com a psicanálise, lutando e trabalhando para não transformar nenhuma teoria em dogma.

Todo esse percurso está alinhavado por um fio que se sustenta na instituição em que desenvolvi meu trabalho desde que cheguei ao Brasil. O Curso de Psicanálise do Departamento de Psicanálise do Instituto Sedes Sapientiae, instituição na qual venho, desde 1976, coordenando seminários, dando supervisão e trabalhando nos problemas institucionais, tem impulsionado muitas das minhas pesquisas. O tema da formação imanta todo psicanalista que se implica no campo. Trabalhar e compartilhar com colegas o problema da formação demanda reflexão. Exige pensar a psicanálise e as instituições de formação, assim como a ingerência do Estado na tentativa de regulamentar o exercício desta profissão que, na verdade, é um ofício.

Essas questões caracterizam um momento no campo nacional e internacional, e ainda que num livro os temas datados corram o risco de ficar descontextualizados no futuro, parece-me interessante refletir sobre as marcas de um tempo.

Finalmente, o primeiro eixo acabou sendo o último nessa rede de um percurso não linear. Quiçá nestes escritos eu tenha feito uma leitura polêmica que me convoca, como na análise de crianças, a ter que defender ideias e posições que nem sempre são compartilhadas.

Devir mulher. A questão do feminino na psicanálise. A mulher e a maternidade, as novas técnicas de fertilização assistida. Trata-se de uma verdadeira revisão de conceitos que me permitiu reencontrar os diferentes destinos que Freud possibilitou como desenlace da difícil saga de ser mulher. A mulher frente a sua época, contextualizada perante os problemas da maternidade e seu novo papel social.

Por fim, devo dizer que quis incluir as notas preparatórias para duas aulas, sobre Sexualidade e Édipo, como uma forma de deixar a marca de alegria e prazer que tem me proporcionado o curso "Conflito e Sintoma", que co-coordeno desde 1996.

Ana Maria Sigal
São Paulo, março de 2009

I.
SOBRE O SEXO, A SEXUAÇÃO E O FEMININO

1.

A ORGANIZAÇÃO GENITAL INFANTIL[1]

A *organização genital infantil* é um texto central na construção da teoria freudiana. Escrito em 1923 e publicado em 1924, o trabalho contém a essência do pensamento de Freud e revela de modo transparente sua capacidade de fazer trabalhar sua obra. Conceitos relativos à sexualidade infantil e ao complexo de Édipo, que pareciam completamente consolidados, são revistos e modificados.

Essas ideias aparecem pela primeira vez como notas de rodapé nos *Três ensaios de uma teoria sexual* (1905) e já contêm as principais noções que serão retomadas no trabalho de 1923. De acordo com Strachey, servem como ponto de partida as seções 5 e 6 do segundo ensaio, ambas adicionadas em 1915. Algumas já haviam sido publicadas em *Sobre as teorias sexuais infantis* (1908) e em *A disposição à neurose obsessiva* (1913).

Entre tantos textos possíveis sobre a Sexualidade e o Édipo escolhi *A organização genital infantil* para trabalhar porque, no

---

[1] Publicado originalmente em *Freud: um ciclo de leituras*, organizado por Silvia Leonor Alonso & Ana Maria Siqueira Leal (São Paulo: Escuta/Fapesp, 1997, p. 55-69).

meu entender, ele funciona como um pivô que provoca um giro de 180 graus na compreensão da sexualidade infantil. É a partir dele que o complexo de Édipo ganha uma nova dimensão, não só ao ser trabalhado em relação à castração, mas também por abrir caminho para uma nova leitura metapsicológica que situará outros destinos para o supereu e o ideal do eu. Nesse sentido, o complexo de Édipo deixa de ser apenas o núcleo da neurose. Ele passa a marcar o caminho que determina o percurso da formação subjetiva, percurso esse que vai se desdobrando no decorrer de uma temporalidade e criando a ideia de processo.

Entendido em sua relação com a castração, o Édipo funciona como o marco zero de um caminho a partir do qual se modifica a ideia de tempo na construção da subjetividade, o que inaugura espaço para o conceito de ressignificação. Esse conceito redimensiona a história em função das novas articulações que pulsões, desejos, representações e afetos adquirem, transformando o complexo de Édipo no núcleo da personalidade normal e patológica.

É também a partir desse trabalho que a sexualidade feminina separa-se definitivamente do caminho paralelo que até então percorrera em ligação ao que chamamos de "constituição da masculinidade". Tal separação resultará no texto final sobre a feminilidade de 1933.

Como nosso ciclo chama-se *Leituras de Freud,* buscarei pontuar alguns dos possíveis caminhos indicados pelo texto, recordando que a característica de quase todos os escritos freudianos é oferecer uma porta de entrada para as diferentes problemáticas de sua obra. A leitura que dele faremos dependerá da questão metapsicológica, epistemológica ou clínica que estiver nos preocupando. Um texto não é sempre lido da mesma maneira e as novas articulações que podem ser feitas abrem possibilidades inéditas na escuta clínica. Assim, farei apenas uma opção de leitura do texto entre muitas possíveis.

Começarei simplesmente pontuando algumas questões, alguns caminhos abertos por ele, sem, no entanto, neles me deter. Veremos que este escrito de apenas três páginas é capaz de nos proporcionar material para um longo seminário.

A primeira questão que aqui se coloca aponta para o estudo de uma ampla problemática na teoria. Trata-se da relação da pulsão e da eleição do objeto como forma de alcançar sua meta e, na verdade, fornece a base para o estudo da relação das pulsões parciais e a primazia do genital, além de permitir a introdução de toda a problemática levantada pelos *Três ensaios* e por outros textos que tratam da pulsão. Freud (1923a) diz:

> Já na infância consuma-se uma escolha de objeto como a que imaginamos ser característica da fase de desenvolvimento da puberdade. O conjunto das aspirações sexuais dirige-se a uma pessoa única e nela querem alcançar sua meta. Assim, encontramos na infância a máxima proximidade possível da conformação definitiva que a vida sexual irá apresentar após a puberdade. A diferença com respeito a esta última reside somente no fato de que a unificação das

> pulsões parciais e sua subordinação à primazia dos genitais não se estabelecem na infância, ou acontecem de modo muito incompleto. Portanto, a instauração dessa primazia a serviço da reprodução é a última fase pela qual deve passar a organização sexual. (p. 145)

Porém, a primeira questão sobre a qual me deterei refere-se à necessidade de diferenciar o ato sexual da sexualidade, incluindo a fase genital, tão frequentemente confundidos na escuta clínica.

Gostaria aqui de frisar que, apesar de fazermos um percurso teórico dos conceitos, essa leitura implica um compromisso com a clínica. Para uma leitura psicanalítica não há teoria sem clínica, nem clínica sem teoria; deveríamos falar de um campo único, de uma teorética, o que caracteriza essa leitura como algo bem diferente da leitura filosófica, sociológica ou antropológica do texto freudiano. Portanto, deter-me na diferença entre sexualidade e ato sexual é uma opção, e deve-se à facilidade com que vejo confundirem-se esses conceitos na clínica.

Discutíamos no último encontro se era o sonho ou a transferência o paradigma psicanalítico. Eu diria ser a sexualidade infantil o paradigmático na psicanálise, o que caracteriza o inconsciente e o diferencia de outros pensamentos. A partir da forma pela qual a sexualidade é tratada num caso clínico, pode-se saber se este está ou não norteado por uma escuta analítica.

Exemplificarei as confusões com as quais convivemos com uma anedota significativa. Ao perguntar a um terapeuta, em um relato clínico, pelo sexual na história e no sintoma do paciente, ele me responde perplexo que seu paciente ainda era virgem. A resposta revela a equivalência conceitual que ele teria estabelecido entre relação sexual, genital e sexualidade, confusão essa que se identifica na escuta clínica, e que também está ligada à forma com a qual essas questões foram trabalhadas em sua análise. A leitura de um texto na formação de um analista e sua escuta estão indissoluvelmente ligadas à relação com seu inconsciente. É fácil deduzir os riscos aos quais esse tipo de confusão conduz.

O nome escolhido por Freud para esse texto obriga-nos a realizar um trabalho de reflexão e redefinição dos termos, trabalho minucioso que, assim como na construção analítica, pode deixar questões em aberto, mas não podemos aceitá-las como subentendidas. Ao denominá-lo *Organização genital infantil*, Freud exige de nós uma nova reflexão: se antes foi sobre a sexualidade e ato sexual, agora é sobre genital e sexual, marcando, dessa forma, a existência de um genital em dois tempos – genital infantil e genital adulto.

Como bem sabemos, o sexual em Freud não pode ser reduzido ao genital. Temos a oralidade e a analidade que também correspondem à sexualidade. A grande descoberta freudiana está no reconhecimento de que sobre as funções orgânicas há um *plus* de prazer, irredutível à satisfação da necessidade. Esse *plus* de prazer será novamente procurado com independência em relação ao estímulo que o originou. A sexualidade infantil aparece então sob a forma de desejo, ligada às condições fantasmáticas que a determinam.

No texto, Freud mostra ainda outra diferença, dessa vez entre o genital anatômico – pênis e testículos – e a sexualidade masculina, dizendo que, se nos guiássemos apenas pela clínica, o genital masculino constaria somente do pênis, revelando, portanto, a falta de correspondência entre esses dois registros, o orgânico e o fantasmático.

Pensei, assim, numa possível forma de organização que nos permitiria caracterizar vários registros do sexual:

1. como órgão, ou produtos biológicos;
2. como função;
3. como fantasma; e
4. como gênero.

1. Como órgão, refiro-me à relação do sexo com suas características anatômicas: boca, ânus, pênis, e também o biológico em seus aspectos cromossômicos e hormonais.
2. Como função, aos diferentes registros do sexual referentes à pulsão, como meta, como objeto e como descarga, bem como à função alimentícia, evacuativa e reprodutiva, entre outras.
3. Como fantasma, refiro-me à forma pela qual essas pulsões eróticas – que se originam em todos os órgãos do corpo e suas funções – inscrevem-se em representações, tornando-se desejos e organizando-se em textos.

4. Por último, o sexual como gênero, referente ao conceito que nos fala da construção cultural e social do sexo como um conjunto de significados contingentes que cada sociedade lhe atribui.

Todos esses registros se complementam e se entrecruzam como em uma rede, colocando-nos em contato com as múltiplas facetas da sexualidade. É possível focalizar cada um deles, em função da necessidade.

Na clínica, podemos encontrar construções fantasmáticas cuja origem ancora-se em transtornos orgânicos da ordem do corpo real. Por exemplo, uma criança que tinha uma fístula anal desenvolve, a partir daí, vários sintomas a ela relacionados: sente que está permanentemente suja e cheira mal, motivo pelo qual não quer estar com outras crianças, desenvolve uma incontinência fecal e caracteriza a intensa dor em um registro fantasmático de castigo pelos desejos de masturbação anal. Une-se aqui ao registro do sexual como órgão erógeno a função de descarga pulsional masturbatória com seu componente fantasmático, que se plasma a partir das manipulações de limpeza e controle de esfíncteres. A criança manifesta a satisfação edípica de triunfar sobre um pai terrível, mas a consequência é que o castigara com lesões, castrações anais.

É possível também analisar se o transtorno orgânico não é decorrência dos fantasmas, como também pesquisar se este não provoca formações reativas ou mudanças na meta da pulsão.

A partir dessas considerações e da forma de inserção no percurso histórico singular do paciente, articulam-se vários conceitos teóricos: *Édipo, castração, sexualidade, pulsão, zona erógena*. De sua forma de organização decorrerá a patologia concomitante, seja esta uma neurose obsessiva, seja uma doença psicossomática, ou transtornos que, ligados à escolha objetal, poderão acarretar dificuldades relacionadas ao registro do gênero. O fundamental é entender que, na consideração do sexual, é essa multideterminação de registros que está em operação. Pensada assim, a sexualidade delineia-se como construção, e não como algo que está dado pelas características constitucionais, naturalmente. Nessa rede, cada registro traz elementos que serão significados, constituindo um trama. A sexualidade tem suas relações com o sexo biológico, como enuncia Freud (1924), em seu artigo "O final do complexo de Édipo", ao dizer "anatomia e destino". Mas o biológico não define nem esgota seu significado. Ao retomar o lugar do sexo real, Freud confronta-se novamente com suas dificuldades para definir o real e o fantasmático, numa oscilação que relembra a Carta 69 a Fliess, quando diz não acreditar mais na sua neurótica, confronto que se refere ao embate entre fantasia e realidade como marca do traumático.

Esclarecendo assim o conceito, avançaremos mais um passo, e diremos que a *sexualidade define-se pela forma em que se constitui no campo do Édipo, abrindo espaço para o estudo da subjetividade*. Portanto, o conceito de zona erógena perde autonomia para ser repensado em relação à sua ressignificação, a partir do Édipo e da castração.

A sexualidade vai se definir em relação ao Édipo como o cerne da teoria, que estará presente em qualquer análise, uma vez que é da constituição do sujeito que se trata, e que para a teoria freudiana tal constituição se encontra indissoluvelmente ligada à sexualidade.

A definição dessa posição é de tal relevância que inaugura as conhecidas polêmicas entre Jung, Adler e Freud em relação ao caráter sexual da libido, definindo um campo para a psicanálise, e deixando fora deste todos os que não reconhecem que, na teoria psicanalítica, é de sexualidade que se trata, e que esse conceito se define em relação ao sexo, tal como aparece conflituosamente nas etapas mais arcaicas da criança em sua articulação com o Édipo (Masota, 1971).[2]

Duas outras interessantes questões também poderiam ser abordadas neste texto já que aparecem como uma constante na obra freudiana:

a) as insistentes oscilações em relação ao valor do *real* na representação; e
b) o valor da *pulsão escópica* na construção da representação.

Foi em torno dessas duas questões que, no pequeno Hans, Freud buscou formas análogas ao pênis para construir a

---

[2] Aula de psicopatologia, pela Faculdade de Filosofia e Letras, em Buenos Aires, em 1971.

representação do falo enquanto forma de ancorar a fantasia na visão. Freud também lançara mão da visão dos genitais femininos como apoio para elaborar o conceito de angústia de castração.

Devo, porém, abandonar essa linha que nos permitiria abordar o problema da representação porque, como poderão observar, optei por tomar outro caminho. Como disse no início, é um artigo que abre múltiplas possibilidades e quero pelo menos deixá-las enunciadas para que vocês desenvolvam a pesquisa. Minha opção é situar o valor do sexual na teoria e mostrar que qualquer modificação da teoria da sexualidade tange ao pilar de sustentação da psicanálise.

Deveríamos perguntar quais os efeitos produzidos na teoria pelas mudanças introduzidas por Melanie Klein, quando ela se refere ao Édipo primário e fundamentalmente pela leitura que faz da inveja do pênis na mulher, que não é constitutiva e sim instalada secundariamente devido ao fracasso da identificação com a mãe, no seu desejo de ter bebês. Isso permite entender que, na obra kleiniana, o complexo de castração ocupará um lugar secundário, priorizando-se a angústia de aniquilamento e a inveja do seio como fonte inesgotável de alimento. É o seio e a relação de ambos os sexos com ele o fator determinante do devir subjetivo.

Podemos observar que não há só uma mudança temporal ao se introduzir o Édipo precoce: por situar-se justamente nos estádios oral e anal da evolução pulsional, as fantasias irão corresponder mais a essas organizações, e os aspectos fálicos passam a segundo plano. Não se trata só de um deslocamento no aspecto cronológico; o seio adquire uma proeminência absoluta, e é a relação com ele que determinará todos os modelos posteriores. Recordemos que é o modelo da separação com o seio o que determinará a forma com que se lidará com a castração, e não o contrário. Freud afirma que todas as perdas anteriores serão ressignificadas a partir da castração: assim, tanto a separação das fezes como o desmame e o nascimento serão ressignificados a partir do papel de protagonista que a castração desempenha na teoria freudiana.

Sem dúvida, a clínica se modifica a partir dessa nova compreensão. A transferência se situará em um marco materno, priorizando-se a relação com o seio como relação dual fundamental, estimulando-se o papel do *holding* do analista em sua função de *nursing*.

A triangulação deixa de ser a questão fundamental e a relação do sujeito com a castração passa para o segundo lugar.

Portanto, considero importante rever o que Freud postula. Nesse trabalho de 1923, ele retoma a questão da sexualidade e propõe uma mudança fundamental em sua própria obra. É exatamente por isso que já o comparei, no começo de minha apresentação, à coluna vertebral a partir da qual a teoria dá um giro e ressignifica grande parte daquilo que já estava consolidado.

Sem abandonar a marca do corpo, Freud mostra-nos o longo percurso a ser percorrido para alcançar a sexualidade adulta. Essa sexualidade se constitui pela forma com que é significada em relação ao outro. Freud nos falará do olhar materno, bem como do olhar que a criança dirige a sua mãe, introduzindo assim a importância do outro na constituição da sexualidade e dando relevância ao papel do desejo da mãe na determinação da sexualidade. Vemos como a criança recusa a visão da castração materna para evitar o horror que esta desperta, sendo, portanto, interessante relacionar esse texto com "A Cabeça de Medusa" (Freud, 1922).

A sexualidade aparece, então, definida pela intersubjetividade. O sexo anatômico e as características sexuais secundárias são lidas, decodificadas pelos outros, segundo seus próprios fantasmas, colocando a criança em determinados lugares a partir dos quais ela é significada, e com os quais se identifica ou dos quais foge no percurso de sua busca desejante.

O pequeno Hans é um bom exemplo disso. Sua análise demonstra o peso que tem na formação de sua subjetividade e de seus sintomas o fato de seu pênis ser chamado pela mãe de "coisinha de fazer xixi", assim como o peso da forma pela qual a mãe e o pai lidam com sua própria sexualidade. Vemos, portanto, a importância que a intersubjetividade tem na constituição da sexualidade.

Essas considerações permitiram pesquisar de onde Lacan tomara as questões, que depois trabalhou à sua maneira e que mereceriam uma análise detalhada para verificar até onde conservam o espírito freudiano.

Feitas tais considerações, volto ao que podemos entender como a questão fundamental deste artigo, ou seja, o posicionamento do fálico como um momento de organização libidinal a partir do qual se definirá, na posição genital adulta, o feminino e o masculino. Este texto é o trabalho *princeps* para o estudo da *primazia* do falo como organizador da sexualidade, do primado do falo. Desejo ressaltar que organização não significa de fato estrutura. É nesse trabalho que Freud nos dirá que o elemento principal dessa organização infantil é "que para ambos os sexos, apenas desempenha um papel, um genital, o masculino, portanto não há aqui uma primazia genital e sim uma primazia do falo", entendendo-se por falo a função simbólica do pênis. Dessa forma, o conceito de genital e de fálico se diferenciam.

Aparece, porém, a seguinte pergunta: por que Freud chamou esse trabalho *Organização genital infantil* e não "organização fálica da sexualidade"?

Ele parece fazer questão de manter a palavra "genital", marcando uma diferença entre genital infantil e genital adulto. De que lhe serve isso? A meu ver, para marcar que a diferença entre a sexualidade infantil e a adulta é menos violenta do que a denotada nos *Três ensaios*. Na dicotomia da organização genital adulta, a diferença estabelece-se entre pênis e vagina, reservando-se para a genitalidade infantil a dicotomia fálico-castrado.

Freud dirá que, embora ainda não tenha sido alcançada a primazia do genital, é significativo o interesse das crianças pelos genitais.

Quando ele começa a introduzir o conceito de sexualidade infantil, ainda o faz com certa timidez. No final de sua obra, completamente firmado em suas teorias, chega a afirmar que, se o erótico é utilizado, em algumas oportunidades, para amenizar o caráter sexual da infância, ele prefere não utilizar esse adjetivo.

A opção nesse momento de organização libidinal é *fálico ou castrado e não homem ou mulher*. Inaugura-se aqui um percurso que ele tentará aprofundar em *Algumas consequências psíquicas das diferenças sexuais anatômicas* (1925). Em todos os seus trabalhos futuros sobre sexualidade, tanto o feminino quanto o masculino posicionam-se em relação ao falo como organizador.

Ao incluir o conceito de ter *versus* faltar, Freud amalgama de uma vez por todas a castração à constituição da sexualidade. A sexualidade passada terá uma nova leitura à luz do Édipo e da castração. Referimo-nos à castração como complexo, lembrando que esse complexo tem duas vertentes: a ameaça de castração e a inveja do pênis. Esse complexo, por sua vez, está articulado com o desejo, desejo esse que não é qualquer um, senão o desejo pelos pais. Na mulher, a falta se presentifica como inveja por ter, e no homem, como angústia de perder. Assim amarrados, Édipo e castração determinam o destino da neurose e da subjetivação.

A desorganização perverso-polimorfa, pela qual a criança vai se constituindo como sujeito sexuado, organiza-se, tendo o falo a função de organizador. É a premissa universal do falo.

Como todos sabemos, esse é um artigo amplamente polêmico pelo lugar que nele é aparentemente destinado à mulher.

A acusação de falocentrismo feita pelas teorias feministas faz desse artigo um ponto central no ataque ao pensamento freudiano.

Aqui, gostaria de tecer algumas considerações para permitir que se avance com a teoria e fazer certas observações com respeito a um obstáculo mais ideológico que epistemológico. Entendo também que minha leitura do texto freudiano seja uma interpretação deste, mas como não desejo nem pretendo me omitir diante dessa dificuldade, deixarei para que surja em nossa discussão a possibilidade de outras interpretações.

Na verdade, a clínica e a mudança do papel social da mulher são o que me leva a pensar essas questões.

Seria importante subtrair o valor axiológico que é atribuído ao masculino quando identificado com fálico. Nessa organização particular na qual o falo tem poder, este é algo a mais, mas também é mais, ou seja, hierarquicamente superior. Agora, fálico e masculino não são a mesma coisa, e é aqui que, a meu ver, se produz a distorção ideológica. O fato de o falo ser a mais não significa que o homem é melhor.

Freud refere-se à mulher nesse texto como "pessoas desprezíveis do sexo feminino...", e também fala de "pessoas respeitáveis como sua *própria mãe...*". A diferença entre respeitável e desprezível não passa, portanto, pelo fato de ser mulher. Passa pelo fato de ser mãe, que nesse imaginário ainda conserva o falo. A oposição não é entre um pai respeitado diante de uma mãe que seria desrespeitada; é a posse do pênis em confronto com a castração o que institui tal diferença. O homem, enquanto passível de ser castrado, sofre a mesma desvalorização.

O problema é que a diferença passa a ser pensada através de parâmetros hierarquizantes que se aplicam ao feminino e ao masculino. Freud, por enquanto, não nos fala da mulher. E, se não trabalharmos tal diferenciação, aparecem obstáculos que nos impedem de pensar o caminho da sexuação na mulher. A valorização do fálico não desprivilegia a mulher, uma vez que nesse momento da organização genital a vagina não aparece como representável. Insisto que essa é a visão infantil que acontece na fase fálica, e o fato de que esse imaginário possa ser arrastado até a vida adulta é da ordem da neurose.

Como dizia, a vagina não é representável nessa fase, e o obstáculo para sua representação se dá justamente porque se recusa a castração. A recusa da visão da castração fecha o espaço para a representação da vagina como órgão. Como Freud bem anuncia em *Teorias sexuais infantis*, esta pode aparecer como sensível, mas não como representável, diferença que define outro caminho para a teoria kleiniana, na qual se tem representação da vagina desde os primórdios da vida psíquica.

Por enquanto, Freud não nos fala de homens e mulheres, mas de fálicos e castrados. Está ainda no campo da genitalidade infantil. A forma pela qual a criança irá se posicionar e definir essa articulação dará origem a sua neurose. É assim que o complexo de Édipo, na sua relação com o falo e a castração, será o núcleo de toda neurose.

A questão que verdadeiramente problematizo em relação ao texto com o qual Freud nos confronta é uma questão de ordem epistemológica.

Abordar a questão epistêmica pressupõe esclarecer categorias lógicas, indagar os *a priori* lógicos que pressupõem a possibilidade de um saber, assim como é necessário refletir, segundo Foucault, sobre os *a priori* históricos constitutivos pelos quais transita o discurso. E é aqui que a dificuldade aparece. Freud assimila o genérico humano ao masculino e, portanto, onde o genérico não é visto a percepção da castração é recusada, produzindo assim um deslocamento a partir do qual se perde a riqueza da diversidade e se instala a diferença. Mas a diferença em relação ao um, que representa a totalidade: "o mesmo", ao impedir pensar "o diferente", transforma-se no único.

Freud diz que a criança descobre que o pênis não é um patrimônio comum a todos os seres semelhantes. É nesse narcisismo especular que o diferente deve ser desconhecido. Portanto, a visão da castração é desmentida, inserindo-se a teoria infantil de que, se não o tem, já o teve ou terá. Para elaborar o conceito de primazia do falo, Freud toma como referente de gênero humano o masculino, e afirma: "A criança se confronta com a incredulidade de que existam seres diferentes dele". Quem é ele? A criança é o menino, e ele diz: o que não é igual a mim, não existe.

O fálico como o genérico, o clitóris como menos-valia do falo, são produtos das categorias epistêmicas que criaram determinadas condições de possibilidade e não outras. Estas impedem a criança, nessa fase, de pensar o feminino como positividade, tanto é que nesse momento não se encontram palavras para definir o feminino a não ser pela negatividade: dizemos não fálico, castrado.

Dessa maneira, o continente negro é constituído por todos os territórios situados para além das simetrias.

As novas teorias da astrofísica permitem pensar os buracos negros como o máximo da positividade como concentração de massa, e não como vazio. Que aconteceria se Freud dispusesse desses paradigmas no momento de elaborar sua teoria? E o que aconteceria se fizéssemos girar a posição da mulher e operássemos uma generalização, dizendo que o único que é igual a si mesmo, o único feminino não fálico é o que define a generalização? A partir do lugar da menina se diz: tudo o que *existe* é igual a mim. É aqui que a "síndrome de Pinóquio" aparece e, como em muitos contos infantis que podem nos levar a refletir sobre os imaginários que operam como verdades na infância, o castigo pode ser o crescimento ilimitado do nariz, como equivalente fálico, e não a perda. Falaríamos, nesse caso, de angústia do crescer e não de angústia de perder. No caso de Pinóquio, o menino é castigado não com a perda, mas com o crescimento ilimitado. Também temos que *o crescimento enlouquecido das células cancerosas trazem ao sujeito uma ameaça de morte*. Essas considerações permitem certas aventuras do pensamento, mas nos colocariam fora do pensamento pelo qual Freud tenta nos induzir. Diremos que, se aplicássemos esse giro e sustentássemos algumas das mudanças propostas nesse sentido, estaríamos invalidando um analisador fundamental, o falo e a castração, e com ele toda a teoria cairia por terra. Deveríamos perguntar: nessa disciplina tão particular que nos ocupa, que correspondência *existe* entre a legalidade da enunciação teórica e os resultados que a clínica nos proporciona? A lógica do inconsciente pode se aplicar à lógica da construção teórica?

Portanto, seria interessante pensar em como superar em Freud a dimensão epistemológica do mesmo, no qual o mesmo é igual ao único contraposto ao outro. Seria interessante acentuar o conceito de diversidade, e não apenas a diferença. No meu entender, as coisas tornam-se mais complexas quando assimilamos o conceito de genitalidade infantil à genitalidade adulta, anulando assim o esforço freudiano por definir a genitalidade infantil como constando de um órgão que, por sua vez, não tem correspondência com o genital anatômico. Poderíamos caracterizar que nas fases pré-genitais a antítese dominante é ATIVO-PASSIVO, na fase genital infantil, FÁLICO-CASTRADO, e na genitalidade adulta, que se constitui apenas na puberdade, reconhecer-se-ia a oposição FEMININO-MASCULINO.

Aqui, defrontamo-nos com duas questões. Em primeiro lugar, seria interessante romper a lógica binária para reconhecer que o mundo não é transitado apenas por homens e mulheres; para isso, deveríamos retomar o conceito de bissexualidade, aplicar uma ruptura e pensar a sexualidade como a multiplicidade de sexuações que compõem a nossa subjetividade. Podemos pensar que existem tantas sexuações quantos sujeitos, já que a sexualidade é do campo da singularidade, na qual a combinatória é infinita. Deveríamos, segundo Alain Badiou, falar de uma ontologia do múltiplo.

Recordemos também como Freud luta contra as tentações biologizantes que, tal qual o "canto das sereias", atraem-no permanentemente, ou seja, a clássica divisão de dois aparelhos genitais. Se nos desligarmos do Freud biológico, recuperamos o Freud da sexualidade perverso-polimorfa: se nos desligássemos do conceito de sexualidade como produto natural do funcionamento do corpo orgânico para focalizarmos o corpo erógeno, produto da constituição do sujeito desejante, poderíamos encontrar outras saídas, no meu entender, interessantes.

Mas, ainda que mantivéssemos a lógica binária da diferença no lugar da diversidade, aparece a segunda questão: não temos por que assimilar o ATIVO-FÁLICO-MASCULINO ao PASSIVO-CASTRADO-FEMININO, já que essas categorias corresponderiam a diferentes momentos da posição libidinal. Podemos falar de MULHER-FÁLICA bem como de HOMEM-CASTRADO, de HOMEM-PASSIVO e de MULHER-ATIVA, não só como posições patológicas tão frequentemente utilizadas, mas como diversidades da organização libidinal, compondo aspectos pré-genitais, genitais-infantis e adultos. Dessa forma, a potência e a produtividade não ficam atreladas indefectivelmente ao sexo, mas às condições de possibilidade de exercê-las em relação à subjetividade em todos os seus componentes. Uma mulher ativa não é necessariamente fálica, bem como um homem passivo não é necessariamente castrado. Pode-se ser mulher e estar falicamente investida, pode-se ser homem e estar identificado com a figura castrada. Ou seja, o fálico e o castrado, assim como o passivo e o ativo, não correspondem biunivocamente ao homem e à mulher. Tampouco a ameaça da castração que pesa no homem, ou a inveja do pênis na mulher; o que se denota são apenas caminhos possíveis. Encontramos situações clínicas, nas quais um paciente que tem pênis inveja a potência fálica de seu amigo. Sendo os dois de gênero masculino, um se apresenta como fálico e outro como castrado.

Questões polêmicas, que vou reformulando uma e outra vez, altamente estimulantes, não só por manterem vivo o texto freudiano, mas por despertarem paixão.

Sobre a recusa, que aparece como outro tema fundamental desse texto e que nos permitiria adentrar o tema da psicose e da perversão, teremos de explorá-la em outra oportunidade.

2.
Algo mais que um brilho fálico: considerações acerca da inveja do pênis[1]

"O amor"[2]

"Na selva amazônica, a primeira mulher e o primeiro homem se olharam com curiosidade. Era estranho o que tinham entre as pernas.

— Te cortaram? — perguntou o homem.

— Não — disse ela. — Sempre fui assim.

Ele a examinou de perto. Coçou a cabeça. Ali havia uma chaga aberta. Disse:

— Não comas mandioca, nem bananas, e nenhuma fruta que se abra ao amadurecer. Eu te curarei. Deita na rede, e descansa.

---

[1] Publicado originalmente em *Figuras clínicas do feminino no mal-estar contemporâneo*, organizado por Silvia Leonor Alonso, Aline Camargo Gurfinkel & Danielle Melenie Breyton (São Paulo: Escuta, 2002, p. 155-180).

[2] Este conto pertence ao livro *Mulheres*, de Eduardo Galeano (1997), escritor uruguaio, autor de *As veias abertas da América Latina*; é resultado de uma doce e generosa homenagem às mulheres célebres e anônimas que compartilham o dia a dia de nossa história. Agradeço a Luísa por ter-me contado essa história durante uma sessão.

Ela obedeceu. Com paciência bebeu os mingaus de ervas e se deixou aplicar as pomadas e os unguentos.

Tinha de apertar os dentes para não rir, quando ele dizia:

– Não te preocupes.

Ela gostava da brincadeira, embora começasse a se cansar de viver em jejum, estendida em uma rede. A memória das frutas enchia sua boca de água.

Uma tarde, o homem chegou correndo através da floresta. Dava saltos de euforia e gritava:

– Encontrei! Encontrei!

Acabava de ver o macaco curando a macaca na copa de uma árvore.

– É assim – disse o homem, aproximando-se da mulher.

Quando acabou o longo abraço, um aroma espesso de flores e frutas invadiu o ar. Dos corpos, que jaziam juntos, desprendiam-se vapores e fulgores jamais vistos, e era tanta formosura que sóis e deuses morriam de vergonha".

Eduardo Galeano

Há, em nossa clínica, alguns temas que insistem como questões teóricas. Há momentos em que os abandonamos, mas, às vezes, eles retornam com uma força tal que nos impõem um trabalho de revisão. Trabalhar as figuras clínicas do feminino no mal-estar contemporâneo é uma oportunidade para abordar uma dessas insistências. Assim, gostaria de repensar a relação da criança com a mãe, partindo da ideia de que o filho é algo mais que um brilho fálico para ela.

Ao acompanharmos o pensamento freudiano, constatamos que certos conceitos vão se modificando no decorrer da obra, tal como acontece com a teoria da angústia, a teoria pulsional, a primeira e a segunda tópicas. Essas mudanças possibilitam diferentes leituras, de acordo com o ponto de vista que consideramos. No caso do complexo de Édipo e das considerações sobre a feminilidade acontece a mesma coisa. Há, no decorrer da obra, diferentes formulações sem que, necessariamente, a formulação nova anule a anterior, podendo até complementá-la. Vemos isso acontecer com a primeira e a segunda tópicas, na qual a formulação nova amplia *après-coup* algo já formulado, delineando um novo eixo. Isso também acontece na teoria das pulsões, com suas duas formulações, ou na teoria da angústia, na qual uma nova formulação modifica o conceito. Assim é que podemos constatar que diversos autores pós-freudianos propõem novas leituras da obra, em razão dos elementos nos quais põem o acento. Melanie Klein, por exemplo, encontrou amplo sentido na formulação freudiana de que deveria existir uma pré-história do complexo de Édipo, a partir da qual elabora a ideia de Édipo precoce, com consequências clínicas importantes. Laplanche entende que a sedução originária é uma via que ficou recalcada na obra de Freud e, retomando esse conceito, reelabora uma série de formulações que terão desdobramentos importantes.

Em Freud, a formulação de 1923 sobre a organização genital infantil abre novos caminhos para a compreensão do complexo do Édipo e da feminilidade, formulação essa que tem sido tomada como uma verdade única, por muitos autores pós-freudianos. As dificuldades, no entanto, que tenho encontrado na clínica e nas supervisões, quando sistematicamente se atribui ao filho o lugar de falo e à mulher o lugar de mãe, me levaram a rever alguns textos para entender e repensar certas ideias, no que se refere à relação estabelecida na obra freudiana entre filho = pênis e filho = falo.

Minha proposta, neste texto, é a de diferenciar dois momentos na obra de Freud. O primeiro, até 1917, no qual o complexo de castração é uma circunstância no processo de sexuação, cujo desenlace indicará os caminhos das identificações, que serão processadas segundo a singularidade da história. É oportuno lembrar que o complexo de castração tem duas vertentes clássicas: ameaça de castração nos homens e inveja do pênis nas mulheres. Esse complexo está intimamente entrelaçado ao complexo de Édipo, já que é pela inveja do pênis que se inaugura na menina o caminho edípico, sendo a angústia da castração o que provoca seu desenlace no menino. Por ser parte de uma história, que não antecede ao sujeito como uma invariante, é que consideramos o Édipo enquanto um processo.

No segundo momento, de 1923 em diante, no entanto, Freud define a inveja do pênis como permanecendo intacta no processo de subjetivação da mulher adulta. A inveja do pênis deixa de ser uma situação pela qual a menina passa durante sua sexuação e é pensada como uma invariante universal. Tal perspectiva nos leva a pensar o Édipo como estrutura.

Devemos nos perguntar se esse universal, a primazia do falo e a consequente inveja do pênis na mulher são verdadeiramente universais ou, tal como sugere Ana Maria Fernandez (2000), "muito do que tem sido pensado como estrutura inconsciente universal não é mais do que o modo sócio-histórico de subjetivação de homens e mulheres na modernidade" (p. 127). Essa autora, ao interrogar-se acerca da articulação entre desejo e história, entende que – no que diz respeito aos diferentes modos de amar e trabalhar, de mulheres e homens – há diferenças que são sócio-históricas, constituídas no marco das relações de poder entre os gêneros, e não de estruturação inconsciente ou de ordem simbólica, como propõe o estruturalismo. Fernandez propõe que pensemos as diferenças não como essências universais, uma vez que dessa concepção derivaria uma condição inerente e fixa para cada sexo. É possível dizer que há uma essência do feminino que une Passionaria, Madame Bovary e Madonna? Ou será que a sexualidade de Madonna tem mais a ver com a de Mick Jagger? O que é essencialmente feminino ou masculino em cada um deles? A diferença entre os sexos, refletida à luz das teorias do gênero, nos convoca a pensar, pelo menos, se o novo lugar que a mulher ocupa na modernidade não mereceria que a teoria fosse reconsiderada. Como já desenvolvi em "A organização genital infantil" (1997), faz-se necessário pensar que consequências terá para o complexo de Édipo o fato de Freud tomar a posição do menino – posição essa com a qual estava, sem dúvida, identificado – como ponto de partida do desenvolvimento posterior da teoria. Teria sido a teorização idêntica se, em vez de deixar para a mulher um continente tão negro por ele desconhecido, Freud tivesse tomado a mulher como ponto de referência a partir do qual o mundo e o outro são vistos? Não terá sido o discurso do sujeito masculino hegemônico o que construiu a feminilidade como um enigma? Sabemos que ao tomar "o masculino" como referente do gênero humano, determinadas categorias epistemológicas são instituídas, permitindo ao pensamento percorrer certos caminhos e não outros.

Podemos, então, retornar – sem preconceitos – ao texto freudiano, para repensar os desenvolvimentos de Freud a partir de 1923, em seus trabalhos *A organização genital infantil* (1923a), *O final do complexo de Édipo* (1924) e os dois artigos posteriores sobre a feminilidade (1931-1933). A partir do trabalho de 1923, Freud coloca o pênis como um organizador em função do qual se estabelece a diferença entre os sexos. A pergunta "de onde vêm os bebês?", que, segundo Freud (1908a), é "o primeiro e grandioso problema da vida", se transforma agora em um novo interrogante primordial: "ter ou não ter?", pergunta central da qual se definem o feminino e o masculino na sua relação com o pênis-falo. Podemos citar esse como o momento inaugural a partir do qual Freud fará uma diferença entre o órgão genital e sua representação. Será esse o momento da falicização do pênis.

Outra é a forma na qual o complexo de castração aparece nas teorias sexuais infantis, apresentadas no artigo de 1908. Aqui, a criança faz elaborações para defender-se da angústia de castração e da inveja do pênis. Pensar que quem não tem pênis o terá no futuro, ou o tem escondido são formas por meio das quais Freud dota a criança de opções para renegar uma percepção traumática. Diante do desejo de ter algo que lhe falta, a menina desenvolve a inveja do pênis e o menino confronta-se com a angústia da castração. Estamos nos inícios do complexo de Édipo, nos defrontando com a sexualidade infantil e suas teorias para dar conta dela. Essa formulação está, assim, ainda muito distante da formulação final de 1933.

Para desenvolver um pouco esses conceitos, vale a pena recorrer ao texto "Sobre a transmutação dos instintos e em particular o erotismo anal" (1917), no qual Freud retoma os enunciados formulados em 1908, avançando em seu desenvolvimento. A elaboração das equações simbólicas dá lastro e abre as portas para reforçar a ideia de um novo percurso dos avatares do complexo de Édipo: a relação do filho com o pênis. Freud afirma que certos elementos, tais como dinheiro, presentes, filho, pênis e cocô, são frequentemente tratados no inconsciente como se fossem equivalentes entre si. Ele se refere ao filho e ao pênis como *"das kleine"*, "o pequeno", constatando, assim, a intercambialidade possível entre "pênis" e "filho", uma vez que se costuma prescindir da diferença de sexos na linguagem simbólica. Não há, ainda, a eleição de um desses significantes em função do qual os outros se organizariam. O signo = dá conta disso. Freud também observa que "o pequeno" pode passar a ser secundariamente o genital feminino. Isto é sem dúvida intrigante, uma vez que não sabemos ao que Freud se refere como representação do genital feminino no inconsciente, nessa fase da sexualidade infantil. Que conhecimento e representação Freud atribui ao genital feminino nesse momento de sua formulação teórica, visto que, em 1933, afirma que "a vagina, genuinamente feminina, é algo desconhecido para ambos os sexos" (1933, p. 109)?

Freud é claro nesse texto de 1917, quando formula que "por um fracasso acidental em sua vida como mulher, que em si mesmo e muitas vezes, e como consequência de uma forte disposição masculina se reativa este desejo infantil que classificamos de inveja ao pênis". Freud continua, "se se investiga em profundidade a neurose de uma mulher, não é raro topar-se com o desejo infantil reprimido de possuir um pênis como o homem" (p. 119).

Desejo destacar, nas palavras de Freud, a referência à questão da neurose na mulher e da sexualidade infantil. Nesse texto, ele diz também que "em outras mulheres não se registra em absoluto esse desejo do pênis, seu lugar está ocupado pelo desejo do filho, cuja frustração pode desencadear neuroses" (1917a, p. 119). Freud coloca a inveja do pênis como definindo a sexualidade adulta de uma mulher não neurótica. Uma coisa é pensar que esse é um momento na evolução da sexualidade ou no processo do devir edípico, assim como pensá-lo como uma teoria sexual infantil. Outra muito diferente é elevá-lo à categoria universal que define a sexualidade feminina. Na histeria, como configuração neurótica, o filho pode representar o desejo de ter o falo, mas não temos por que equiparar histeria à feminilidade.

Como podemos observar, em 1917, Freud ainda não se definiu quanto a ser o desejo do falo um desejo universal constitutivo da subjetividade feminina. Sabemos que ele o faz posteriormente. Se consideramos as colocações de 1923 como fazendo referência à organização genital infantil, podemos entendê-las como pertencentes a um momento na história do percurso edípico. Mas o que até aqui era compreendido como sexualidade infantil ou neurose da mulher, em 1933 torna-se condição da feminilidade. Freud, no artigo "A feminilidade" (1933), muda sua concepção anterior e passa a considerar a inveja do pênis particularidade psíquica da mulher adulta. Ele diz: "Na vaidade corporal da mulher, continua participando a inveja do pênis, pois ela não pode menos que apreciar tanto mais seus encantos como tardio ressarcimento pela originária inferioridade sexual" (p. 133).

Outra questão que parece importante assinalar é o fato de que Freud entende que a situação feminina se estabelece somente quando o desejo do pênis é substituído pelo desejo de ter um filho, selando e atrelando a condição da feminilidade à maternidade, ou seja, ser mulher = ser mãe. Nas palavras de Freud,

> o desejo com o qual a menina retorna ao pai é, sem dúvida, originariamente, o desejo do pênis o qual a mãe lhe negou, esperando-o agora do pai. A situação feminina só se estabelece quando o desejo do pênis é substituído pelo desejo de filho. (1933, p. 133)

Isso, no entanto, nos leva a retomar a questão apresentada no início deste trabalho: que formulação freudiana priorizamos, a que vai até 1917-1919 ou a posterior a 1923?

A não ser que pensemos que toda constituição feminina seja neurótica, ou que o que funcionou como uma teoria infantil permaneça como fixação na vida adulta, nada nos autoriza, até 1917, a dizer que a inveja do pênis permanece em toda mulher adulta. Menos ainda, podemos generalizar e dizer que todo filho constitui-se como um ressarcimento de uma inferioridade.

Da mesma forma, encontramos, em Freud, oscilações no que se refere à sua compreensão quanto ao lugar do pênis. Em 1919, ele nos fala do pênis enquanto órgão sexual anatômico, inter-cambiável por cocô, presente, dinheiro, sem tê-lo ainda elevado à categoria de significante primordial, descolado da anatomia diante da qual se posicionam tanto o homem quanto a mulher, coisa que faz em 1933. Mas o que produz estranhamento é que, no mesmo artigo, Freud faz um deslizamento e volta a cair na concepção anterior, ao referir-se ao pênis como órgão anatômico, quando diz que "é grande a felicidade quando o desejo do filho encontra sua realização na realidade, e especialmente quando o filho é um menino, que traz consigo o pênis desejado". Podemos dizer, então, que o objeto central em torno do qual se organiza o complexo de castração volta a ser o pênis e não sua representa-ção. Continua mais adiante dizendo que

a diferença na reação da mãe ao nascimento de um filho ou de uma filha mostra que o velho fator representado pela falta de pênis não perdeu, até agora, a sua força. A mãe obtém satisfação sem limites somente na sua relação com seu filho homem; este é, sem exceção, o mais perfeito, o mais livre de ambivalência de todos os relacionamentos humanos. (1933, p. 199, 122)

Entretanto, caso o pênis tivesse aqui o valor de falo, tanto o filho quanto a filha cumpririam a mesma função. Freud prioriza, assim, o aspecto anatômico do órgão.

Hoje em dia nossa leitura de Freud está sem dúvida bastante permeada pela leitura de Lacan. Há momentos em que é muito difícil delimitar o que deve ser considerado estritamente freudiano. Freud raramente utiliza a palavra falo. Essa palavra aparece em "Totem e tabu" (1913) para nomear o símbolo totêmico, e com frequência em outros textos, para nomear a fase fálica, momento particular do desenvolvimento infantil no qual culmina o complexo de castração. Pode-se dizer que há equivalência entre falo e pênis? Não, mas não fica tão claro quando Freud se refere a um ou ao outro, como demonstramos. Como observa Juan David Nasio (1988), Freud utiliza o termo pênis com mais frequência cada vez que tem de designar a parte ameaçada do corpo do menino e sua ausência no corpo da mulher. Vemos que Freud esboça a diferença entre pênis e falo, diferença essa que Lacan se esforça por acentuar (1988, p. 45).

O organizador da sexualidade não é o órgão sexual masculino (pênis), mas sua representação (falo). Fazendo um pequeno aparte, recordemos que foi Lacan quem privilegiou a supremacia do falo, considerando-o significante primordial e reservando a palavra pênis para denominar o órgão sexual masculino. O que interessa a Lacan é o filho enquanto falo, já que a questão anatômica do pênis não diz nada à psicanálise. O termo falo é muito mais do que um termo entre outros de uma série intercambiável. É a condição que garante a existência da série, a partir da qual se torna possível que objetos heterogêneos sejam intercambiáveis.

Não entraremos, neste trabalho, na diferença que Lacan faz entre falo imaginário e simbólico.[3] No entanto, é importante observar que, para Lacan (1958, p. 673), é na relação primordial com a mãe que a criança é experienciada como o que falta à mãe, ou seja, o falo. Se o desejo da mãe é o falo, a criança quer ser o falo para satisfazê-la, colocando-se no lugar do objeto de desejo da mãe. Assim, Freud nos fala a partir do lugar ocupado

---

[3] Comentários baseados no texto de Nasio "Enseñanza de 7 Conceptos Cruciales del Psicoanálisis".

"Falo imaginário" é a forma imaginária do pênis. É a representação psíquica inconsciente que resulta de três fatores: anatômico, libidinal e fantasmático. O primeiro produto do caráter proeminente desse apêndice do corpo que lhe dá forte pregnância. Em segundo lugar, a forte carga libidinal e o fantasmático, pela angústia provocada pelo fantasma de que dito órgão poderia ser mutilado. "Falo simbólico ou falo como patrão simbólico" é mais do que um termo entre outros de uma série comutativa. O falo passa a ter um lugar intercambiável, separável do corpo, se exclui da série, se aceita como invariável e se transforma em patrão que fará possível que qualquer objeto seja sexualmente equivalente. A experiência de castração é tão crucial na sexualidade humana que o objeto em volta do qual se organiza, o "falo imaginário", se transforma na marca de todas as outras experiências erógenas, seja qual for a zona concernente do corpo. A castração se refere à experiência crucial de ter que renunciar ao gozo da mãe e aceitar a insatisfação do desejo. Ver Lacan "Sobre a sexualidade feminina". Escritos 2, p.706.

pela criança e de seu desejo pela mãe, na realidade, do desejo de receber dela o falo. Lacan, no entanto, coloca o desejo da mãe na origem, ou seja, é o desejo da mãe de ter um falo o que condiciona o desejo pela mãe, já que a criança quer ser o que falta à mãe.

Voltando a Freud, é exatamente nessa passagem de 1919 a 1923 e de 1923 a 1933 que se poderia questionar o desenvolvimento da teorização freudiana. Insisto em que se depreende do texto freudiano um valor axiológico de superioridade atribuído ao masculino quando identificado ao falo. Retomo uma citação anterior: "A mulher aprecia seus encantos como tardio ressarcimento pela originária inferioridade sexual" (1933, p. 133). Insisto, também, nas colocações que já fiz anteriormente quando propunha que a ideia de "fazer da sexualidade infantil o modo próprio de funcionar de toda mulher adulta" necessita ser revista, e que elevar o falo a significante primordial pode estar relacionado à época e à cultura que determina um lugar social imaginário ao homem e à mulher (Sigal, 1997, p. 64).

O que aqui se questiona é que o filho está fundamentalmente capturado no lugar de significante primordial do desejo, que seria o falo. A criança enquanto tal, como filho, não tem lugar na estrutura. Por sua vez, a mulher fica capturada no lugar de mãe. Se o desejo da mulher é sempre desejo de um filho no lugar do falo faltante, só se aceita a mulher como uma futura mãe. Lacan diz que o desejo de filho é aquele que sutura o nada da menina, o desejo de ser mãe será obstáculo ao gozo feminino. Ora, o significante fálico é o limite que separa o mundo da sexualidade, sempre insatisfeita, do mundo do gozo, que se supõe absoluto (Nasio, 1988, p. 49). Dessa perspectiva, em sua condição feminina, as mulheres só desejam filhos-falos, transformando-se imediatamente em mães.

Creio que é nessa passagem que a história edípica perde sua conotação de processo para se transformar em estrutura, sendo isso o que devemos rever. Do meu ponto de vista, o que interessa é o Édipo como um momento no percurso da sexualidade infantil, que deixa, sem dúvida, marcas indeléveis que definirão a sexuação em função da relação que se determina numa história, mas não uma história linear, na qual os lugares estão marcados e, sim, como um "acontecer" no qual cada passo incide no anterior e no posterior, sendo os últimos capazes de ressignificar a condição inicial. Nesse processo, entrecruzam-se questões de gênero, de etnia, de classe social, de história individual, entendendo a trama relacional que constitui as realidades psíquicas singulares.

Para explicar a diferença entre estrutura e processo, Hugo Bleichmar (1997) se apoia em Edgard Morin, na teoria da complexidade, e afirma que

> se trata de entender os sistemas na base da articulação dos componentes, articulação que não corresponde a propriedades a-históricas, produto das leis da estrutura como sustentou o estruturalismo logicista, mas que se produz mediante processos que vão se encadeando em redes seriais e em paralelo, processos nos quais mediante transformações

propriedades emergentes vão se criando, onde há relações entre as partes que dominam os fenômenos recursivos. A recursividade é a capacidade de um sistema de reproduzir-se a si mesmo, não por uma única propriedade imanente, mas pelo encadeamento de processos (p. 14).

Considerar todo filho como falo, toda mulher como uma neurótica e toda teoria infantil como a que continua vigente nos investimentos adultos produz efeitos deletérios na clínica tanto de crianças quanto de mulheres e mães.

Freud deu ao complexo de Édipo um estatuto de complexo nuclear. Uma vez que também é nuclear em termos de historicização, precisa ser trabalhado a partir da história em sua dimensão singular. Luis Horstein (2000) entende que

pensar o psiquismo como um sistema aberto, não só em seu funcionamento, mas também na sua gênese, permite refletir sobre a trama relacional constituída pelos outros primordiais e suas realidades psíquicas singulares. O Édipo é a trama relacional na qual se articula o determinismo de certos constituintes estruturais com o acaso ou os acontecimentos não redutíveis a estrutura (p. 115).

É importante resgatar o trabalho concernente às vicissitudes pulsionais e identificatórias na trama edípica para não propiciar um excesso de violência simbólica. Torna-se necessário poder trabalhar a partir da história. Assim, o Édipo torna-se processo e o conceito de acontecimento se transforma em algo absolutamente relevante. Retomemos o Édipo como saga! Revitalizemos o caminho das identificações tal como Freud o faz em "Psicologia das massas e análise do eu" (1921), ou em "O ego e o id" (1923), observando o percurso que a criança faz a partir da consideração da mãe como objeto de amor e como objeto de identificação, sem esquecer os processos de amor e ódio que marcam os encontros tanto da menina quanto do menino com cada um de seus progenitores, como explicitado no complexo de Édipo ampliado. O complexo de Édipo continua sendo um complexo nuclear porque, como diz Horstein (2000), implica o conjunto das relações da criança com seus pais desde o nascimento até a morte, põe em jogo os desejos sexuais e origina a dupla identificação feminina-masculina. Está destinado ao recalque numa evolução bifásica: a da sexualidade infantil e da sexualidade adulta (p. 111).

Mais que um falo

O nascimento de um filho é um acontecimento pleno de intensidade, é o resultado de uma união na qual, desde o primeiro momento, há a marca de dois que são um para criar um terceiro. Para a criança se deseja um "ser", um "ter" e um "devir". Ela é, em parte, um sonho de recuperação narcísica; depositam-se nela todas as aspirações frustradas dos pais, representando também aquilo que os pais tiveram de renunciar e a que aspiram como ideal. Ao mesmo tempo, implica também a possibilidade de sobrevivência dos ideais coletivos, do grupo social e histórico de sua época projetada ao futuro, resultado de um conjunto de identificações. É também a possibilidade de transformação e elevação das aspirações humanas.

No entanto, acompanhando algumas análises de homens e mulheres que tiveram que se defrontar com a terrível experiência da morte de um filho, e entrando em contato com a dor e a impossibilidade de elaboração dessas mortes, podemos pensar que o filho é algo mais que o brilho fálico que outorga uma completude narcísica. A morte de um filho é mais que um narcisismo ferido. É uma dor dilacerante que não evoca só a castração. Homens e mulheres projetam no filho o que se deseja e o que falta e também o que se tem. Não concordo com a ideia de que se reduza tudo o que falta ao falo, já que, em vez de nos abrirmos a novos significantes, que por sua única enunciação nos possibilitam novos caminhos para pensar a clínica, fecham-se as possibilidades de escuta. Como analistas, vamos atrás de novos desdobramentos, não de uma concepção unificadora.

Podemos dizer que a sobre-estimação do objeto valoriza seu possuidor, de onde procede a função de objeto fálico que nosso discurso atribui à criança. No entanto, a função de um filho na vida de uma mulher não se esgota nisso. O nascimento de uma criança estimula a onipotência, permitindo aos pais exercer um poder que cria a ilusão de estar longe da angústia de desamparo, com a qual se chega ao mundo. Saber que a vida do bebê depende dos cuidados que lhe possam ser providos, permite aos pais exercer um poder que se instaura sobre a impotência infantil. Deposita-se na criança a fragilidade e, nessa medida, a angústia de desamparo desloca-se dos pais para os filhos.

A clínica nos demonstra a tentação que sofre a mãe, depois do nascimento de um filho, de mantê-lo num lugar de total dependência por causa do prazer que lhe produz saber que ela é tudo para ele, tanto biológica quanto psiquicamente. A mãe interpreta as necessidades do filho e transforma seu corpo biológico em corpo erógeno. A mãe intervém tanto por meio dos cuidados que provê como por ser objeto de identificação. A mãe acredita que há concordância total entre o que pensam ela e o filho. O filho lhe garante imaginariamente um amor incondicional. O filho é para a mãe uma promessa de amor garantido, uma vez que ele dependa dela. Não quer perder o lugar daquela que possui os objetos da necessidade e é fonte de prazer, tranquilidade e alegria. Ser tudo para o outro se transforma numa tentação de manter esse poder como um abuso constante.

Assim, podemos dizer que há um momento de recuperação do narcisismo infantil no nascimento de um filho no qual a equivalência mãe-mulher adquire seu ponto máximo, reativando uma teoria sexual infantil. Mas é a possibilidade de ver no filho algo mais que um falo, e reconectar-se com outras fontes de prazer narcísico, o que permitirá a essa mãe deixar que esse filho construa sua própria subjetividade.

O filho atual é, então, objeto de desejo e poderá constituir sua subjetividade com a condição de que não seja o filho que a mãe desejava na infância: agora ele não é o falo, ele é herdeiro de um desejo do passado, mas aponta para um futuro que nenhum filho real pode suturar (Horstein, 2000).

Pensamos que há outras condições intrínsecas ao próprio feminino que apresentam demandas. Se reconhecemos na mulher adulta, não neurótica, um desejo erótico que nem sempre está inibido ou tornado materno, assim como se entendemos que seu narcisismo tem outras fontes de satisfação que não só aquelas que se obtêm por meio da sexualidade, aceitaremos que seu investimento libidinal volte a ser mais abrangente e que possuir um filho-pênis não é sua única satisfação. Talvez, o fato de pensarmos que tudo aquilo que falta, tanto para homem como para mulher, está ligado ao falo é o que nos situa numa posição reducionista. Se, em vez de considerar as complexidades, reduzimos essas múltiplas considerações à completude diante da falta, e a falta como a castração, sem dúvida só nos resta acreditar que o filho é o falo.

Vemos com frequência nas supervisões repetir-se ecolalicamente que o filho é o falo da mãe, que ele é "o desejo do desejo da mãe", como se essa fórmula pudesse explicar uma sintomatologia complexa, lavrada de forma difícil na história individual dessa díade, tecida sobre processos identificatórios intrincados, recaindo assim num lugar comum e estereotipado. Dessa forma, perde-se grande riqueza e os casos clínicos ficam reduzidos a um conjunto de mães histéricas e pais castrados. O fato de encontrar em numerosas patologias mães histéricas e pais castrados não nos autoriza a elevá-lo à categoria de estrutura, já que atribuir ao filho um lugar vazio na estrutura afasta o inconsciente de toda determinação histórica e de singularidade. Não podemos trabalhar com uma estrutura que toma seu valor pela relação existente entre as partes e está fora da história. Segundo Castoriadis, podemos dizer que a linguagem na qual nascemos, mais que uma ordem estrutural, é um lugar, magma de significações, produto do modo de ser histórico-social. Não podemos reduzir tudo na constituição da subjetividade a uma determinação única: desejo de completude, para não fazer da psicanálise uma filosofia ou uma ontologia. Frente à história clínica de cada criança, faz-se necessário perguntarmo-nos que desejo inconsciente levou esse homem e essa mulher a querer ser pai ou mãe.

Para finalizar retomarei as palavras de Piera Aulagnier (1975) que dão nome a este artigo:

> Parece ambíguo falar de uma equivalência pênis-criança. A expressão perde sentido se pretende-se fazer participar a todo objeto cobiçado pela mulher de um brilho fálico, assim como dizer que o que o homem só demanda do objeto é o atributo fálico com o que poderá dotar seu pênis (p. 122).

A clínica com crianças nos coloca permanentemente desafios e nos permite acompanhar processos de neurose em vias de consolidação, assim como estudar fenômenos que se desenvolvem, tanto na célula narcísica mãe-filho/a como na consolidação do triângulo edípico. Para quem trabalha com crianças, faz todo o sentido poder diferenciar a mulher da mãe, o homem do pai, o filho do falo. Portanto, a expressão à qual nos referimos, "mais que um brilho fálico", abre um leque de considerações em relação ao significado que uma criança possa ter para seus pais. Entre as considerações está a de incluir na vida dessa mulher-mãe esse novo objeto de investimento libidinal que não alude só à falta, mas que lhe permite descobrir o prazer da doação e o lugar da criação, da procriação e da criatividade como potencialidade do humano e não como falta do feminino.

3.

A MULHER NÃO NASCE MÃE, PODE TORNAR-SE MÃE:

A psicanálise, o feminino e sua relação com as novas
técnicas de reprodução assistida[1]

> *"on ne naît pas femme, on le devient"*.
> Simone de Beauvoir

Para começar este trabalho, desejo manifestar minha grati-
dão às mulheres que me permitiram o privilégio de entrar em
seu mundo inconsciente, debruçar-me sobre seus fantasmas,
confrontar-me com seus imaginários e, assim, me possibilitaram
pensar de que modo os determinantes desta época e o caminho
da sexuação afetaram sua subjetividade no que diz respeito ao
desejo de serem mães.

Inúmeros fatores influem nessa nova realidade encarada pela
mulher: o novo lugar socioeconômico que ocupa, as exigências
profissionais, os novos tempos e as aspirações na escolha do
homem com quem deseja ter um filho, o fato de saber que outros destinos lhe são possíveis – que não só o de reprodutora –,

---

[1] Publicado originalmente em *Desafios para a psicanálise contemporânea*, organizado por Lucía Barbero Fuks & Flávio Carvalho Ferraz (São Paulo: Escuta,
2003, p. 251-264).

o entendimento de que ter um filho é uma opção e não sua única saída para se inserir no mundo. São fatores que fazem que muitas mulheres resolvam encarar a maternidade num momento em que seu corpo biológico trai seu desejo. Por essa razão, muitos casais recorrem, atualmente, à gravidez assistida, através de métodos de fertilização *in vitro*, para terem o prazer de ter um filho.

São numerosos, também, os casos nos quais se pode encontrar a tecnociência a serviço de uma situação patogênica ou iatrogênica. São aqueles em que as dificuldades para engravidar decorrem de sérios conflitos com a sexualidade, transtornos identificatórios, filhos-fetiches, problemas narcísicos, patologias histéricas ou fóbicas graves, ou casos em que ter um filho se transforma numa insígnia de poder ou demanda social.

Em todos os casos, o recurso à gravidez assistida, com suas diversas modalidades – inseminação artificial, ovodoação, banco de esperma – apresenta sempre uma questão delicada, que deve ser analisada com cuidado sem se tomar partido *a priori*, ou seja, sem condenarmos ou sermos coniventes com as técnicas que a ciência põe a nosso alcance para resolver os diversos problemas antes de uma análise mais aprofundada de seus efeitos.

Na clínica, tive a oportunidade de acompanhar, nos últimos seis anos, vários casos de gravidez assistida, com fertilização *in vitro*, seja de mulheres que já estavam em análise, e sob essas circunstâncias resolveram tentar uma gravidez com ajuda da tecnociência, seja de mulheres que me procuraram antes de tomar qualquer determinação, para mergulhar na sua interrogação a respeito do desejo de ter um filho. Como resultado do trabalho, algumas levaram em frente seu projeto e outras desistiram ao confrontar-se com a realidade de um desejo que, na verdade, se satisfaria por outros caminhos, ou porque reconheceram em sua demanda o produto de uma patologia. Também tive pacientes que pediram ajuda porque, uma vez realizado um longo processo para engravidar por métodos artificiais e consegui-lo, desencadearam complexos conflitos e ambivalências em relação a suas decisões prévias. Em todos os casos foi necessário suspender qualquer juízo de valor e abrir-se à escuta do inconsciente em sua dimensão única e singular.

Parto da ideia de que a fecundação artificial é sempre um tema complexo e repleto de dificuldades dentro de uma análise. Por um lado, trabalha-se com os fantasmas que a manipulação do corpo biológico provoca, manipulação às vezes muito sofrida, que se faz em nome de uma demanda consciente que reverbera sobre o inconsciente, encontrando-se com os fantasmas infantis que investiram esse corpo como erógeno. Por outro, confrontamo-nos com um tempo real – que não é o tempo do inconsciente – uma vez que nessas análises o paciente, às vezes, vê-se na urgência de tomar decisões de alto custo psíquico, que reverberam de um modo tal que as fantasias originárias, a sexualidade e o Édipo comovem-se em seus alicerces.

Para aproximar-se dessa problemática, torna-se necessário fazer algumas considerações sobre a relação entre os avanços tecnológicos e a psicanálise, assim como rever os caminhos da sexuação na mulher e sua relação com o desejo de ter um filho à luz dos novos tempos.

Como psicanalistas imersos numa realidade social, não podemos deixar de pensar nas consequências que sofre a subjetividade ao longo da história. O conhecimento científico e suas aplicações tecnológicas comovem, neste momento, os alicerces do ser.

Os observadores mais lúcidos advertem-nos sobre os perigos a que estamos expostos quando a tecnociência mostra a plenitude de seus poderes, razão pela qual somos levados a perguntar: como encontrar o limite para não pactuar com o atraso e a ignorância, apostando em um progresso que não ameace a existência humana? Essa pergunta não nos permite uma única resposta.

O emprego da tecnologia produz, por si só, profundas transformações, tanto no âmbito do cotidiano quanto no das mutações sociais; tanto nos modos de exercício do poder quanto na concepção de mundo. A relação entre a ciência e o poder econômico tem consequências indiscutíveis no âmbito social, político e cultural de cada época.

A ciência busca conhecer a realidade e a tecnologia tem por objetivo transformá-la, mas não é qualquer tecnologia que, nas circunstâncias atuais, pode ser desenvolvida, senão aquela que carrega a potencialidade do mercado. Por isso, devemos ficar atentos. Por um lado, muitas descobertas científicas combatidas no passado ou perseguidas pelo pensamento religioso, pois se acreditava que eram criações do inferno, atualmente estão

tão incorporadas ao nosso cotidiano e têm sido tão benéficas que resulta impossível viver sem elas. Por outro, as demandas mercantilistas têm produzido graves transtornos no uso e no consumo de produtos científicos, ameaçando a subjetividade e os ecossistemas.

A questão que temos de ter em mente é a necessidade de não sermos maniqueístas, declarando-nos a favor da biotecnologia sem questionarmos as consequências de adaptar os referenciais simbólicos às novas possibilidades técnicas, ou combatendo fanaticamente os avanços tecnológicos, porque esses nos levariam ao fim da história da humanidade.

De acordo com a minha perspectiva, o inconsciente tem um realismo no qual as representações e os objetos pulsionais têm grande interação com o que a realidade oferece. Por essa razão, penso que, partindo de certos fenômenos novos que a história social e singular propõe à mulher, ela encontra novas representações e destinos para seu mundo pulsional.

Não só a ciência, mas também as profundas mudanças ocorridas no sistema produtivo possibilitaram novos lugares para a mulher, propondo outros modelos identificatórios e transformando as aspirações do ideal do eu e das gratificações narcisistas. Isso implicou, por sua vez, novas perspectivas para a construção da sexuação feminina.

Os novos avanços em reprodução assistida – como a clonagem e a utilização de materiais embrionários a serviço do transplante de órgãos – vão ao fundamento da nossa relação com a vida e com a morte, impondo importantes mudanças nos referenciais simbólicos de nome, na filiação, na paternidade, na maternidade e na sexuação. Portanto, faz-se necessário estudar essas novas articulações.

A tecnociência produziu, há mais de um século, uma revolução no campo da sexualidade. A função reprodutiva começou a ser controlada, deixando de ser comandada pelo acaso biológico. Desenvolveram-se técnicas contraceptivas e, em alguns países, legalizou-se o aborto e autorizou-se, com acordo de lei jurídica, a utilização da "pílula do dia seguinte". A maternidade passou a ser uma opção: pode-se decidir sobre o desejo de ter ou não um filho, um desejo inconsciente que passa a encontrar novos cenários. Inseminação artificial, ovodoação, barriga de aluguel, banco de óvulos e esperma serão as novas possibilidades que afetarão a concepção, tanto no seu caráter real quanto no fantasiado.

Durante séculos, a única leitura possível do corpo da mulher e de sua relação com o homem era a da reprodução, e qualquer outro interesse tinha o valor de simples contraponto ou fuga desse trabalho de criação de humanos. A maternidade já não é mais um destino biológico. Considerá-la um anseio natural ou instintivo da mulher é permanecer no remanescente biologicista da sexuação feminina. Hoje, a relação da mulher com a maternidade se define no seio da forma global que essa mulher escolhe para sua existência.

Como essas mudanças nos referenciais sociais e científicos se revertem sobre a subjetividade? Em que afetam o processo de sexuação na mulher? Que novos destinos pulsionais se abrem a partir dos recentes avanços da biotecnologia em relação à gravidez assistida?

Devemos ser cuidadosos nessas análises. Constatei na bibliografia consultada que à prepotência de saber médico opõe-se, por momentos, a onipotência do saber psicanalítico, cada um querendo defender verdades absolutas, quando, na realidade, estamos diante de uma multideterminação interatuante. É essa multiplicidade de aspectos determinantes que nos oferece grandes dificuldades e nos confronta com a ética própria de nossa disciplina, que não deve ser tratada com um moralismo piegas. Faço essa referência porque, por vezes, o discurso psicanalítico se transforma num discurso religioso e dogmático, em nome de um critério mal utilizado de legislar sobre o que é sadio ou perverso.

No livro *Mal-estar na procriação*, de Marie-Madelaine Chatel (1995) – livro que tem sido a referência de muitos psicanalistas hoje para esse tema –, encontramos as seguintes afirmações:

> as procriações artificiais tentam apagar o artifício da lei do pai e a montagem da diferença entre os sexos. Na procriação artificial, o desejo sexual é oficialmente descartado. O apagamento dos traços de origem está no próprio princípio da fecundação artificial (p. 110).

No decorrer do livro, aqueles que poderiam ser elementos interessantes para se expor a questão se transformam em afirmações verdadeiramente desconcertantes, como afirmar que "é o alcance desejante do ato médico o que tem eficácia nestas gestações. O que prevalece não é mais o desejo sexual de um homem por uma mulher, mas o desejo próprio do médico de ser bem-sucedido" (p. 110). Em outro trecho de seu livro, a autora diz: "não hesitarei, depois desta análise, em qualificar essas práticas de perversões altruístas" (p. 97).

Com essas afirmações, corremos sérios riscos: estamos negando a possibilidade àquelas mulheres que, no contato com o legítimo desejo de serem mães, possam encontrar na ciência um aliado para superar uma marca que os próprios corpos lhes impõem, longe de que isso seja necessariamente uma renegação da castração.

Certos autores questionam as técnicas biomédicas, recorrendo ao argumento de que, ao possibilitarem a superação do limite que o corpo impõe com a infertilidade, essas mulheres estariam fechando a fenda aberta pela castração. Relacionam a gravidez *in vitro* com a entrega ao gozo ilimitado. Tanto na gravidez natural quanto na assistida, nos casos de neuroses ou perversões, isso pode acontecer. No entanto, pode-se realmente cometer excessos ao assimilar-se qualquer situação em que se tente superar os limites de uma impossibilidade como recusa da castração. As generalizações são perigosas. Com esse argumento, qualquer intervenção científica, como um transplante de rins ou uma ponte de safena, entraria nessa categoria.[2]

---

[2] M. Tort, em *O desejo frio*, contestando Denise Vasse – que argumenta nesse sentido –, diz que a castração pode tornar-se resignação masoquista, entendida, como a autora o faz, quando associada indefectivelmente aos limites impostos pela

Muito temos lido e pensado sobre o poder médico. Sabemos que não é possível trabalhar sobre o corpo anatômico e biológico, manipular genes, embriões e gametas, fazer mudanças de sexo, realizar pesquisas sobre paternidade através do DNA como se fossem simples produtos biológicos. É necessário pensar que o sujeito é mais do que um funcionamento somático. É necessário considerar o corpo erógeno e as determinações fantasmáticas que produzem essas intervenções. Do mesmo modo, é necessário pensar que o mundo fantasmático e pulsional tem uma ancoragem na soma. É na sua inter relação que encontramos o caminho da subjetivação.

Não tratamos a questão com ingenuidade, nem estamos desavisados sobre os usos patogênicos e mercadológicos que podem ser feitos de certos avanços científicos ou tecnológicos. Sabemos também dos usos perversos feitos em nome da psicanálise, e não por isso aceitamos sua condenação. Esse novo momento provoca incerteza, novos modelos de transmissão da linhagem surgiram. Teremos de discutir as consequências da realização de uma gravidez *in vitro* ou da inseminação artificial; teremos de pensar que novas articulações simbólicas deverão ser feitas. Entretanto, dizer que as gestações assistidas provocam a implosão dos referenciais simbólicos por intervirem nas relações de parentesco, filiação, maternidade e paternidade, assim como caracterizar essas técnicas como intervenções

---

natureza e pela vida. Os argumentos aparentemente analíticos estigmatizam, em nome do respeito à finitude, os lutos não concretizados da fertilidade e podem, da mesma forma, ser aplicados à maioria das intervenções médicas (p. 35).

patogênicas, a serviço de renegar a castração, é desconhecer o caráter simbólico da lei.

A lei impõe a proibição do incesto e permite o acesso à cultura a partir do corte simbólico que separa a subjetividade da natureza. A organização da lei de parentesco, da linhagem e da filiação, sendo simbólica, pode operar do mesmo modo nos casos de reprodução por fecundação com coito ou *in vitro*, assim como nos casos de adoção.

Pensar que a crise se produz pelo modo em que se efetua a concepção provoca um retorno ao biológico; trata-se de um desconhecimento do grande avanço que nos legou Freud (1905) quando, nos *Três ensaios*, separa sexualidade e reprodução, constituindo essa diferença um dos pivôs da teoria da sexualidade. Desligar tais conceitos abre caminho para entender a sexualidade como perversa polimorfa, assim como permite atribuir à pulsão a capacidade de deslocamento indefinido, encontrando sua satisfação, direta ou sublimada, das formas mais diversas. A separação entre ato sexual e fecundação não fala necessariamente de uma fecundação sem sexo, mas de outra articulação possível, já que essa articulação é simbólica e não natural. Com frequência encontramos, na clínica, casos de gravidez decorrente do ato sexual em que, no imaginário de um ou de outro parceiro, está colocada em questão a paternidade, a filiação e até a participação do parceiro na concepção, chegando-se a pensar que a gravidez é partogenética. Como psicanalistas, sabemos da importância da história pregressa; perder essa deixa e elaborar generalizações é altamente perigoso. Para entender a que desejo ou fantasma remete o desejo de se ter um filho, seja qual for a modalidade de concepção, deve-se analisar a relação dessa mulher com sua sexualidade infantil, no campo do Édipo, na história dos caminhos identificatórios, assim como a relação com a figura materna e os aspectos narcísicos. Será necessário analisar o lugar que tem o homem na vida dessa mulher, o desejo desse homem de ser pai e a relação amorosa que une o casal.

Se o ato sexual não garante a legalidade desses referenciais simbólicos, a separação entre reprodução e ato sexual tampouco garante a crise destes. Como psicanalistas, iremos mais pelo caminho do desejo, para entender o que leva uma mulher ao desejo de ser mãe. A sexualidade pode permanecer ligada ao desejo de filho tanto nos casos de adoção quanto nos de gravidez assistida, desde que consideremos a sexualidade algo mais amplo do que a relação sexual propriamente dita.

Para nos aprofundarmos mais no específico das determinantes que entram em jogo para que uma gravidez aconteça, situarei algumas variantes:

- o desejo de filho na mulher;
- desejo dos pais de ter um filho;
- o desejo que acompanha a relação sexual;
- o encontro biológico entre óvulo e esperma e a consequente transcrição genética; e
- a implantação do ovo no útero com a capacidade de fazê-lo crescer e chegar a termo.

Cada uma dessas variantes e sua relação no campo do fantasma têm consequências diversas nas novas técnicas reprodutivas. Farei algumas considerações sobre a primeira variável, que é o desejo de filho na mulher, desejo que deve ser analisado tanto nos casos de adoção quanto nos de gravidez assistida ou natural. Também farei algumas considerações em relação às dificuldades com que deparamos na gravidez assistida, com ovodoação, e em relação ao encontro biológico do óvulo com o esperma, com a consequente transcrição genética.

Começarei pela necessidade de se rever, na teoria freudiana, os caminhos da sexuação na mulher. Nas pacientes por mim acompanhadas, a escuta clínica me confrontava, inicialmente, com o questionamento do que deseja uma mulher quando deseja um filho. A partir desta, surgia outra questão, concernente à singularidade das pacientes: o que deseja, em razão de sua história, cada uma dessas mulheres quando deseja um filho?

Trabalhar novamente o estatuto da inveja do pênis na metapsicologia transformou-se em uma questão teórica inelutável. Continuando com um caminho já começado em outras publicações (Sigal, 2001), vejo necessário separar o desejo de filho do desejo de pênis na mulher. Já em 1995 falei sobre a *Organização genital infantil* (Sigal, 1995) e alinhavei algumas considerações críticas em relação às questões freudianas, a respeito de se tomar a posição do menino como eixo a partir do qual se estabelece o diferente. A consideração que nos permite estabelecer o genérico humano partindo do masculino cria, *a priori*, certas condições de possibilidades pelas quais transita o discurso, no lugar de outras, definindo, assim, um caminho para o pensamento.

Foi preciso rever os aspectos valorativos com que Freud trabalha a questão das diferenças sexuais, dando ao homem um aspecto hierarquicamente superior. O que seria a matéria-prima para tratar as diferenças tornava-se, por momentos, uma explicitação da desigualdade. Encontrei em Michel Tort (2001) um aliado do meu pensamento. Diz ele:

> os limites revelados pela teoria da sexualidade freudiana estão ligados à maneira pela qual ela reproduz ao mesmo tempo em que elabora dois pressupostos não analisados, solidários, tomados de empréstimo da ideologia dominante: a prevalência fálica e a da figura paterna, expressão da dominação masculina nas relações sociais. A racionalização metapsicólogica desses pressupostos pode chegar a um refinamento extraordinário, sem poder, não obstante, mudar sua natureza. [...] a teoria dita da diferença dos sexos tem sido sempre e até aqui uma formulação da dominação (p. 19).

A psicanálise trabalha com uma realidade psíquica diferente da essência do biológico ou da marca da socialização, mas encontra em ambos elementos-âncora ou substratos dos quais se nutre. Trabalha-se com as marcas com que o biológico e o social são simbolizados ou imaginados no inconsciente.

Mantenho a ideia de que o complexo de Édipo é nuclear na formação da subjetividade e da neurose, e considero a sexualidade infantil matéria fundante do inconsciente. Discordo da ideia de se colocar a maternidade como o único caminho possível para a feminilidade, pois isso implica manter a mulher adulta presa às teorias sexuais infantis. Se pensarmos a inveja do pênis como uma marca que prevalece na sexualidade adulta, e não como uma marca do percurso edípico, equiparamos feminilidade com histeria.

Freud, entretanto, indica a maternidade como saída única para o alcance da feminilidade. No trabalho *A feminilidade*, ele afirma que "a condição feminina se estabelece somente quando o desejo do pênis é substituído pelo desejo de se ter um filho" (Freud, 1933, p. 119). Poderíamos afirmar hoje que uma mulher que escolhe não ter um filho fracassou no seu caminho em direção à feminilidade? Por que atrelar a condição do feminino à condição de mãe?

O problema, na verdade, instaura-se na hora em que se produz um deslizamento das equações simbólicas como equivalência ao momento em que se atrelam estas a um significante primordial, em torno do qual se organiza a sexualidade. Isso acontece na passagem de Freud de 1917 a 1923. Mas, encontramos um outro Freud (1917a), aquele que diz, em *Sobre as transposições da pulsão, em particular do erotismo anal*, que, "por um fracasso acidental em sua vida como mulher, que em si mesmo e muitas vezes como consequência de uma forte predisposição masculina, reativa-se este desejo infantil que classificamos como inveja ao pênis" (p. 119). Depreende-se, dessa leitura, que uma mulher adulta, que não continua amarrada ao objeto de desejo infantil, faz sua saída à feminilidade sem necessariamente ligar desejo de filho e desejo de pênis. Um filho – fazendo referência a trabalho que apresentei em outra oportunidade (Sigal, 2001) – é algo mais que um brilho fálico para a mulher.

Outra passagem de Freud (1917a) que me parece interessante citar para o tema que nos preocupa é: "em outras mulheres não se registra em absoluto esse desejo de pênis; seu lugar está ocupado pelo desejo de filho, cuja frustração pode desencadear neuroses" (p. 119). Posso dizer que essa situação também estava presente em uma de minhas pacientes, que vivia uma profunda infelicidade e apresentava condutas neuróticas em razão da impossibilidade de realizar seu desejo intenso de maternidade.

Acompanhando o percurso da sexuação, Mario P. Fuks & Silvia L. Alonso (2002), em seu texto "A histeria e o erotismo feminino", afirmam que

> finalmente, a equivalência filho-falo torna-se dominante e exclusiva na conceitualização. Com a universalização do recalque e a falicização das equivalências, a feminilidade vai se aproximando cada vez mais de uma neurose. O feminino e seu enigma correspondem, nesse texto (A feminilidade, de Freud), a uma condição histérica que concerne à subjetividade da mulher. Essa superposição se produz por meio da essencialização e da generalização de certas atribuições, como a 'prevalência do narcisismo no amor', a onipresença da 'inveja do pênis' e a relevância crescente da maternidade como meta exclusiva.

Por caminhos diversos, vemos que diferentes autores psicanalíticos estão pesquisando as mesmas questões e se encaminham para as mesmas compreensões. Eu poderia escolher muitos caminhos para trabalhar outras problemáticas apresentadas na clínica com minhas pacientes. Optei, no entanto, por fazer um breve comentário sobre uma das decorrências fantasmáticas que traz o encontro biológico do óvulo com o esperma e a consequente transcrição genética, nos casos de gravidez assistida com ovodoação.

Em todos os casos de ovodoação que acompanhei, encontrei a mesma dificuldade, que é a de fazer a passagem do material genético biológico para a possibilidade de simbolização da maternidade. As pacientes se perguntavam: quem é a mãe da criança? A doadora do material genético ou elas, que estavam levando em frente o processo de gestação?

Elisa, uma paciente, não conseguia se apropriar dessa maternidade, estava no quinto mês e se referia constantemente aos caracteres genéticos do bebê. Em uma sessão na qual estava falando de como seria esse filho, ela me disse: "Sinto angústia de encontrar-me com o bebê, no parto". Eu lhe perguntei, em um sentido provocativo: "Por que você tem medo de que se pareça com a mãe?". Ao que ela, sem titubear, respondeu: "A mãe sou eu. Sou eu que o levo nas minhas entranhas, eu que possibilitarei que esse ovo se transforme num bebê!".

Fez-se um silêncio significativo. Sabíamos que algo muito importante havia se processado, e pouco depois as duas rimos. Pela primeira vez ela se sentia mãe de seu filho. A maternidade não era mais uma questão de gametas, uma questão biológica. Foi para ela possível assumir-se mãe, na transferência. Na sessão seguinte, ela me disse: "Agora é meu filho, não tenho dúvida; consegui me apropriar dele. O óvulo é de outra mulher, mas sinto que o filho é meu e de Fernando (o marido)".

Não escutei nessa fala uma renegação, mas, ao contrário, seu legítimo desejo de assumir a maternidade. Assim como nos casos de adoção, foi necessário um tempo, um processo, para que ela se assumisse mãe. De todo modo, coloca-se uma questão: como será esclarecida no futuro, para essa criança, a história de sua origem? Nos casos de crianças adotivas, fala-se da mãe da barriga e da mãe do coração; agora, o que se dirá a essas crianças? Será que o avanço da história lhes permitirá estarem mais familiarizadas com essas novas modalidades e já não causará nelas uma situação de tanta estranheza quanto causa a nós hoje em dia?

Outra paciente me disse: "Eu sei que está dentro, eu o vejo nas ecografias, mas não consigo saber que é um bebê, sabê-lo meu". Algumas semanas depois, diante dos primeiros movimentos do feto, ela chega sorrindo e me diz: "O bebê mexeu", chamando-o pela primeira vez de bebê; "tenho um filho dentro de mim".

Um elemento que colabora muito com essa dificuldade de imaginarização do filho é o acompanhamento passo a passo do processo de fertilização e de implante, a contagem da multiplicação celular, a visão do feto, passo a passo, nas ecografias. Vemos que a pulsão escópica, que dá base para a construção do imaginário, nesses casos interfere impondo com força uma realidade concreta que limita a possibilidade de imaginarizar e simbolizar. No dia a dia da ecografia, o que se vê é um conjunto de células e não um bebê: tanto é assim que se fala de embrião e não de filho.

Nas mães que engravidam por uma relação sexual, não é frequente um acompanhamento passo a passo da contagem de células e taxas hormonais. O risco de aborto está inserido, mas não é a angústia da perda o que baliza o processo. Essas mães dificilmente constroem a representação da vida que estão gestando tomando como ponto de partida o embrião; ou seja, podem se relacionar mais facilmente com o corpo erógeno do bebê.

A criatura humana no interior do corpo é uma representação que se constrói. No começo, o que está imaginarizado é o projeto e o desejo de filho, que tem um lugar assinado no discurso, dado pela história familiar; um lugar que é mais que um acidente biológico. O começo da gravidez costuma coincidir com a instauração da relação imaginária. O filho não é representado pelo que é na sua realidade, embrião em vias de desenvolvimento, mas pelo corpo imaginado, um corpo completo, unificado, dotado de todos os atributos. É sobre esse suporte imaginário de embrião que se investe a libido materna, mas as mulheres que se propõem a ter um filho com a colaboração da ciência, mesmo tendo um projeto para o filho, estão mais atreladas à dependência dos resultados que o biológico impõe. Há um trabalho maior para costurar o corpo erógeno. Pelo fato de a fecundação ter acontecido fora do corpo, pelo fato de o material genético ser estrangeiro a seu corpo, e porque o trabalho de implantação é mais incerto, os caminhos de elaboração são mais complexos.

O que pude observar é que, se a feminilidade está afirmada, se o homem tem um espaço para o desejo da mulher, se há um desejo do homem de ter esse filho, se o filho não está investido da qualidade de fetiche, se esse filho-objeto atual não vem ocupar o lugar do objeto fálico da sexualidade infantil, mesmo tendo que realizar um caminho mais difícil, é possível aceder à maternidade por vias da fecundação *in vitro*, sem ser a mulher condenada pela psicanálise como perversa altruísta. Reencontro ainda hoje algumas dessas mulheres que estão plenas de alegria, com seus filhos já crescidos, gratas à psicanálise e à ciência, que lhes permitiram a realização de um desejo que parecia impossível. A psicanálise, para elas, assim como em tantos outros possíveis casos, trabalhou e trabalha como um elemento que ajuda a ampliar as condições de liberdade da mulher.

É bom lembrar que, assim como não se nasce mulher para o inconsciente, a mulher não nasce mãe, mas pode *tornar-se* mãe.

4.

A MATERNIDADE COMO
FUNÇÃO SIMBÓLICA:

Precisamos de novos postulados metapsicológicos
para compreender os filhos da reprodução assistida?[1]

A intenção deste trabalho é nos perguntarmos se as mudanças que a gravidez assistida imprime no psiquismo de nossos pacientes atacam o fundamento de nossas ferramentas teóricas de compreensão da subjetividade, tanto no momento da consulta de um adulto como ao atender uma criança que está em pleno processo de formação de sua vida subjetiva. Podemos nos perguntar também se esse tipo de procriação dá origem a novas estruturas psicopatológicas que não são abordáveis partindo da bagagem teórica de que dispomos. Pergunto-me se a fragmentação dos dados da herança biológica distorce as bases da sexualidade infantil e do Édipo tal como a psicanálise as apresenta.

Será necessário contar com novos postulados teóricos? Ou, pelo contrário, o que se impõe é infundir aos postulados analíticos toda sua potência libertadora, abandonando preconceitos que se instalam quando aparecem questões novas ou desconhecidas?

---

[1] Publicado originalmente em *Psicossoma IV*: corpo, história, pensamento, organizado por Rubens Marcelo Volich, Flávio Carvalho Ferraz & Wagner Ranña (São Paulo: Casa do Psicólogo, 2008, p. 195-203).

Quando encaramos a maternidade como uma questão natural, nós a pensamos como uma função específica do biológico e não como um fenômeno da cultura. Também, quando pensamos que existe um instinto materno, este seria mais determinado pelas características da espécie, que não oferecem grande variabilidade entre indivíduos. No conceito de instinto há uma soldadura entre este e o objeto que o satisfaz, o que determina que as condutas que decorrem dele estejam preanunciadas, sejam fixas e, uma vez iniciadas, dificilmente possam ser interrompidas ou desviadas.

Quando pensamos a maternidade como uma função biológica ou instintiva da mulher, supomos que não é necessário investigar os imaginários, nem a função simbólica que a determina. Também não interessa saber de que modo a cultura, os fenômenos históricos, sociais e econômicos influenciaram na função materna. Praticamente se pensa em um *pattern* de conduta, que não tem grande variabilidade de um humano a outro.

Tal forma de entender a maternidade, sem considerar os complexos processos que a atravessam, nos mostra um uso ideológico do conceito, estranho ao campo da psicanálise, que pretende deixar a mulher com sua existência amarrada à pura função de procriação, limitando seriamente as aberturas possíveis da subjetividade.

Na naturalização da maternidade, a mãe está atada por laços de sangue à sua cria. É isso o que desperta seu amor: ela está imersa numa condição na qual se defronta com um vínculo indissolúvel, inefável, e que a sociedade pretende que seja sempre intenso e positivo. Não estamos no campo do desejo inconsciente e de suas vicissitudes e, sim, no campo de uma natureza e suas cartas marcadas.

Se tomamos o campo da pulsão, conceito psicanalítico que humaniza o instinto, o caminho torna-se inseguro, pois não podemos falar de um saber herdado, de uma conduta fixa; a pulsão é errática e nela tudo é variável. Segundo Freud, o objeto da satisfação é contingente, ou seja, suscetível de todas as substituições possíveis, a meta é passível de intercâmbios, modificações e inibições, e, por fim, as fontes estão conectadas umas às outras e são vicariantes. Tudo é evanescente. As garantias são perdidas e sobrevém o desamparo. Citando Eva Giberti (1980):[2] "Os filhos do instinto nos remetem à ilusão de estarmos inscritos na ordem da necessidade, os filhos do desejo nos defrontam com a contingência na qual se inscrevem todos os fatos da ordem do humano."

Quando consideramos a clivagem entre natureza e cultura, percebemos a existência da arbitrariedade do código, e vemos que feminino e masculino, maternidade e filiação são acidentes do discurso que não coincidem necessariamente com os acidentes da biologia. As marcas que o corpo imprime na psique entram no desfiladeiro da linguagem e tornam-se cenas de representações fantasmáticas, que dão albergue ao desejo. O simbólico faz do homem um animal fundamentalmente regido pela linguagem, o que determina as formas de seu laço social e suas escolhas sexuadas.

---

[2] Comunicação apresentada nas *Jornadas sobre mulher, cultura e sociedade*, promovidas pelos Centros de Estudo da Mulher, Buenos Aires, em 1980.

É nessa fenda que, para a psicanálise, inscreve-se a mulher-mãe. A maternidade se descola da natureza, imersa na ordem simbólica dos laços de parentesco, da circulação das mulheres e dos bens, da posse dos filhos, que será regulada por leis de palavra, na qual descansam seus fundamentos.

Se o amor materno fosse da ordem do instinto, não poderíamos entender as mulheres que não amam ou não desejam seus filhos, nem tampouco as que amam um filho que não é de sangue; também não seria possível entender os corpos que se recusam a fecundar, tendo condições para isso. Só pensando a maternidade e a filiação como uma operação simbólica é que entendemos que, no ser humano, o conceito de instinto fica subvertido e perverte a função biológica.

Apoiamo-nos nos *Três ensaios para uma teoria sexual* (Freud, 1905) para enunciarmos essa afirmação, e considerarmos que, segundo a psicanálise, não há obrigatoriedade de coincidência entre corpo biológico e psicológico. Na maternidade não haveria necessariamente coincidência entre a gravidez anatômica e a função materna e na sexualidade não há identidade entre sexo e sexualidade. O desejo de ser mãe não está necessariamente determinado pelos órgãos sexuais que a mulher tem para a maternidade, assim como a identidade de gênero ou de sexo não correspondem à posição em que um sujeito goza.[3]

Pensando com base na psicanálise, uma mulher, para ter um filho, deverá organizar de determinada maneira tanto a

---

[3] Pode-se ser anatomicamente homem e gozar com a fantasia de ser penetrado pela mulher com pênis.

imaginarização de sua anatomia quanto seus posicionamentos edípicos e suas identificações, organizações estas que serão singulares e dependerão de cada história, variando de mulher para mulher, tanto no que se refere à função materna quanto à significação do filho.

A palavra sexo corresponde à biologia: designa os seres vivos a partir da formação biológica e cromossômica. Diferencia indivíduos, dentro de uma mesma espécie, entre machos e fêmeas, segundo conformações específicas decorrentes de diferenças genéticas, fisiológicas, químicas e morfológicas. Utiliza-se também a palavra sexo para referir-se ao modo de reprodução que consiste na união de duas células especializadas.

Sexo e sexualidade começam a encontrar suas diferenças, e o homem, por estar inserido na cultura, tendo um pé no biológico, deste se descola para aparecer sob novas formas e modalidades.

Os conceitos de apoio (*Anlehnung*) e de pulsão nos auxiliam a caracterizar o fundamento do biológico na psicanálise. Nesse sentido, o corpo oferece uma base que entrelaça as pulsões de autoconservação às sexuais. A teoria do apoio é indissociável da teoria pulsional e da sexualidade, na qual as funções vitais servem de lastro para as pulsões.

É preciso retomar o conceito de apoio a fim de frisar que o biológico, que consideramos na pulsão, se oferece não como algo endógeno, mas como algo que vai adquirir seu valor sexual a partir da presença do outro. É o outro que imprime através do toque, da fala, do olhar, da voz, um sentido específico e diferente à inervação somática.

Seria incorreto afirmar que a psicanálise nada tem a ver com o biológico-corporal, mas não é dele que ela se ocupa e, sim, da forma em que este se imaginariza a partir das várias formas que adquire a satisfação pulsional.

O corpo da mulher parece ser determinante na fecundação, nas funções de aninhamento e amamentação que facilitam a reprodução, mas, se Freud nos fala do desencontro entre o natural e o destino do sexual no sujeito, temos de reforçar que na maternidade há também esse desencontro.

Já faz anos que se aceita que a função da amamentação pode ser desligada do corpo da mulher, quando esta tem dificuldades para levá-la a cabo. Já nos parecem até naturais os modos substitutivos de alimentar uma criança quando falha a função orgânica e não se culpabiliza uma mãe por não ter leite para amamentar. Atualmente, uma interpretação de rejeição feita para uma mãe que não pode amamentar cairia no ridículo. Assim também será, dentro de alguns anos, em relação à ruptura do nexo obrigatório entre cópula e fecundação. Interpretar a renegação da castração para aquelas mulheres que buscam a ciência para resolver as limitações que o corpo lhes impõe não terá o menor sentido. Entendemos que há forte rejeição e preconceito com o que é novo, com o que desestabiliza e ameaça, motivo pelo qual há uma tendência conservadora nos imaginários coletivos que nos protegem do desconhecido. Devemos recordar que só nos últimos trinta anos foi possível conceber a fecundação sem a mediação do ato sexual.

Há dois processos diferentes, que até correspondem a momentos históricos distintos. A inseminação artificial, processo que ainda se realiza no corpo da mulher, desligada do coito, e que de fato oferece menos resistência, e a fecundação *in vitro*, que provoca mais estranhamento cultural, indicando que a fecundação se faz possível, também, fora do corpo da mulher. Essa técnica acrescenta inúmeras variantes, já que é possível realizar esse processo com gametas, femininos ou masculinos, estrangeiros à mulher que as aninhará. Mas, sejam quais forem as formas de concepção, de fecundação, de procriação, de parição, as perguntas sobre "quem sou", "de onde venho" e "para onde vou" serão sempre perguntas acerca da origem, do masculino, do feminino, do desejo e das identificações.

A procriação para a psicanálise repousa na lógica das representações das origens, nas fantasias originárias, complementadas com: as teorias sexuais infantis e os fantasmas que as organizam; as teorias sexuais adultas, singulares ou coletivas, junto a determinações edípicas. As relações entre sexos e gerações são simbólicas e não biológicas.

Será que as "fantasias originárias" (*Urphantasien*) serão tocadas ou modificadas pelas novas representações sobre a fecundação e a concepção? Lembremos que Freud as coloca na base da herança filogenética, como um resto mítico e estrutural. Os fantasmas são "originários" no sentido de que estariam na origem de todos os fantasmas individuais, constituindo um cenário possível, que tem como característica o fato de não precisarem ser vividos pelo indivíduo. Laplanche & Pontalis

(1986) os definem como "estruturas fantasmáticas típicas (vida intrauterina, cena primária, castração e sedução) que a psicanálise reconhece como organizadores da vida fantasmática, quaisquer que sejam as experiências pessoais dos indivíduos, mas que tomarão seu particular colorido na singularidade de cada história" (p. 487). Segundo Freud, a universalidade desses fantasmas se explica pelo fato de que constituiriam um patrimônio transmitido "filogeneticamente". Esses fantasmas estariam nas bases da civilização.[4]

Seja qual for a origem dessas fantasias,[5] já que aqui discutimos a validade do conceito de herança filogenética, elas funcionam como universais, e não teriam por que se ver afetadas ou modificadas pelas diversas formas de concepção. Os argumentos dessas fantasias poderão variar , mas sempre serão tentativas de dar resposta para os enigmas das origens.

Freud se preocupa, em vários textos, em nos mostrar de que modo o sujeito se confronta com a forma pela qual foi engendrado e sua relação com sua sexualidade e com a dos progenitores. Assim, como nas "fantasias originárias" e "nas teorias sexuais infantis", na "novela familiar do neurótico"

---

[4] Devo dizer que essa conceituação não deixa de nos inquietar, já que definimos a pulsão como aquilo que não é da ordem da espécie e, sim, do singular. Portanto, ao introduzir os fantasmas originários, entramos em conflito, lembrando que Freud diz que se existe no homem alguma coisa análoga ao instinto são as fantasias originárias.

[5] À luz das ideias de Laplanche, prefiro pensar que são os significantes enigmáticos e a *teoria da sedução generalizada* os que inscrevem as origens da fantasia. Outros autores referem a compreensão que a criança tem do coito parental, como se apoiando nas próprias experiências pré-edípicas com sua mãe e nos desejos que dela resultam.

Freud (1909a) fala de sequências típicas e cenas imaginárias, por intermédio das quais o homem tenta responder aos grandes enigmas da vida.

Seja qual for o modo de concepção, a criança elabora fantasias em que modifica imaginariamente os laços com seus pais e se debate com a demanda de amor. Por exemplo, a criança pode imaginar a si mesma como uma criança achada, nascida de outros pais, pode se imaginar como único filho legítimo da família, assim como pode colocar seus irmãos no lugar de estranhos ou adotivos, e isso independe do modo de procriação.

Por que não pensar então em novas "novelas"? À luz dos novos conhecimentos que chegam às crianças através da televisão, das aulas de ciências, das histórias dos amigos, nas quais as diversas formas de engendramento se fazem mais "familiares", histórias nas quais a procriação de um irmão com um óvulo de outra mulher poderia entrar no repertório da nova "novela familiar".

Entendo que, seja qual for a especificidade do meio familiar, qualquer que seja a forma em que foi fecundado, a construção de sua subjetividade e de sua identidade o colocará defronte de provas inevitáveis que dizem respeito ao desejo e à sua proibição.

Tive oportunidade de acompanhar uma família com três filhos, que se consultam pelo modo simbiótico com que a mãe se ligava a essas crianças.

Ao longo das sessões, vemos uma mãe que se manteve ligada à sua própria mãe, a quem sentia que não podia abandonar, porque seu pai a tinha traído. Seu marido, o pai das crianças, tinha um bom vínculo e participava ativamente do trabalho analítico; gostava de sua mulher e se incomodava com a falta de espaço que deixavam para ele. A mãe tinha o fantasma de repetir a história materna e, quase como uma profecia auto-cumprida, expulsava o marido do relacionamento. Esse casal teve um primeiro filho, logo depois do casamento, com uma concepção nos moldes habituais. A mãe estava muito depen-dente da criança e era possível observar a simbiose advinda. Quando o bebê contava dois anos, um problema no aparelho genital da mãe a obrigou a tirar os dois ovários, o que a deixou estéril. Os pais solicitaram ao médico o congelamento de alguns óvulos para que pudessem tentar *a posteriori* uma fertilização *in vitro*, o que se realiza, e anos depois nasce dessa fecundação uma criança. Passado algum tempo, eles resolvem ter outro filho, mas não tendo mais óvulos congelados, optam pela doação de óvulo, a ser fecundado com o esperma do marido. Nasce assim um terceiro menino.

O que podia se observar é que, nas brincadeiras, as crianças tratavam a questão da fertilização assistida com naturalidade, e brigavam por quem era mais filho, o que era ser o mais desejado, em quem os pais investiram mais... E era essa a conversa que circulava entre eles. Não eram mais que novelas familiares, que tratavam de dar conta da exclusão na situação edípica, só que o argumento tinha novos coloridos.

Pude concluir que o problema dessa família não era deter-minado pela forma pela qual a mãe engravidou e, sim, pelo modo em que a mãe via-se determinada pelos seus fantasmas e por sua relação edípica com sua própria mãe. Se a forma de concepção operava, não era diferente do que qualquer outro elemento de sua história. Um pensamento esquemático poderia nos levar a cair na interpretação infantil de que a simbiose decorria da dificuldade que essa mãe havia tido com o modo de fertilização, ou que o acidente orgânico havia sido determinado pelos conflitos psíquicos, mas esses elementos nada tinham a ver com a complexidade que a situação nos oferecia. O problema na função materna aparecia do mesmo modo com os três filhos.

A "novela familiar", "as teorias sexuais infantis" e "as fantasias originárias" têm como origem a sexuação, os significantes enigmáticos do inconsciente parental, o complexo de Édipo e seu desenlace no caminho identificatório, que não corresponde necessariamente aos fatos vividos em relação às formas biológicas da concepção. Portanto, essas elaborações podem ou não depender das novas formas de reprodução. O que podemos dizer, sim, é que novos cenários se abrem para a colocação em cena do desejo inconsciente, seja em filhos concebidos por técnicas assistidas ou não. Enquanto existe lei há interdição, a função da castração persiste e a proibição do incesto permanece. "Não dormirás com tua mãe" e "não reintegrarás teu produto" são proibições no estrito sentido simbólico e não da realidade biológica. Tanto na novela familiar como nas teorias sexuais, encontramos fundamentos que sustentam os elementos simbólicos e imaginários da concepção, da gravidez e do nascimento imersos em um mundo de representações, dominadas pela linguagem. Sem dúvida, a psicanálise não deixa de nos colocar armadilhas que nos obrigam, uma e outra vez, a reconsiderar os fatos.

Há pouco se noticiou que uma mãe se dispôs a guardar seus óvulos congelados para que sua filha, que hoje tem nove anos, possa engravidar no futuro, porque a criança tem a Síndrome de Turner que a faz estéril. Há problemas nessa atitude? No meu entender, sim. A questão que se poderia levantar é: por que razão se preocupar com a origem do produto biológico se estamos trabalhando no campo do simbólico?

Partimos da ideia de que mantemos o conceito de Édipo, com seu valor estruturante, como ordenador dos intercâmbios, já que entendemos como proibição essencial do edípico o limite que se impõe ao adulto de fazer uma apropriação gozosa do corpo da criança e a criança um gozo recíproco, o que traria por consequência a fixação, para sempre, do desejo a um único objeto. Eu diria que, nesse caso, se subverte a lei simbólica. Podemos caracterizar essa situação como a de ter um filho com sua própria filha. Haveria reintegração do produto, invertendo o sentido da proibição edípica. Realiza-se o desejo infantil de ter um filho com a mãe. O fazer a própria filha mãe, transcende o limite da proibição do gozo intergeneracional.

A proibição é uma condição necessária para a repressão de uma parte do desejo inconsciente e coloca um limite necessário à onipotência desse desejo, cuja realização ilimitada nos aproxima da psicose. Sem dúvida, o limite do que é possível será dirimido no campo da ética que nos orienta, uma ética que, incluindo o semelhante, supere o gozo incestuoso e mortífero. Temos de nos manter fiéis ao espírito transgressor da psicanálise que não se deixa afetar pela moral sexual da época e convoca-nos como analistas a aprofundar as teorias, ampliar o leque do mundo fantasmático com que nossos pacientes montam suas histórias, aceitando os subsídios que a ciência e os novos modos de vida nos oferecem, para acolher e acompanhar as novas subjetividades, as novas vicissitudes daqueles que nos consultam, sem deixar que o preconceito deturpe a escuta. É necessário manter o espírito freudiano que permitiu que conceitos tão escandalosos como "sexualidade infantil" fertilizassem e trouxessem fundamento ao nascimento de um pensamento novo.

5.
NOTAS PARA UMA AULA DE SEXUALIDADE INFANTIL[1]

Vamos falar, hoje, sobre a sexualidade infantil.

É interessante lembrar que desde o "Projeto para uma psicologia científica" (1895) até o "Esboço de psicanálise" (1938), Freud mantém a sexualidade infantil como aquilo que, fundamentalmente, se reprime.

Poderíamos dizer, contudo, que ele é bem mais categórico em seus primeiros trabalhos, porque a primeira teoria pulsional que desenvolve estabelece uma dualidade entre as pulsões sexuais e as de autoconservação, possibilitando atribuir com maior facilidade o caráter do recalcado ao sexual.

No texto de 1938, Freud deixa claro que, mesmo mudando a teoria pulsional – definida em 1920 como pulsões de vida e de morte –, nunca abandona a ideia de conflito psíquico. Se bem que poderíamos pensar que, quando fala do conflito entre o ego e o superego, um conflito de ordem geral, Freud reafirma no final dessa obra que o reprimido está sempre ligado

---

[1] Aula proferida como professora convidada no "Lugar de Vida" (Instituto de Psicologia da Universidade de São Paulo), para o curso "Diagnóstico e inclusão escolar de crianças com distúrbios globais do desenvolvimento", em 2003.

ao sexual. Por essa razão, abordar o sexual em psicanálise se faz necessário.

Abordarei esse conceito partindo de duas perspectivas.

Num primeiro momento, farei referência ao lugar que ele ocupa na história da disciplina e em que medida funciona como um divisor de águas em relação ao que consideramos analítico ou não analítico. Posteriormente, abordarei a definição do conceito e seu lugar na metapsicologia, tanto na formação de sintomas quanto na estruturação do aparelho psíquico.

Lugar do conceito na história

A ideia de inconsciente já havia sido postulada por vários autores na filosofia, e também tinha sido enunciada por Janet, Charcot e Breuer. Lembremos que este último, ao trabalhar o caso de Anna O., descobriu a sexualidade como um elemento central nessa primeira cura. Mas, devido às complicações transferenciais e contratransferenciais que apareceram no tratamento, Breuer abandona o caso e imediatamente ignora e recalca os componentes sexuais nele presentes.

Qual a característica nova que Freud outorga ao inconsciente, a partir da qual se efetua um corte epistemológico que funda o campo da psicanálise e inaugura um novo objeto formal abstrato de estudo? É justamente a característica sexual que tem o material recalcado.

O que se deixa fora da consciência são desejos que pulsam por serem satisfeitos, que são condenados pelo próprio sujeito em função da censura instaurada por uma instância interna – o superego – que será a representante dos valores morais e ideais da época, da sociedade, da família. Revela-se no homem, a partir da psicanálise, um dispositivo hedonista de busca de prazer, que lhe é proscrito por lei. É a introdução da lei o que possibilita a organização do sujeito como ser social. Essa lei primordial é a da proibição do incesto. Em seu artigo "O mal-estar na cultura" (1930), do final de sua obra, Freud reconhece a inevitabilidade estrutural de um mal-estar resultante de uma proibição necessária, fundamento de toda cultura.

Assim sendo, Freud rompe com a axiologia da época, em seu aspecto moral, sexual e cultural. Vale a pena ler "A moral sexual 'civilizada' e doença nervosa moderna", artigo de 1908, no qual afirma, entre outras tantas coisas, que quanto mais severa e restritiva é a moral sexual de uma época, tanto maior será o sofrimento libidinal.

Não podemos deixar de reconhecer que nos primeiros trabalhos – escritos entre 1888 e 1892 – a concepção que Freud tem de sexualidade está ainda muito marcada pela biologia, ficando seu sentido restrito à genitalidade. Nesse momento, entende que os transtornos psíquicos são decorrentes da excitação sexual genital que não encontrou satisfação adequada, seja por *coitus interruptus*, seja por masturbação. Estamos, por enquanto, no campo das neuroses atuais, nas quais há uma transformação direta da excitação sexual em angústia. Freud realizará um grande corte epistemológico ao passar do conceito de neuroses atuais ao de psiconeuroses.

Quando Freud introduz a ideia de psiconeurose – estamos já em 1892-1895 – é no texto "Estudos sobre histeria" (1895) que faz o grande deslocamento em sua concepção etiológica. Entre a excitação sexual não satisfeita e a formação do sintoma ele incorpora a elaboração psíquica. Ou seja, uma excitação se incorpora no circuito representativo e entra no domínio das fantasias. A excitação física passa a ter representante na alma, dando assim lugar ao conceito de pulsão. Aparece a ideia de elaboração psíquica como simbolização. Inaugura-se, assim, o campo da psicanálise.

O sintoma psíquico passa a ser entendido como a resultante transacional entre a pulsão e sua articulação no conflito, entre o desejo e a defesa.

Essa ideia o faz declarar que somos seres sexuados desde que nascemos até morrermos e que é falsa a ideia da inocência infantil. As crianças são para a psicanálise perversamente polimorfas. Rompe, assim, com um ideal da época, o da ingenuidade infantil.

Tal ideia de inconsciente como zona de não saber, como o reprimido sexual – resultado da defesa do sujeito em relação a certos conteúdos sexuais –, entra em confronto com a moral da época e faz que muitos de seus interlocutores e discípulos comecem a se afastar.

Em 1910 começam essas dissidências.

A primeira é com Jung. Postular a deserotização da libido, o tratamento desta como pura energia e, quiçá, mais como energia cósmica de natureza única, com seus movimentos de introversão e extroversão, a ideia de um inconsciente coletivo, de uma entidade transpessoal, espiritualiza a teoria e resulta inadmissível para Freud que vem tentando, apesar das dificuldades, afirmar seu pensamento.

A ruptura com Adler não tem conotação muito diferente.

Ele postula, como conquista teórica, tirar a ênfase da castração e do conceito de falicidade para substituí-lo pelo conceito de inferioridade e superioridade.

Mas, por que estou propondo essas questões?

Porque desejo marcar a importância fundamental do papel da sexualidade infantil ainda em nossos dias, em que algumas teorias – ao romperem com esse conceito – afastam-se da psicanálise; outras, ainda no campo psicanalítico, alteram o valor do conceito de sexualidade, apoiando-se mais na importância do objeto, da relação, de funções do eu, ou mesmo dando tanto valor ao Outro com seu desejo ou pensando o inconsciente como o desejo do desejo do outro, que eclipsam a teoria pulsional, correndo o risco de transformá-la em uma filosofia da ausência em vez de trabalhar com a presença da pulsão sexual, sua fonte, seu alvo e seu caminho dificultoso na saga pelo prazer. Faz-se necessário retomar a teoria pulsional, recolocando o lugar do conflito.

Há pouco tempo, André Green escreveu um artigo com o sarcástico nome: "Sexualidade tem algo a ver com a psicanálise?" referindo-se a um progressivo afastamento dos conceitos-chave de sexualidade, Édipo e castração. Masota nos dirá que: "está fora do campo psicanalítico aquele que não reconhece que a teoria psicanalítica constitui-se, fundamentalmente, pela sexualidade e que esta define-se em relação ao sexo tal como aparece conflitivamente nas etapas mais precoces, arcaicas, da criança e, por isso mesmo, articulada ao complexo de Édipo".

Lugar que ocupa metapsicologicamente

Em psicanálise interessa-nos, por um lado, a relação da criança com a mãe, pela forma como ela marca seu filho com seu desejo de natureza inconsciente, introduzindo nele a sexualidade. E, por outro, o modo como o pai, ou terceiro, intervém para que se opere a separação dessa relação, impondo a lei da proibição do incesto simultaneamente à mãe e à criança. À mãe enuncia: "Não reintegrarás teu produto", ou seja, teu filho não permanecerá como objeto parcial da tua satisfação, e ao filho dirá: "Não dormirás com tua mãe", permitindo a esse pequeno ser entrar no mundo simbólico e subjetivar-se.

Como vocês viram, estamos no campo edípico.

Veremos, com base em um exemplo clínico, como o psicanalista conceitualiza o sintoma e a compreensão que faz da dimensão sexual nele contida – o que por certo à psicanálise não convém esquecer.

Com frequência confunde-se o desejo de natureza inconsciente com a vontade, que é da ordem da consciência. Quando há sintoma, é do sexual reprimido que se trata; é preciso diferenciar psicanálise de psicologia.

"Minha mãe queria de mim um artista e fui um matemático" – dizia um paciente. "Hoje em dia, não consigo ser um profissional de êxito, não obedeci e veja o que sou."

Qual era seu sintoma?

Sigamos um pouco mais seu discurso: "Cada vez que devo fazer uma apresentação aos professores, ao escrever os caracteres matemáticos na lousa, começo a me encantar com as figuras e perco o raciocínio, me angustio e acabo ficando paralisado".

Qual é o fracasso? Ter causado desgosto à mãe como expectativa consciente? Não, isso opera como sintoma uma vez que se instaura um conflito, e o conflito é inconsciente.

A mãe sabia que queria dele um artista, mas não sabia por quê. O desejo materno estava engajado em uma identificação decorrente de seu destino edípico, que era dar a seu pai (pai da mãe) aquele artista que seu irmão nunca foi. Investia no seu próprio filho o desejo de ter com seu pai um filho de ambos, um filho artista. Filho sem dúvida incestuoso.

E por que esse desejo materno geraria um sintoma no filho? Porque sua escolha estava determinada por um conflito: satisfazer a mãe e manter-se no lugar de amado e narcisicamente investido por ela, ou salvar-se dessa mãe que lhe negava o próprio pai.

É na escolha profissional que encontra um lugar para o pai. Se bem que o pai nunca lhe tivesse pedido que estudasse matemática, ele vê na recusa à mãe sua aliança com o pai.

Mas, qual a determinação sexual desse sintoma? São as etapas mais arcaicas da sexualidade e as identificações o que se articula no campo edípico. Segundo o modo em que elas se articulam é que se define a normalidade ou a patologia, definindo tanto a subjetividade quanto as possibilidades de estruturação neurótica. Trata-se fundamentalmente de sexualidade.

Freud cria uma categoria psíquica para o sexual que é o desejo, resultado da inscrição da pulsão no fantasma inconsciente. A pulsão inscreve-se no psiquismo pelos seus representantes. A organização desses em cenas que tendem à realização do desejo inconsciente constitui o fantasma.

Definiremos o que é a sexualidade infantil

Começaremos marcando que precisamos tirar desses dois termos sua significação mais corriqueira para ressituá-los no campo da psicanálise.

Em primeiro lugar, trabalharemos com o conceito de sexualidade, depois com o de infantil.

Uma das grandes descobertas freudianas foi ter percebido que o sexual não corresponde ao biológico. Partindo do estudo das perversões e da descoberta da sexualidade infantil, Freud rompe a barreira que divide a sexualidade normal e a patológica e diminui a distância entre a sexualidade infantil e a adulta. Demonstra, desse modo, que a sexualidade é uma construção, que não existe necessariamente uma correspondência única entre a pulsão e o objeto do desejo que a satisfaz. Por natureza, a pulsão tende a buscar um objeto para sua satisfação; entretanto, esse objeto é contingente. A pulsão não tem um objeto fixo. Não há um único objeto que satisfaça a pulsão. Dependerá da história do sujeito, da singularidade com que as identificações encontrem seus destinos, de seu percurso pelo Édipo. A sexualidade humana se vê, nesse sentido, pervertida em relação ao instinto animal, já que sua função não está ligada só ao reprodutivo.

Marcaremos, então, três características que separam a sexualidade humana da animal:

1. O objeto de satisfação da pulsão não é um objeto fixo, soldado à pulsão como ocorre no instinto.

2. Há uma perversão da função sexual no homem, já que esta não está ligada unicamente à reprodução. Há um prazer que advém de zonas erógenas que não estão sobrepostas aos genitais.

3. Não há continuidade na instauração da função sexual e nas condições biológicas de maturidade que permitem a reprodução. A sexualidade humana se dá, segundo Freud, em dois tempos.

Freud cria uma nova categoria para o sexual que é o desejo, resultante da inscrição da pulsão no fantasma, que é de natureza inconsciente.

É desse modo que o sexual em Freud não se confunde com o biológico, nem com o metafísico, nem tampouco com o romântico, e que falar de sexualidade não significa falar de genitalidade, de sexo, de gênero ou de procriação.

Mas como o sujeito advém um sujeito sexual?

Contrariamente às teorias que falam de psiquismo fetal, minha posição é a de que o bebê, ao nascer, é puro corpo. Será a separação entre a necessidade e o desejo o que permitirá que esse corpo se constitua como sujeito.

Poderíamos dizer que, nesse primeiro estágio da vida, o bebê é um amontoado de estímulos, um corpo fragmentado, que ainda não se imagina como totalidade. Se há sujeito, nesse momento, este está na mãe que vê o bebê como tal, que lhe dá nome, que lhe atribui um projeto.

Partindo da conceitualização da primeira teoria pulsional, ao nascer o pequeno *infans* luta pela sobrevivência. As pulsões de autoconservação orientam sua conduta em relação às necessidades. Essas pulsões, poderíamos dizer, garantem nesse primeiríssimo momento a sobrevivência. Mas sobre elas se instala imediatamente uma função que se desliga da necessidade – o prazer – de onde a sexualidade tem sua fonte e nascedouro. Despreende-se da necessidade um *plus* de prazer, que é justamente o sexual. Sobre a função alimentar, se desenvolve o prazer da função de órgão. A fome cessa, mas o prazer do chupeteio começa a se estruturar como uma experiência de satisfação que supera, em muito, a função alimentar. Essa experiência de satisfação faz um registro, uma marca no aparelho psíquico que, veremos logo, não tem, por enquanto, estatuto tópico. Não se pode ainda falar de inconsciente-consciente. Por enquanto são inscrições que estão no limbo, esperando um destino e que se organizarão a partir do recalque primário.

Haverá sempre uma tentativa de recuperação dessa experiência de satisfação que, no entanto, nunca mais será encontrada, porque uma vez inscrita se esvai, é perdida. Entre o desejo que surge e a busca de sua satisfação inaugura-se um movimento permanente e constante que assegura a própria vida. Sem esse elemento de prazer que impele a buscar, a criança sucumbiria à sua própria pulsão de morte que num movimento entrópico a conduziria à inércia. Não me refiro só à inércia ou à morte física mas, fundamentalmente, à morte na construção da subjetividade.

Veremos que, na psicanálise, tanto o inconsciente originário como o inconsciente propriamente dito têm conteúdos sexuais. Quanto ao inconsciente originário, há as fantasias originárias que, transmitidas filogeneticamente, funcionarão como polo de atração para os futuros recalques. Quanto ao recalcado secundariamente, trata-se da sexualidade infantil conforme vivida nas fases de evolução da libido e articulada em torno do Édipo – ao que se produzirá uma nova compreensão e destino, por ressignificação.

Para Freud, a erogenização do corpo se fará partindo da dependência biológica que o pequeno *infans* tem do objeto primordial, a mãe.

Freud cria um verdadeiro conceito ao falar de apoio (*Anlehnung*). A atividade sexual apoia-se, primeiro, nas funções destinadas a conservar a vida. O sujeito erogeniza as partes do corpo que têm uma função biológica: alimentação, excreção etc. Mais tarde a sexualidade torna-se autônoma das funções de conservação da vida. O prazer sexual passa a ser buscado independentemente da satisfação das necessidades.

Como vimos, há partes do corpo que se constituem privilegiadamente como apoio à erotização; nós as chamaremos de zonas erógenas. Elas coincidem na acepção mais concreta com o conceito de fonte da pulsão. São zonas que parecem ser o ponto de partida da excitação sexual, zonas revestidas de uma formação cutâneo-mucosa suscetível de excitabilidade. Mais tarde Freud ampliará esse conceito para toda a extensão cutânea, para os órgãos internos, chegando a dizer que toda a atividade humana pode ser erógena.

É através dos orifícios que representam pontos de ruptura do invólucro corporal que o outro se introduz, aparecendo, nesses pontos, uma zona de intercâmbio. Essas zonas que atraem as primeiras manipulações erógenas do adulto focalizam as fantasias parentais, mais especificamente as fantasias maternas, sendo o ponto pelo qual se introduz na criança esse corpo estranho que é a excitação sexual.

A oralidade, a analidade e a falicidade (modalidade particular da fase genital infantil), são formas de organização parcial da libido, ou fonte das pulsões parciais.

As pulsões parciais buscam satisfação de modo perverso-polimorfo, típico desse período da infância.

Esses modos de organização da libido são chamados de pré-genitais e se manterão ativos até seu enlace no Édipo, quando a sexualidade entra num período de latência. Posteriormente, na puberdade, as pulsões se reativam. Nesse momento, a maturidade biológica permite que as pulsões se organizem sob a primazia genital.

O que chamamos de infantil em psicanálise?

A essa organização por zonas que se satisfazem independentemente umas das outras, que respondem ao que chamamos de pulsões parciais, que têm uma característica perverso-polimorfa, na qual o genital ainda não está instituído como organizador que subsume todas as pulsões a sua primazia. Esse modo de organização mantém-se com as mesmas características na vida adulta, ainda que não seja prevalente.

Na vida adulta o prazer das zonas erógenas subsiste como prazer preliminar à satisfação genital. Se, em vez disso, o prazer de zonas for a finalidade mesma da sexualidade, podemos estar diante de satisfações perversas, tal como as caracteriza Freud nos "Três ensaios sobre a sexualidade" (1905). Falamos, assim, de dois tempos da sexualidade. O primeiro que vai do nascimento até o Édipo, quando se estruturam as identificações e as relações de objeto. A esse momento segue-se uma fase de latência. Com a chegada da puberdade estamos diante do segundo tempo da sexualidade, quando esta reemerge com força, balizada dessa vez pelas mudanças hormonais e biológicas que oferecem ao sujeito, desde a genitalidade, uma nova abertura para compreender os fenômenos do desejo. O primeiro tempo é o das pulsões parciais[2], tendo como pano de fundo a angústia de castração e a inveja do pênis, momento esse fundamental porque se definirão os destinos da dissolução do Édipo, e como resultado dessa implosão se definirá o superego como seu herdeiro. O segundo tempo instala a sexualidade adulta, na qual ainda estão presentes formas da organização infantil.

A sexualidade humana, à diferença da animal, é uma sexualidade bifásica. Em "Uma criança é espancada" (1919b) Freud diz: "O destino que compele o homem, provavelmente sozinho entre todos os animais, a iniciar duas vezes a sua vida sexual, primeiro, como todas as criaturas, na primeira infância, e depois, após uma longa interrupção, uma vez mais na puberdade" (p. 241).

Essa temporalidade própria da sexualidade humana é justamente o que permite a irrupção do trauma, e é o que determina que o traumático seja sempre sexual.

Vejamos de que maneira.

---

[2] Vale a pena recordar que as formas de satisfação pulsional são num primeiro momento autoeróticas e, posteriormente, narcísicas, mas que esses são modos do funcionamento sexual e de prazer e não modos de relação com o mundo em geral.

Em relação ao trauma, Freud nos fala também de dois momentos para sua constituição. Há a primeira inscrição de uma cena que, se bem tem caráter sexual para o adulto, não o tem para a criança. Esta suspeita de algo, para o qual não consegue, entretanto, dar sentido pleno. Nesse primeiro momento, podemos falar de inscrição, mas o trauma ainda não está constituído. Só em um segundo momento, com a entrada na puberdade, que aquela primeira inscrição se ressignificará, quer dizer, adquirirá uma nova significação, e tornar-se-á traumática. A primeira cena incompreendida será agora relembrada por alguma situação fortuita que lhe oferecerá elementos de enlace e emprestará à primeira todo o peso do proibido. É nesse momento que a primeira cena se reprime e passa a fazer parte do inconsciente recalcado.

Por isso se fala do trauma em dois tempos, um primeiro tempo da fixação e um segundo tempo do trauma propriamente dito.

Fizemos notar a persistente amnésia que existe sobre a primeira fase da sexualidade. Marcas, impressões, cenas, atuam sobre o psiquismo, mas a criança ainda não consegue detectar o sentido último destas.

Será preciso um segundo momento no qual a maturidade biológica emprestará elementos para que essas marcas façam sentido e adquiram caráter traumático que não tinham, ainda, em sua primeira inscrição.

É por *après-coup*, pela ressignificação, que essas marcas adquirirão um novo sentido tornando-se traumáticas e sendo,

consequentemente, reprimidas. As marcas sofrem reordenamentos, traduções sucessivas, tingidas por determinações
que marcam épocas sucessivas da vida, produzindo novas
configurações.

No "Projeto para uma psicologia científica" (1895) Freud
nos apresenta um caso interessante para entender a questão do
sintoma e dos dois tempos do trauma, assim como para facilitar a compreensão do conceito de ressignificação. Utilizando
o mesmo caso teremos um exemplo dos dois momentos da
sexualidade no ser humano.

Emma é uma paciente que sofre de um sintoma que a impede de entrar sozinha nas lojas e, se por acaso se vê sozinha,
ela foge.

Podemos reconhecer dois momentos na formação desse
sintoma.

Aos oito anos, Emma entra em uma padaria onde lhe
acontece um fato fortuito: o padeiro toca-lhe as partes genitais
através do vestido.

Esse fato constitui uma marca na subjetividade de Emma,
que fica, no entanto, impossibilitada de ligar-se em uma
sequência de significações que lhe outorgue sentido. Emma
não sabe bem o que aconteceu, mas assim mesmo volta no
dia seguinte. Esse fato em si não é traumático. Topicamente
não será consciente nem verdadeiramente inconsciente. Está
como que isolado da consciência, mas é acessível a esta. É ao
mesmo tempo sexual e não sexual em termos de genitalidade.
É sexual porque os genitais lhe foram tocados, mas a criança só

posteriormente lhe atribuirá esse sentido, quando a puberdade lhe der acesso a novos sentimentos. Sabe, no entanto, que essa conduta tem algo de estranho.

Aos treze anos, entra em uma loja e dois atendentes começam a rir por causa de seu vestido. Emma tem a impressão de sentir-se atraída sexualmente por um deles. Lembremos que já está na puberdade, e dispõe de novas representações e afetos quanto à excitação sexual dados biologicamente.

Essa cena se enlaça imediatamente com a primeira cena – do padeiro –, outorgando-lhe todo o seu valor sexual-genital com toda a compreensão afetiva, o que produz um efeito traumático que faz que ela seja definitivamente recalcada. A representação dissocia-se do afeto ficando recalcada, enquanto o afeto, desligado da representação, tende a aderir-se a outras representações.

Entre a primeira e a segunda fase da sexualidade interpõe-se a latência, que se caracteriza pela entrada do mundo pulsional numa fase de recesso, posterior ao auge da fase fálica – que culmina com a estruturação edípica e suas derivações e é anterior à explosão da sexualidade genital.

Apesar de não estar presente no relato de Freud, poderíamos supor a existência de elementos sexuais anteriores à cena do padeiro, que serão, no entanto, reorganizados pela vivência edípica.

Não tratarei aqui da constituição do sintoma, visto que esse conceito se complexificará ao longo da obra freudiana, principalmente quando da teorização da segunda tópica. Nesse momento, estamos nos primórdios da formulação teórica e meu interesse foi exemplificar, com esse relato, os dois momentos da sexualidade e sua relação com o recalque.

Retomando: a sexualidade infantil, que corresponde ao primeiro tempo da sexualidade, define-se:

1. pela fragmentação de zonas;
2. pelo apoio; e
3. pelo autoerotismo.[3]

Essa sexualidade, descrita originalmente por Freud nos "Três ensaios sobre a teoria da sexualidade" (1905), é *fragmentada* porque as sensações prazerosas se originam nas diferentes zonas erógenas; e *autoerótica,* uma vez que as pulsões que partem das zonas independentes umas das outras têm como único alvo a busca de prazer sexual, e que se desenvolve por *apoio* às funções de autoconservação. A essa sexualidade Freud introduzirá, no texto "A disposição à neurose obsessiva" (1913), o conceito de organização pré-genital, entendendo por isso a unificação das pulsões em função da atividade sexual predominantemente emanada por uma das zonas.

Vamos fazer um rápido apanhado sobre essas fases da evolução psicossexual para, finalmente, entrar na fase pré-genital, que será de fundamental importância na estruturação da vida psíquica e nos destinos da sexualidade adulta.

---

[3] Lembremos que no auto-erotismo o objeto é fantasiado e interiorizado; à diferença da sexualidade puber e adulta, que se define pela eleição de um objeto real e externo.

No texto "Sobre as teorias sexuais das crianças" (1908), Freud propõe três formas para abordar as organizações infantis:

1. a observação direta das exteriorizações e do pulsionar das crianças;
2. as comunicações dos neuróticos adultos referentes às suas lembranças conscientes da infância; e
3. as inferências, construções e lembranças inconscientes trazidas à consciência pela análise com neuróticos.

A primeira organização sexual descrita por Freud é a anal, em 1913. Em 1915, num adendo aos "Três ensaios sobre a teoria da sexualidade", descreve a oral. E, finalmente, em 1923, em um texto intitulado "A organização sexual infantil", a fálica. A cada uma dessas fases corresponde tanto uma modalidade de funcionamento quanto um tipo de relação de objeto.

Essa descrição em fases ou estádios pode criar uma concepção evolucionista da sexualidade que deve ser evitada. Lembremos que Freud nos falará de primazia de uma zona, o que não significa, de forma alguma, que as outras deixem de existir. Cada fase inclui a anterior, integrando-a, mas mantendo-a diferenciada. Isso significa que os intercâmbios orais estarão impregnados de modalidades anais, mas, por sua vez, a oralidade se manterá independente. Então, não falaremos de estádios que simplesmente se sucedem, mas de organizações que se incluem e mantêm permanente dialética de significações mútuas.[4]

Meu interesse hoje é deter-me especialmente na fase fálica, por ser, a meu ver, um pilar e um pivô na construção da teoria da sexualidade.

Em 1908, no texto "Sobre as teorias sexuais das crianças", Freud relata-nos que uma das fantasias sexuais das crianças é a de que, para elas, tanto as meninas quanto os meninos têm pênis. Ao momento do desenvolvimento marcado por essa teoria sexual infantil, Freud dá o nome de fase fálica ou de organização genital infantil. Essa denominação, no entanto, predispõe a certas confusões.

Falar de organização genital infantil é reconhecer a existência de um prazer decorrente dos órgãos genitais, mas eles não são ainda representados com as características que irão adquirir a partir da puberdade.

---

[4] Diversos autores têm enfatizado a importância de uma zona mais do que das outras. Abraham tem importantes desenvolvimentos em relação à oralidade. A zona anal despertou o interesse e a produção de numerosos trabalhos de Freud (Freud interessou-se pela zona anal desenvolvendo vários trabalhos a respeito), como "Caráter e erotismo anal" (1908), "A disposição à neurose obsessiva" (1913), "Notas sobre um caso de neurose obsessiva – O 'Homem dos Ratos'" (1909), "História de uma neurose infantil – O 'Homem dos Lobos'" (1918), o capítulo intitulado: Erotismo Anal e Complexo de Castração, "As transformações do instinto exemplificadas no erotismo anal" (1917). Esses trabalhos são de interesse particular não apenas para o estudo das neuroses, mas fundamentalmente para o trabalho com crianças, pois aportam conhecimentos valiosos para compreender a conduta normal da infância em função das exigências pulsionais. Melanie Klein encaminhou suas pesquisas desenvolvendo mais a relação com o objeto e as diversas modalidades da angústia decorrente dessa relação. As zonas erógenas só dão o colorido ou a temática da construção fantasmática, já que a sexualidade não ocupa o mesmo lugar que na obra freudiana.

Que representação é própria do infantil em relação ao genital?

Para as crianças só há um genital, o masculino. Diria que não há sequer correspondência estrita com o genital anatômico, já que só o pênis é valorizado, deixando os testículos de fora.

A menina também organiza sua sexualidade em função desse órgão. Ela se coloca no lugar de quem não o tem. Por essa razão a sexualidade se divide, nesse momento, entre os que têm e os que não têm pênis. Isso merece certas clarificações.

Não quer dizer que a menina não tenha sensações vaginais, mas o que Freud afirma é que a vagina não é representada como fonte de prazer. As sensações que decorrem da zona genital são atribuídas ao clitóris, entendido este como um pênis atrofiado ou que virá a crescer.

Em meu texto "Organização genital infantil" (1997), proponho-me entender a sexualidade como um entramado formado por vários registros:

1. o sexual como órgão (refere-se ao biológico, incluindo seus aspectos cromossômicos e hormonais);
2. o sexual como função (alimentícia, evacuativa, reprodutiva, assim como a função de descarga em relação à meta da pulsão);
3. o sexual como fantasma (forma em que se organizam as pulsões eróticas em representações, tornando-se desejos e organizando-se em textos); e

4. o sexual como gênero (refere-se à construção cultural e social do sexo como conjunto de significados contingentes atribuídos pelas sociedades *per se*).

Esses registros, por vezes, se sobrepõem, têm coincidências, e, por vezes, são independentes. Pensada assim, a sexualidade se delineia como uma construção decorrente da multideterminação dos registros. Constitui-se como uma rede, onde todos esses registros se enlaçam.

Inseri essa explicitação porque queria esclarecer que, no decorrer da fase fálica, as crianças já têm uma representação de *homem e mulher* enquanto gênero, mas enquanto representação imaginária os opostos são *fálico ou castrado*.

Deslizamos o conceito de pênis ao de falo, entendendo por este a função simbólica do pênis.

Gostaria de frisar que na sexualidade infantil, independentemente do gênero ou do órgão, o falo, em sua dimensão imaginária, pode ser uma possessão tanto feminina quanto masculina. A mãe vista como fálica, o pai, como castrado, significam posições em relação a uma estrutura. O falo em sua dimensão simbólica circula. E tanto o homem quanto a mulher deverão aceitar a incompletude.

O falo surge, assim, como um organizador. Diante de tê-lo ou não na relação com os pais se organizam, no Édipo, as diferentes saídas para a conservação do narcisismo. Para o menino é a assunção da castração o que determina a dissolução edípica. Já para a menina, a inveja do pênis determinará sua entrada no Édipo.

Ter ou não ter falo significa ser ou não ser castrado.

Freud escreve a partir de 1923 uma série de artigos que serão definitivos na compreensão da sexualidade. "Algumas consequências psíquicas da distinção anatômica entre os sexos" (1925) e "A dissolução de complexo de Édipo" (1924) são alguns deles. Sua importância se deve à grande virada que impõe em sua obra ao apresentar o conceito de castração como um organizador simbólico, fazendo que, a partir dele, se redimensione a história em razão de novas articulações que pulsões, desejos, representações e afetos adquirem em relação ao Édipo. Nessa época profícua, Freud produz também dois trabalhos importantes: "Sexualidade feminina" (1931) e "Feminilidade" (1933), que terão grande relevância na teoria sobre a sexualização da mulher.

Desse modo, as organizações sexuais infantis perdem autonomia ao serem ressignificadas a partir do Édipo e da castração.

Da história da sexualidade infantil e de seu desenlace no Édipo teremos as escolhas objetais definitivas da puberdade.

Assim, a organização sexual infantil subexiste na vida adulta, seja como organização neurótica, seja como marca de uma história que nos determina. A infância é o tempo de fundação da sexualidade humana, e a origem da *neurosis* deve ser procurada no inconsciente que se define respectivamente à sexualidade infantil recalcada.

6.
NOTAS PARA UMA AULA DE COMPLEXO DE ÉDIPO[1][2]

Que problemática nos coloca o complexo de Édipo?

Introduz-nos nas seguintes questões: o que se deseja, o que está proibido desejar, que ameaça existe ao transgredir essa proibição, por que temos de nos defender e que elementos existem para simbolizá-lo.

A noção de Édipo na obra freudiana é difícil de ser apresentada, uma vez que não há um trabalho específico dedicado ao tema. Sendo um conceito fundamental, é necessário garimpá-lo ao longo da obra. Para apresentá-lo, tomarei alguns textos fundamentais, deixando de lado muitos outros textos interessantes de Freud que nos fornecem elementos de esclarecimento e belos exemplos, como "Dostoievski e o parricídio", "Bate-se numa criança", "Cabeça de Medusa", "Pequeno Hans" etc.

---

[1] Aula proferida como professora convidada no "Lugar de Vida" (Instituto de Psicologia da Universidade de São Paulo), para o curso "Diagnóstico e inclusão escolar de crianças com distúrbios globais do desenvolvimento", em 1998.

[2] Agradeço a Flávio Veríssimo a revisão do português deste trabalho.

Não é possível entender esse conceito nos pós-freudianos sem esclarecer o percurso na obra de Freud, ponto de partida dos diversos caminhos que se apoiam em elementos enunciados por ele. Falar de complexo de Édipo não é dizer o que dele se pensa, mas é pensá-lo em sua articulação.

Com base nessa articulação poderemos compreender tanto a constituição da subjetividade como a formação das patologias. Partindo do estudo dos quadros clínicos, Freud faz um caminho no qual começa a descobrir a sexualidade infantil e os desejos edípicos e chega à conclusão de que sexualidade infantil e o complexo de Édipo são invariantes universais presentes em todos os seres humanos.

A questão é como articulamos complexo de Édipo, sexualidade infantil e inconsciente. Enquanto o erótico ou as etapas de desenvolvimento circulam por um caminho e o edípico por outro, isso demonstra que não foi entendido o conceito nuclear.

Tentemos uma articulação

As organizações pré-genitais da libido seguem um caminho que desemboca na primazia do falo como órgão em torno do qual se organiza o desejo. Nesse momento do desejo infantil, os pais se colocam como objeto prioritário de amor, em uma relação complexa de amor e identificação, que introduz o Édipo complexo. O conjunto das aspirações sexuais se dirige a uma única pessoa e nela quer alcançar sua meta. Esse desejo é interditado pela ameaça de castração, ameaça que se dirime entre a realização do desejo e o narcisismo. A lei que interdita o incesto coloca o complexo de castração em um lugar central. Não aceder nunca ao desejado, manter a proibição permitem a vigência à articulação do mito.

Articulado dessa forma, Freud dá conta da segunda tópica, uma vez que a implosão do complexo de Édipo terá como herdeiro o supereu e o ideal do eu. Aparece, assim, uma instância interna portadora da lei. A sexualidade infantil entra na latência, para ressurgir com força na puberdade. A unificação das pulsões parciais se subordina ao primado do genital, última fase da organização sexual, que só no ser humano terá uma acometida em duas fases.

Tal forma de articulação dará conta também da formação dos sintomas.

– Freud começa por investigar o papel da sexualidade, primeiro como genitalidade para compreender a etiologia das neuroses atuais, a neurastenia e, num começo, da histeria. Quando passa a desenvolver o conceito de psiconeuroses, aprofunda o campo da sexualidade infantil. Nesta pesquisa começam a vir à luz, em um primeiro momento, a importância dos pais reais e, posteriormente, os fantasmáticos.

– Na própria obra freudiana podemos encontrar diferentes momentos de formulação sobre a sexualidade e, segundo os aspectos que priorizemos, seguiremos ideias diversas na compreensão da obra. Um dos termos mais polêmicos se refere à sexualidade feminina.

– Alguns autores pós-freudianos, como Laplanche e Lacan, radicalizam dentro do texto freudiano a função do outro-Outro na formação da subjetividade. Laplanche formulará a ideia de que o enigma da sexualidade materna, ao marcar o corpo do *infans* através da sedução, será fundante da pulsão, operando como objeto-fonte. Lacan vê no desejo do outro o início da função desejante do *infans*. Este deseja ser o desejo do desejo da mãe, que, em sua incompletude, busca no filho a negação de sua castração. O *infans* só poderá desejar para si ser aquele objeto que a mãe deseja, o falo, tendo de passar por um longo processo mediado pela castração para poder aceder ao próprio desejo, o que lhe permitirá advir sujeito. Aqui a função paterna é mediadora desse corte que impedirá à mãe reintegrar seu produto e ao filho ter a mãe como objeto de amor. Assim, nesses dois autores ganha espaço a ideia da intersubjetividade no processo de formação do psiquismo. Outros autores, como Melanie Klein, buscaram a origem do sujeito em processos mais intrapsíquicos, endógenos, deslocando a ideia de complexo de Édipo aos primeiros meses de vida, outorgando à pulsão um caráter mais inato, e com objeto fixo. Há aqui uma grande contradição porque a característica central da pulsão é não ter objeto fixo, mas funcionar como uma *lamelle* que recobre o objeto. Ao soldar a pulsão ao objeto estamos mais no campo do instinto.

– Com diversas conceitualizações, o Édipo e a sexualidade infantil são a espinha dorsal da teoria. São a essência mesma do conceito de inconsciente, já que com ele se inaugura o conceito de inconsciente como segregação de um lugar de não-saber. Não-saber sobre determinados conteúdos: conteúdos sexuais. Masota (1972),[3] um autor argentino, afirma que

> está fora da psicanálise aquele que não reconhece que no campo da teoria psicanalítica se trata fundamentalmente da sexualidade e que o conceito de sexualidade se define em relação ao sexo tal como ele aparece conflitante nas etapas mais primitivas, arcaicas da criança, portanto referidas na articulação do complexo de Édipo.

É o que acontece com formulações como as que se seguem, nas quais o Grupo de Pesquisas em Filosofia e Práticas Clínicas da PUC-SP convida a um congresso sobre Winnicott com a seguinte alocução:

> As discussões atuais sobre o desenvolvimento da psicanálise têm apontado a obra de Winnicott como uma das mais importantes contribuições pós-freudianas. Winnicott é significativo não só por suas originais concepções sobre

---

[3] Apostila de aula proferida na Faculdade de Psicologia de Buenos Aires, em dezembro de 1972.

as fases mais primitivas do processo de amadurecimento humano, mas também porque, ao verificar que o modelo de Freud não se aplicava adequadamente à relação originária da criança com a mãe, ele reformulou os fundamentos da doutrina psicanalítica, colocando em questão o primado da função sexual na vida dos indivíduos e das sociedades. Em virtude disso, a sua obra passou a ser avaliada como um novo paradigma para a psicanálise, no interior do qual são reinterpretados os conceitos centrais da psicanálise tradicional (o complexo de Édipo, a depressão, a origem da moral etc.) permitindo, além disso, que sejam formulados e tratados novos problemas.[4]

Segundo algumas leituras da obra de Winnicott, o complexo de Édipo perde força total e se constrói uma psicanálise sem Édipo e sem sexualidade, priorizando as relações mãe-bebê, desenvolvimento (*environment*), meio ambiente e amadurecimento para entender as formações patológicas e a subjetividade. Estariam essas leituras dentro da psicanálise ou compõem parte da psicologia do desenvolvimento? Formulações dessa ordem fazem André Green se perguntar ironicamente, em um artigo relevante, se a psicanálise tem ainda algo a ver com a sexualidade infantil. É necessário esclarecer que podemos encontrar outro Winnicott que merece

---

[4] Extraído do fôlder em que o Grupo de Pesquisas em Filosofia e Práticas Clínicas da PUC-SP convidava para o congresso sobre Winnicott.

uma leitura totalmente psicanalítica. Situo essa problemática para poder transmitir que é nesses conceitos cruciais de sexualidade infantil, complexo de Édipo e inconsciente que se joga o campo do psicanalítico.

Como vocês terão um amplo estudo da forma que Lacan articula e avança na compreensão do edípico, pensei que seria necessário fazer um pequeno percurso histórico para visualizar como esse conceito ganha força no decorrer da obra freudiana, se amplia, abarca mais que a patologia para dar conta também da normalidade e vai sofrendo redefinições com o passar do tempo. Seria muito produtivo se, no futuro estudo que irão realizar, conseguissem diferenciar com clareza o que pertence a Freud e o que pertence a Lacan. O que Lacan faz Freud dizer e o que diz Lacan.

Podemos encontrar três momentos em referência ao Édipo na obra:

De 1897 a 1910, período no qual o que marca o Édipo é a natureza, *uma Inclinação*.

De 1911 a 1923, período no qual detectamos a marca de uma passagem do natural ao cultural que começa com "Totem e tabu". Procura na Pré-história a marca do traumático como real continuando com sua flutuação entre fantasma e trauma. Precisa o conceito de identificação e desenvolve o complexo de Édipo ampliado.

De 1923 até o fim, período no qual o falo se institui como organizador e o complexo de castração liga-se às fases de evolução libidinal. Ambos serão os elementos primordiais para entender o processo edipiano. É a partir desse momento que se consolida a ideia de dois caminhos diferentes na estruturação do Édipo. Édipo feminino e masculino.

"De 1897-1911"

Aparição do conceito

Em 1895, Freud publica o "Projeto de uma psicologia para neurólogos" (caso Emma, primeiras explicações dos sintomas, sexualidade em dois tempos) e escreve "Estudos sobre a histeria" (Breuer e Freud 1893-95) publicando os primeiros históricos (Anna O. com Breuer), Emmy (Freud), Elisabeth von R. (Freud). Enquanto isso se desenvolve sua correspondência com Fliess, que vai de 1893 a 1899. Iniciado o verão de 1897, começa sua autoanálise.

Na Carta de 31 de maio 1897, "Carta 64", Freud faz referência a um sonho seu com Matilde que será o prenúncio da "Carta 69", na qual abandona o trauma real de um adulto que seduz para localizar o trauma como fantasmático. Segue-se a esta o "Manuscrito N", no qual diz que impulsos hostis para com os pais e o desejo de que morram é um elemento integrante das neuroses, esclarecendo que parece que os meninos têm esses desejos em relação aos pais e as meninas, às mães.

21 de setembro 1897, "Carta 69".Ele afirma: "Já não acredito mais na minha neurótica".

15 de outubro 1897, "Carta 71". Menciona esse conceito de amor ao progenitor do sexo oposto como universal. Diz: "um só pensamento de validade universal me foi dado. Também achei em mim o enamoramento da mãe e o ciúme do pai. Este é um universal da infância precoce". Pela primeira vez nesse texto associa esses sentimentos com a tragédia grega, fala do poder cativador que tem a tragédia *Édipo Rei* de Sófocles, uma vez que a saga edípica captura uma compulsão: na tragédia há um destino do qual não é possível escapar, Laio cruza o caminho de Édipo, que é vítima de uma circunstância na qual não tem escolha. Há repulsa pelo feito, autopunição, ódio contra si. Todos na fantasia somos um Édipo e temos de lutar para desalojá-lo. Freud também associa esses sentimentos em relação aos pais com Hamlet que, podendo vingar o pai, hesita. Já, neste caso, aparece o elemento da culpa, que provém da dúvida de realizar seus impulsos reprimidos. Poderia ter matado Cláudio para vingar-se do pai. No entanto, mesmo provocando várias mortes sem escrúpulos, evita vingar-se do homem que realizou um desejo que teria sido o seu, tomar o lugar do pai para ficar com sua mãe. No caso de Hamlet há desejo e recalque do desejo, tanto que Freud chama Hamlet de histérico. Em Hamlet, vemos autorreprovação, culpa, escrúpulo de consciência.

Freud retomará esse estudo no trabalho dos sonhos. A diferença entre uma e outra história está em 14 de novembro

1897. Na "Carta 75", ele anuncia que a sexualidade infantil é um fato normal e universal. Trabalha o tema da rivalidade, do ciúme, da hostilidade e do amor aos progenitores, mas ainda não elaborou o conceito de Édipo como complexo.

1900, "A interpretação dos sonhos". Em um trabalho intitulado "Os sonhos sobre a morte de pessoas queridas", trabalho muito importante no que diz respeito ao avanço na formulação do conceito de complexo, Freud afirma que o sonho de morte dos pais recai mais sobre o progenitor que tem o mesmo sexo que o sonhador; é como se o menino visse no pai um oponente e a menina o visse na mãe; competidores no amor, cuja desaparição só traria vantagens. Começa o preparo de "Totem e tabu" porque faz referência ao fato de que, nos tempos primordiais da sociedade humana, o despotismo do pai fez o filho situar-se como inimigo que deve suceder-lhe e fez a criança sentir a impaciência de tomar seu lugar. Os motivos do conflito entre mãe e filha surgem quando esta cresce e encontra na mãe o impedimento para sua liberdade sexual. O crescimento da filha anuncia à mãe que deve renunciar à sua sexualidade. Freud diz que um *impulso natural* provoca essas situações e aponta para um conceito que depois desenvolverá com mais força, o amor pré-edípico de ambos os sexos pela mãe. Neste texto ele formulará a ideia de que os pais desempenham o papel principal na vida dos psiconeuróticos e que diversa intensidade é patrimônio de quase todas as crianças. Neste estudo retoma em detalhe a tragédia grega e Hamlet.

1905, "Três ensaios sobre a teoria sexual". Momento em que se estende sobre a sexualidade infantil. Reforça a semelhança entre o patológico e o normal e desenvolve o conceito de fases de evolução da libido. Desenvolve a ideia do antecedente do Édipo na teoria do apoio, primeiro objeto da necessidade, seio, sobre o qual o instinto se apoia para depois se tornar autoerótico.

1908, "As teorias sexuais infantis". Complementa o estudo sobre a sexualidade infantil, aparece a ideia da existência de um único órgão, "todos têm, alguns o têm dentro, ou virão a ter", prenuncia a linha da castração, mas esta idéia ainda não está ligada ao Édipo, não há relação da perda com a satisfação de um desejo proibido. Só há constatação. Será na "Organização genital infantil" que se definirá essa articulação na fase fálica, na qual a castração articulada como complexo terá duas vertentes. A inveja do falo na mulher e a angústia de castração no homem. Determinantes do processo de entrada do Édipo na mulher e da saída do Édipo no menino.

1910, "Sobre um tipo particular de eleição do objeto no homem" que aparece formulado como *complexo de Édipo*, se referindo aos homens que só escolhem prostitutas porque são procuradas por terceiros, isso devido a fixações edípicas infantis.

Durante todo este período vemos que essa relação com os progenitores é determinada por *um impulso natural*, e essa explicação é cada vez mais insatisfatória.

Já tínhamos percorrido a bibliografia no período inicial.

O que acontece no segundo momento?
De 1913-1923

1913, "Totem e tabu". Freud utiliza materiais antropológicos, etnológicos e culturais para reconstruir o surgimento do Édipo na humanidade. Como documento científico essa obra tem sido muito criticada.

Ricoeur diz que Freud já tem uma teoria que tenta aplicar à história. Lévi-Strauss concorda, mas acrescenta que Freud tenta, desde o presente, buscar a origem da proibição do incesto, mas não logra explicar por que o incesto é conscientemente condenado, mas explicaria por que se deseja inconscientemente. Lévi-Strauss afirma que Freud faz nascer o estado social de procedimentos que o supõe. O assassinato do pai e o autoarrependimento dos filhos não devem ser tratados como fatos reais, mas como traduções simbólicas. Não se trata de uma arqueologia realista, trata-se de encontrar uma ordem que reja as condutas do ser humano, uma lei universal que, violada, acarreta culpa pelo parricídio. O desejo é regulado pela lei que marca a diferença entre natureza e cultura.

1914, "Introdução ao narcisismo". Freud desenvolve a ideia de que as tendências libidinais sucumbem ao recalque quando entram em conflito com ideais éticos e culturais. Ainda não está elaborado o conceito de supereu, que só tomará forma definitiva no "O ego e o id" (1923).

1917, "Conferências introdutórias, 21 e 22". Freud aprofunda o desenvolvimento libidinal e as organizações sexuais.

1917, "Sobre a transposição dos instintos e em particular o erotismo anal". Trabalha o início de um conceito que será fundamental para sua formulação posterior do ano 1923, o conceito de equação simbólica. No inconsciente, pênis-criança-dinheiro-cocô têm uma equivalência. Ainda não formula a ideia de primazia do falo.

1920, "Mais além do princípio do prazer". Teoriza sobre a pulsão de morte, conceito fundamental para elaborar a compulsão à repetição que marcará o Édipo.

1921, "Psicologia das massas e análise do eu". Desenvolve o conceito de identificação, tratado já em "Luto e melancolia" como parte da patologia, transformando-se num conceito próprio da forma do sujeito se constituir. Esse conceito já havia sido abordado em "Totem e tabu" como incorporação oral do totem. Adquire aqui um estatuto plenamente metapsicológico que se consolidará em

1923, "O Ego e o id". Neste trabalho se define a segunda tópica, e se completa o jogo entre sexualidade infantil, identificação e complexo de Édipo. O aparelho psíquico, independentemente de sua qualidade descritiva de consciente, pré-consciente, inconsciente (primeira tópica), terá instâncias entre as quais se definirá o conflito e a formação da subjetividade. A noção de supereu e ideal do eu são o produto das identificações e dos jogos do edípico, uma vez que o supereu será o herdeiro do complexo de Édipo.

Como pano de fundo de toda essa conceitualização está a sexualidade infantil, tendo destaque a fase fálica, dos três aos cinco anos, que finalizará com a implosão do complexo de Édipo e a instauração do supereu: "como teu pai deverás ser e seu lugar não poderás ocupar". Neste texto de grande importância em sua obra, Freud teoriza, por sua vez, o complexo de Édipo ampliado em um jogo entre identificação e relação de objeto. Já não se fala somente de complexo de Édipo direto ou invertido. Percebe-se que em relação ao pai e à mãe existem desejos e sentimentos ambivalentes e que ambos são objeto de amor e de identificação. Oferece-se a nós, assim, um quadro que, ao ser percorrido na singularidade de cada história, de cada sujeito, nos permitirá abordar a complexidade das diversas estruturas subjetivas.

Complexo de Édipo ampliado:
objeto de amor-ódio e objeto de identificação

	Objeto de amor	Objeto de identificação
Menino	Mãe	Pai
	Pai	Mãe
Menina	Pai	Mãe
	Mãe	Pai

– Partindo dessa fantasmática, Freud postula que em toda relação sexual temos pelo menos quatro participantes. ("O ego e o id").

– Freud afirma pela primeira vez a ideia de que o percurso edípico segue caminhos diversos no menino e na menina. E o retoma na organização onde diz que se ocupará só do menino.

Esses textos preparam a entrada para o período final que se estende de:
1923-1939

1923, "A organização genital infantil". Esse texto, a meu ver, marca uma virada fundamental na obra freudiana. A partir desse momento se reordenaram os caminhos que percorre o Édipo feminino e masculino, se bem que nele desenvolve fundamentalmente a constelação que se refere ao menino. Aparece a castração como complexo, que redundará em efeitos diferentes para meninos e meninas. Se até 1917, Freud formula a existência das equações simbólicas, nesse texto toma um partido diferente. Fezes-bebês-dinheiro se equivalem, tendo em conta a primazia do falo. Para ambos os sexos, só desempenha papel fundamental um órgão: o masculino. Todos os seres vivos têm um genital, que se excita com a mesma facilidade. Esse órgão é investido de alto grau de interesse e coloca novas tarefas à sua pulsão de investigação. A pulsão epistemofílica tem sua origem na investigação sexual. Isso define a última formulação do Édipo. Para Freud, não há mais um primado genital, mas, sim, um primado do falo. Esse deslocamento implica que tanto o homem quanto a mulher ocuparam uma posição em face do falo, e no momento que se fala de órgão único que organiza o desejo não mais falamos do órgão biológico, o pênis, mas de seu representante, o falo. O Édipo se liga ao fálico, segue as normas do Desejo, e a proibição e a ameaça estão centradas sempre na castração do sujeito.

1924, "A dissolução do complexo de Édipo". Já no texto de 1923, "O ego e o id", Freud nos dá uma ideia completa de qual é o destino do edípico ao desenvolver o conceito de supereu e ideal do eu. Para tratar da temática que se refere ao desenlace das escolhas objetais, que corresponde aos primeiros períodos da sexualidade dirigidas ao pai e à mãe, Freud retoma a disposição triangular do sujeito e recoloca a bissexualidade constitucional do indivíduo como desempenhando um papel fundamental. Na verdade, "A dissolução do complexo de Édipo" e "As diferenças sexuais anatômicas" completam o trabalho que já havia sido iniciado em "O ego e o id". Neste texto, Freud cita Napoleão, dizendo "Anatomia é destino", para acentuar a ideia de que as exigências feministas não têm sentido: as diferenças morfológicas devem expressar-se em diversidade no desenvolvimento psíquico. Podemos questionar se diferença quer dizer desigualdade ou superioridade. Se é válido dizer que o clitóris é um pênis menor, e se isso é uma menos-valia, razão de inferioridade. Mas, sobretudo, se o modelo da sexualidade infantil vale para a sexualidade feminina adulta. É de se questionar se toda mulher é uma histérica que sempre vai na tentativa de ter um pênis pela inveja que aparece na sexualidade infantil e se a mulher tem outros modos de constituir seu feminino.

1925, "Algumas consequências psíquicas das diferenças sexuais anatômicas".

1931, "Sobre a sexualidade feminina".

1933, "A feminilidade".

Os últimos textos definem sua formulação final sobre o complexo de Édipo na mulher e seu caminho de sexuação.

Complexo de Édipo no menino. Formulação final

Investidura de objeto para a mãe em época precoce que tem sua âncora no peito, que funciona segundo a ideia de objeto anaclítico. Objeto da necessidade do qual se desprende a função erógena. A função logo se descola do objeto e se transforma em autoerótica (chupeteio dos próprios lábios, erotiza a boca).

Com o reforço das pulsões eróticas para com a mãe, que se acentuam na fase fálica, o menino encontra no pai um rival e um interditor a esses desejos: nasce o complexo de Édipo. A relação com o pai se torna hostil e aparece o desejo de substituí-lo junto à mãe. O vínculo com o pai começa a se tornar ambivalente e se constitui o complexo de Édipo simples positivo. O menino atribui a todos a existência de um único órgão excitado e rico em sensações. Em suas investigações – como já dissemos, base do impulso epistemofílico (ver "Leonardo, destinos da pulsão epistemofílica") – o menino depara com os genitais femininos e desmente ou renega sua falta. Finalmente chega à conclusão de que foram removidos. A falta de pênis é entendida como castração, e aparece a angústia de sofrer de tal fato. Freud dirá que só é possível apreciar verdadeiramente o sentido da castração levando em conta sua gênese na primazia do falo. A mulher será, a partir daqui, desprezível. Na verdade, devemos esclarecer que não é a mulher o desprezível, já que nesse momento não se trata de homens e mulheres, mas de fálicos e castrados. A visão do genital feminino o faz pensar que as mulheres foram castradas por terem as mesmas moções proibidas que ele sentiu. A mãe, enquanto fálica, conserva um lugar de privilégio, objeto de amor que abandonará só por angústia de castração e medo do pai. A angústia de castração tira o menino do Édipo. O Édipo coloca o conflito entre o interesse narcisista de conservar o pênis e a investidura libidinal nos objetos parentais. As investiduras objetais são resignadas e substituídas pela identificação. Abandona a mãe, identifica-se com o pai e procurará outra mulher no futuro. O complexo de Édipo dá lugar ao recalque e é seguido do período de latência.

Complexo de Édipo na menina

Na menina, o complexo de Édipo segue um caminho mais complicado. Como Freud já anuncia no texto "O final do complexo de Édipo", raramente a menina se satisfaz em substituir a mãe e ter uma atitude feminina com o pai. A renúncia ao pênis não se concretiza nunca e a menina fará um deslizamento, desejando receber um filho do pai, filho esse que por deslizamento na equação simbólica substituirá o pênis. A menina desejará então ter um filho do pai. O complexo de Édipo será abandonado porque esse desejo não se cumpre, mas não é abandonado como no menino pela presença da angústia de castração que é cortante e desembocará em um supereu forte. A menina entra no Édipo por causa da inveja ao pênis. Quando descobre sua mãe castrada, esta perde seu interesse e começa a desvalorizá-la. Ao mesmo tempo, não a perdoa por não lhe ter dado um. A inveja do pênis coloca na mulher um sentimento de inferioridade. Quando aceita essa inferioridade universal, descobre que não é só ela a castrada, começa a compartilhar com o homem o menosprezo pelo sexo mutilado, depreciando assim sua mãe. Volta-se para o pai com o intuito de receber dele o pênis almejado. Ela o seduz para receber dele o órgão desejado. Ambos os desejos, de receber um pênis e de receber um filho, permanecem no inconsciente e preparam na mulher o caminho para a sexualidade adulta. O ciúme, nos dirá Freud, recebe grande reforço, na mulher, da inveja do pênis. A menina deve trocar de zona erógena e de objeto. Deve abandonar a mãe como objeto de amor e passar ao pai. Ao mesmo tempo, como deseja o pênis, se identificará com ele. Terá de realizar mais um passo para abandonar o pai como objeto de identificação e se voltar à mãe para poder encontrar outro homem. Deve, ao mesmo tempo, fazer um deslocamento de zona erógena, do clitóris para a vagina. Para ambos a mãe foi o primeiro objeto de amor. O menino pode retê-la e deslocar seu amor para outra mulher. A menina tem de ir atrás de um novo objeto de amor, o pai. A identificação da mulher permite distinguir duas faces: uma ligação tenra com a mãe pré-edípica, e um segundo momento depois do complexo de Édipo que a toma por rival.

O complexo de castração tem, assim, duas variantes

– No menino, angústia de castração.
– Na menina, a inveja do pênis.

A sexualidade infantil se organiza partindo da primazia do falo, que, nessa fase, se resume ao ter ou não tê-lo. Por decorrência, Freud nos dirá que não há representação da vagina nessa fase. A vagina está fora do descobrimento para ambos os sexos.

Os três caminhos possíveis que Freud apresenta como destino na mulher em relação à forma como resolve o Édipo são:

– inibição sexual e caminho a neuroses;
– complexo de masculinidade; e
– feminilidade normal.

Ausente a angústia de castração, falta o motivo principal para superar o complexo de Édipo. Segundo Freud, a menina permanece nele por tempo indefinido, e, se o desmonta, o faz de modo incompleto.

Por essa razão o supereu feminino não alcança a força necessária, seus interesses sociais são mais fracos, há menor aptidão sublimatória, menos interesses científicos, menos ética, menos moral. Não há nada grave a perder.

Atributos da feminilidade: a vergonha é maior por conta de ocultar seu defeito genital. Quando se mostra livremente, segue o ideal narcisista do menino que ela gostaria de ter sido.

Esse processo será muito mais complexo se virmos todas as variantes que aparecem no complexo de Édipo ampliado.

O quadro, a seguir, mostra um estudo comparativo entre os principais conceitos freudianos e kleinianos em relação ao complexo de Édipo.

FREUD	M. KLEIN
Primazia fálica.	Primazia oral-sádica.
Édipo entre o 3° e 5° ano de vida.	Édipo entre o 1° e 2° ano de vida (ano 1928). Édipo entre o 3° e 6° mês de vida (ano 1945). Começo da posição depressiva.
Início pela investigação da sexualidade, nascimento dos bebês. Sexualidade acometida em dois tempos; organização em torno da primazia do falo. Complexo de castração. Menina – início: pela inveja do pênis.	Início em ambos os sexos pela frustração do desmame. Frustração diante do seio desloca os desejos para o pênis, em ambos os sexos. Por causa de seus impulsos, o bebê fantasia que os pais intercambiam gratificações uretrais anais e genitais das quais ele está privado. Incrementam-se a voracidade, a inveja e o ciúme.

Menino – abandona pela angústia de castração.

A angústia de castração ressignificará o desmame.	O desmame dará o significado e será o modelo da angústia de castração.
O complexo de Édipo desenvolve-se na fase fálica. Só conta o órgão sexual masculino, não se trata de desejos genitais, mas de fálicos ativos e passivos. Para ambos os sexos há um genital e o mundo se organiza entre os que "têm" e os que "não têm".	As fantasias são genitais e se referem aos órgãos de ambos os sexos, cujo conhecimento é inconsciente.
Não existe representação da vagina até a puberdade. O clitóris representa um pênis em menos-valia para a menina e expressa seu desejo fálico.	Há, desde o início, nos dois sexos o conhecimento inconsciente da vagina. A boca funciona como modelo da vagina. Fantasia de vagina dentada no auge da oral-sádica.
Bissexualidade.	Figura combinada, produto das identificações projetivas e introjetivas. Mãe e pai unidos sem discriminação do que pertence a cada um.
Temor principal: angústia de castração e inveja do pênis.	Temor principal: angústia de aniquilação.

O medo da perda do pênis impulsiona o menino a abandonar a mãe para preservar o pênis investido de alto valor narcísico.	O temor da perda dos objetos queridos como consequência do ódio e da agressão leva ao amor e ao desejo de reparar esses objetos em ambos os sexos.
O Édipo positivo ou invertido depende da bissexualidade e do lugar do objeto de amor e identificação no Édipo ampliado.	O Édipo positivo e negativo dependem da relação de objeto bom e mau na relação com cada um dos progenitores.
Na menina há uma fase pré-edípica prolongada, na qual atua o apego exclusivo à mãe.	Na menina e no menino só se pode falar de fase pré-edípica enquanto não se fez a passagem do peito ao pênis, antes do 3° mês.
Em ambos os sexos é a relação com o significante primordial (falo) o que define a relação de identificação e amor.	A identificação dependerá do tipo de ansiedade e defesa característica de cada posição (esquizoparanoide ou depressiva), que definirá o percurso e a possibilidade de reparação. A culpa depressiva promove a reparação e se transforma em um elemento fundamental na repressão do Édipo.

MENINA

Na fase fálica, a menina acredita que a mãe tem o pênis e deseja recebê-lo dela como possessão.	A menina supõe a existência de um pênis na mãe, mas não é isso o que inveja; conhece também o genital

O clitóris representa para a menina um pênis em menos-valia e expressa seu desejo fálico.	feminino e sua preocupação está centrada em apoderar-se dos pênis e bebês bons que acredita que sua mãe tem em seu interior.
Quando a menina descobre que a mãe não tem pênis, se aparta com desprezo e ressentimento ao perder a esperança de recebê-lo dela. Assim, se dirige ao pai para receber o pênis dele. A desilusão de não receber o pênis do pai impulsiona a menina a se identificar com a mãe e a obter do pai os bebês, como equivalência fálica.	O ódio à mãe se dá sob a forma de inveja e ciúme porque deseja ter as qualidades femininas, ter o seio e os bebês, quer gratificar o pai e deseja ter essas qualidades para substituí-la. Seu conhecimento da vagina a impulsiona a querer receber o pênis e os bebês do pai.
A fertilidade pode fracassar por fixação na identificação com o pai como forma de ter o pênis. O sucesso da maternidade dependerá de fazer o deslocamento falo-filho.	A fertilidade fracassa por ver seu interior destruído por uma mãe vingativa, ser esvaziada no interior.
Percurso edípico mais complexo. Deslocamento de objeto, da mãe ao pai, e de zona do clitóris à vagina. Primeira posição homossexual.	A inveja do pênis na menina se dá só por fracasso de sua posição feminina. É só uma formação secundária. O desejo de ter um pênis próprio é secundário ao seu desejo de receber um pênis.

MENINO

A ameaça de castração tem sua origem nos desejos libidinais fálicos para com a mãe.

A ameaça de castração decorre da manifestação dos impulsos agressivos para com a mãe e a consequente retaliação.

O menino passa por uma posição feminina, na primazia oral é penetrado pelo seio materno. Deseja também receber o pênis do pai e ter bebês.

Castração: temor de que o pênis seja cortado. O agente castrador é o pai em sua representação da lei e da proibição do incesto.

Castração: objetos internos destruídos.

Castração: ataques ao interior do corpo. Perda do seio, das fezes e do pênis tem o mesmo valor.

O agente principal da castração é a mãe. No menino a primeira fantasia de castração é o medo de esvaziamento interior, que, na fase fálica, adquirirá característica de medo pela perda do pênis.

Deslocamento feito partindo dos ataques vorazes.

É a partir da castração que podem se ressignificar outras perdas, como desmame e fezes, elementos que se separam do corpo, como castração. O movimento temporal de après-coup.

O modelo do desmame e o triunfo da persecutoriedade na fase oral dão o tom da angústia de castração.

Relação libidinal com a mãe e identificação com o pai. Logo este aparece como rival no desejo de substituí-lo junto à mãe. Ambivalência com o pai que é, ao mesmo tempo, obstáculo ao amor materno e modelo a imitar. Complexo de Édipo ampliado. Pai objeto de identificação, objeto de amor. Mãe objeto de amor e objeto de identificação.

Desde o começo amor e ódio à mãe como objeto parcial, como resultado da identificação projetiva e introjetiva. Amor e ódio ao pai. Complexo de Édipo ampliado desde o começo.

A mãe continua sendo o objeto catexizado nas fases pré-genitais. Não há mudança de objeto.

É ao pai e à mãe a quem se dirigem os ataques e o amor e ódio.

A ameaça de castração é fator determinante no declínio edípico.

A frustração com o seio o faz se dirigir ao pai, colocando-se em posição feminina. Deseja ter filhos e tem rivalidade e inveja com a mãe. À angústia de castração se soma a angústia de interior destruído. Situação persecutória interna. Fantasia de estar cheio de objetos ruins. Coito fantasiado como destrutivo.

Essas pulsões sádicas misturadas com a identificação feminina determinam a relação posterior com a mulher.

Se triunfar a relação com o seio e o pênis bom, enfrenta sua angústia

SUPEREU

	de castração com mais recursos e estabelece a posição genital que lhe possibilita uma adequada sublimação.
O supereu constitui-se ao declinar o Édipo entre 3 e 5 anos na fase fálica.	O supereu começa a se formar com a primazia oral desde o começo em ambos os sexos.
O supereu forma-se pela internalização da autoridade paterna. Substitui as cargas de objeto por identificações que mantêm a repressão e perpetua a proibição do incesto, evita o retorno às cargas libidinais que são, em parte, sublimadas. A rigor não há recalque e, sim, implosão do complexo de Édipo.	A base do supereu em ambos os sexos é o seio introjetado. A estruturação do supereu se completa com a introjeção do pênis e os objetos totais parentais.
Começa o período de latência que interrompe a evolução sexual. Função de auto-observação, consciência moral; é a base do ideal do eu.	As tendências edípicas feminina e masculina reprimem-se pela mesma razão: ansiedades persecutórias e sentimentos de culpa.
O supereu é herdeiro do complexo de Édipo.	O ideal do eu dependerá dos objetos bons introjetados em um movimento de idealização.

Diferença no supereu feminino e masculino. O feminino é mais débil em razão da inoperância do complexo de castração. A mulher tem pouco a perder.

Na mulher há dificuldade de superar o complexo no qual permanece indefinidamente.

Três destinos possíveis do declínio edípico na mulher: separação da sexualidade, conservar a esperança de ter um pênis ou o difícil caminho à feminilidade.

O supereu tem a mesma força em ambos os sexos, por sua implosão não estar sob o complexo de castração fálica.

O menino deseja proteger e reparar o pai como imagem interna e externa.

Menino e menina resolvem o Édipo quando diminuem as ansiedades persecutórias, introjetam tanto um pai quanto uma mãe com os quais mantêm uma relação ambivalente pelo resto da vida. Mas, se o amor prevalece ao ódio, essas figuras serão reparadas e protegerão desde o interior. A criança introjeta objetos em cada estádio de organização libidinal.

O supereu sádico oral violento e terrorífico do começo da vida se beneficia com o crescimento. As imagos são menos deformadas e se aproximam mais da realidade.

II.
SOBRE METAPSICOLOGIA, RECALCAMENTO PRIMÁRIO E NOVAS PATOLOGIAS

7.
FORMAÇÃO DO EU: UM ESTUDO PARA LER O ESTÁDIO DO ESPELHO[1]

Este trabalho se propõe a oferecer elementos para facilitar uma leitura do texto "Estádio do Espelho" como formador da função do eu. Lacan fala pela primeira vez dele no Congresso de Marienbad, em 1936; em seguida o retoma e o apresenta no Congresso Internacional de Psicanálise em Zurique, em 1949. No texto, Lacan nos fornecerá elementos para pensar na constituição do eu, trabalhando o fenômeno pelo qual uma criança reconhece sua imagem no espelho, fenômeno esse que ocorre por volta dos seis meses. É a partir do movimento que se produz entre a criança e sua imagem refletida no espelho que se logrará a constituição de um eu unificado ortopedicamente.

A imagem virtual, inexistente como realidade (já que ao se retirar o espelho ela desaparece) lhe serve como primeira identificação de um si mesmo. Nessa imagem, a criança se aliena fazendo desse eu a sede do desconhecimento. Apesar de no texto de Lacan encontrarmos reiteradamente a palavra

---

[1] Trabalho realizado para o Seminário "As diferentes teorias sobre a constituição do sujeito e suas consequências na clínica", promovido pelo Departamento de Psicanálise do Instituto Sedes Sapientiae, em 2001.

"*je*", deparamos com uma dificuldade. A tradutora, em nota, esclarece que se trata do eu como *je* (sujeito do inconsciente). Na verdade, para nós está referindo-se à constituição do *moi*, porque é uma tentativa de elaboração de uma teoria que dê conta do primeiro esboço de eu que se constitui como ego ideal e tronco das identificações secundárias, sede do narcisismo.

Pensamos que, apesar de Lacan já haver começado a esboçar a diferença entre *je* e *moi*, em 1949, ainda não os diferenciava claramente. Lembremos que naquela época, na psicanálise francesa, era frequente traduzir o "*Ich*" por "*je*".[2] O "*je*" e o "*moi*" são duas articulações possíveis do *Ich* (ego). Separa o sujeito que fala do sujeito como instância narcísica.

O "*je*" é o sujeito da oração, o que fala em primeira pessoa do singular. A criança demora muito mais tempo para poder dizer o "eu" do "*je*" do que o mim (*moi*). Ela diz "nenê quer água", ou se denomina pelo nome antes de dizer o eu: "Susu gosta de cachorro". Mas pode dizer antes: "dá pra mim". O eu (*moi*) se constitui sobre a imagem do próprio corpo. O corpo do recém-nascido apresenta um caos interoceptivo, transbordado em sensações incoordenadas, que configuram um corpo fragmentado.

O eu é efeito de uma imagem, efeito psíquico de uma imagem virtual de si, que "o" produz, o que não é dizer pouco. Estudaremos de que modo a imagem vem para colocar uma ordem nesse caos sensorial. Veremos de que forma, quando

---

[2] Alguns autores propõem traduzir o *je* como eu formal, diferenciando-o do *moi* (eu) substantivo.

o bebê se olha no espelho, rebota (desde ele, o espelho) uma imagem tranquilizadora de uma integração que acalma, alegra, produz júbilo a esse bebê em caos.

Que promessa! Logo você será assim, será Um, integrado, dominará um corpo que você não domina. Ele se constituirá em Um a partir da imagem, portanto, ela antecipa algo, é constituinte de uma unidade que ainda não existe. Essa imagem de unidade escapa permanentemente e a criança corre atrás dela, tenta capturá-la, fixá-la, e acaba sendo capturado nela. O estádio do espelho aparece como uma matriz simbólica da constituição do eu, desenhando um primeiro esboço da subjetividade. Lembremos que Lacan nos indica diferenciar esse eu do cogito cartesiano. O eu ao qual vamos nos referir pouco tem a ver com dar ao eu um lugar de saber-pensar ou para existir. Esse eu não está centrado na relação percepção-consciência, lugar de síntese, autonomia, clareza, permanência. Desse último eu trata a fenomenologia, as terapias que pensam o eu como lugar de conhecimento. Enquanto nós sabemos que o eu do qual estamos falando é o eu do desconhecimento, do imaginário. Um eu falsário que nos ilude diante de uma completitude que encobre a fragmentação.

Se o eu se conforma com o que o espelho lhe mostra (aquilo que antecipa), permanecerá fixado em um lugar de miragem. Pensemos em um sujeito no deserto: ele vê uma miragem, se ilude achando que tem um paraíso, um oásis que acalmará sua sede, mas, na verdade, onde vê o lago e as palmeiras não há nada, não há mais do que a imagem virtual que permite continuar em frente e não desistir devido à sede. Qual é o oásis que o *infans* enxerga em sua imagem ilusória?

Pensemos, como dizíamos, no desconforto de não poder se apropriar dos movimentos, não poder coordená-los, pensemos no desamparo vivido por esse acontecer incoordenado de seu próprio corpo que o impede de alcançar, pegar, tomar aquilo com que acalmaria uma necessidade. Ele não pode, por falta de maturidade neurológica, dar conta de seus movimentos, de seu corpo. A pré-maturação deixa a criança na dependência absoluta dos outros, a criança para se olhar deve ser sustentada, precisa de um apoio, de um andador, de um adulto.

Lacan diz que o bebê supera os entraves desse apoio para recuperar um aspecto instantâneo da imagem. Esquece que é sustentado, olhado desde o Outro, a mãe, para poder se ver por um momento como integrado. Mas essa boa forma que ele encontra no espelho, que o alegra e tranquiliza, terá inúmeros desdobramentos na formação da subjetividade. Não só o acalma. Deixará marcas, marcas profundas sobre as quais se constituirá a matriz da subjetividade. A criança experimentará uma tensão diante da imagem que o espelho lhe devolve. Uma tensão entre a imagem unificada do corpo e a impotência motora. Cria-se uma tensão agressiva, uma rivalidade entre a imagem unificada e a falência motora. Uma rivalidade entre o corpo fragmentado e o outro de si, sua própria imagem no espelho.

Essa rivalidade é vivida como ameaça de fragmentação pelo poder unificador e a fascinação perante essa imagem. O *infans* rivaliza consigo mesmo, tensão entre o corpo fragmentado e a imagem unificada, agressividade em jogo, que, em um primeiro momento, é de si para com a imagem de si e depois será de si para com outra criança semelhante. O terror de perder a imagem unificada faz que o *infans* se debruce sobre a antecipação de sua unidade, como se dissesse: antes de estar fragmentado, me debruço e me transformo na imagem, roubo à imagem seu lugar e me coloco no lugar dela. Isso é o que Lacan chamará de "libido eroto-agressiva".

Júbilo, alegria, rivalidade, agressividade, tensão diante da imagem, elementos esses que acompanham os processos escópicos. Vejamos um pouco mais dessa incoordenação motora que é marca da espécie humana quando nasce.

A cria de homem tem uma maturidade neurológica parcial. Não tem mielinização dos fechos piramidais, razão pela qual não consegue coordenar seus movimentos. Quando mieliniza o córtex e pode reconhecer sua imagem no espelho, ainda não coordena os movimentos. Nesse sentido, tem uma verdadeira condição de desvantagem em relação a outras espécies.

Lacan, no texto que nos ocupa, menciona a condição de desvantagem que encontramos no filhote homem em detrimento do filhote chimpanzé em relação à coordenação e à inteligência instrumental. A psicologia comparada[3] mostra que o chimpanzé, por um curto espaço de tempo, supera em inteligência instrumental a cria humana (Kohler, 1927). Quando percebe sua imagem, o chimpanzé passa a mão atrás do espelho; ao não encontrar

---

3 Comentários tomados do capítulo "As relações com o outro na criança" do livro de Merleau-Ponty, na Sorbonne.

nada, parece decepcionado, logo se recusa obstinadamente a interessar-se por isso, a imagem aparece e se esvanece com rapidez. Não acedem ao conhecimento da imagem, essa não os prende, desaparece logo. O estranho é que os chimpanzés, que não se reconhecem no espelho, parecem reconhecer-se em uma fotografia deles mesmos, quando esta lhes é apresentada.

Tais condutas contrastam com as da criança enfrentada ao espelho. A criança reconhece antes o outro no espelho do que a própria imagem especular. A criança dá um sorriso à imagem de seu pai, por exemplo. No espelho, o reconhece, mas se estranha quando o pai lhe fala. Ela se volta para ele com surpresa, não havia, até então, percebido uma diferença entre a imagem e o modelo. Nesse momento, alguma coisa acontece: a criança apreende algo novo. Não se trata de uma simples educação. Algo começa a acontecer na relação modelo-imagem, apesar de não tomar posse ainda.

Nesse primeiro momento, parece que a imagem tem existência própria. A criança reconhece seu pai de um modo prático. Por que reconhece o semelhante, o pai no espelho, e não é capaz ainda de se reconhecer? A criança dispõe de duas imagens visuais de seus pais: a do espelho e a imagem deles próprios. Mas de si própria só dispõe de uma imagem completa: a de seu corpo no espelho. Ela não consegue olhar seu próprio corpo, seu corpo é visível para um outro, no lugar onde nela estão suas sensações proprioceptivas. O Outro a vê como integrada, a vê também no lugar de seu ideal. Essas aquisições não são intelectuais, medeiam o processo de identificação.

Os adultos projetam um futuro para a criança. A criança encontra no espelho várias coisas. Por um lado, a identificação imaginária com o falo materno. Por outro, com sua integridade inexistente, mas através do olhar do Outro, encontra também aspectos do ideal do ego. É nela que se depositam projetos do que se é ou gostaria de haver sido. É do olhar do Outro que ela também se constitui. Para que exista essa precipitação, esse se submergir na imagem, é necessário que exista algo previamente, isto é, a "matriz simbólica".

O caso não é tanto se olhar no espelho. A questão é se olhar em um espelho no qual essa imagem está sustentada pela mirada do Outro, primeiro Outro simbólico que é a mãe. A matriz simbólica parte do desejo da mãe. É a castração da mãe que dá ao outro, seu filho, o lugar de falo imaginário. Vejamos a complexidade dessa miragem especular.

Nela se antecipa o que a criança desejaria ter: coordenação motora, unidade, integração, domínio de si. O que ela desejaria ser, o falo imaginário que completaria a mãe, desde o que a ela (mãe) lhe falta, se submetida à castração. Também lugar do ideal, do supereu parental. Lugar no qual se projetam aspirações e esperanças. É desde o ideal do eu (no simbólico) que se regula a estruturação imaginária do eu (*moi*).

Descrever esse processo se faz necessário para entender por que Lacan afirma que esse efeito da imagem, longe de se esgotar, como no caso do macaco uma vez que adquire o controle, repercute na criança em uma série de gestos que experimenta com alegria e ludicamente em relação aos movimentos adquiridos, modificando seu próprio corpo, sua relação com os objetos próximos e com as pessoas. Essse é o papel fundante do estádio do espelho, já que ele é revelador do "dinamismo libidinal". Entendamos mais um pouco como isso acontece.

A imagem do corpo no espelho opera como disparador da libido que circula do corpo à imagem, da imagem ao eu e ao mundo. Produzem-se efeitos de rebote entre essas instâncias a partir da imagem. Dispara, veicula e fixa a libido. A imagem que interessa não é a imagem em sua objetividade, mas nos atributos que são conferidos a essa imagem. Imagem que provê unidade, volume, corporeidade. Imagem que garante uma unidade do desunido, imagem que é a articuladora e que ocupará um lugar que ainda o corpo deixa vacante. O corpo é uma coisa e a imagem desse corpo, outra.

Uma imagem que lhe permite antecipar no nível psíquico a futura unidade do corpo, imagem que supera a discordância entre o avanço do psíquico e o lento organizar-se do orgânico. Como não ficar encantado com essa promessa de domínio futuro do corpo? Como não se fixar nessa imagem? A defasagem entre *Innenwelt* (do sujeito) e *Umwelt* (o mundo), essa relação entre o ser e a realidade é de que Lacan trata na fase do espelho.

Por que a imagem tem tanta importância? Que imagem é essa, por que o olhar, a mirada, a função escópica tem tanta importância? Como se sabe do ambiente, senão pela imagem que através da mirada se tem dele, pelo que a visão retrata do ambiente? Podemos destacar que entre os analisadores

ESCRITOS METAPSICOLÓGICOS E CLÍNICOS 167

sensitivos o olhar tem um espaço privilegiado. A relação organismo-ambiente não é direta: a visão opera como articulador. Ao mesmo tempo, a visão produz diferentes efeitos. Lacan fará referência a diversos estudos que mostram diferentes processos que se produzem em decorrência dessa articulação. Um desses trabalhos é de Roger Caillois[4] sobre o mimetismo, do qual daremos alguns elementos, porque com base nesse autor Lacan circulará por diversos conceitos de identificação, a qual será necessário explicitar.

Ao estudar o mimetismo, Caillois demonstra que a experiência do animal com o meio está regulada pela visão. No ser humano esses efeitos produzem modificações no psiquismo. Um ser se transforma, se acomoda ao espaço, se confunde com ele, muda até sua cor, textura, forma, volume pela visão. A imagem retiniana é capaz de transformar a superfície do corpo. A imagem plasma na pele a marca que recebe do ambiente. As mudanças na vestidura são reguladas pela visão. O animal se ajusta à cor do ambiente a partir da percepção, e nos casos em que o animal é cego, não consegue mutar a pele e sucumbe aos ataques do inimigo. No mimetismo se põem em jogo armadilhas, ilusões, enganos do mirar. O organismo se desrealiza transformando sua estrutura externa, "com-formando-se" com o cenário para sobreviver.

---

[4] Sociólogo, poeta, crítico literário. Nasceu em 1913 e morreu em 1978. Contemporâneo e parceiro de G. Bataille, participou do movimento surrealista. Exilou-se na Argentina, por causa do nazismo, de 1939 até o fim da guerra. Escreveu numerosos textos sobre o imaginário humano, o mimetismo e a máscara.

Mas não vamos pensar que no sujeito humano se trata simplesmente de mimetismo. No caso do humano trata-se de um processo psíquico que explicaremos mais adiante. A utilização do exemplo tem por intenção reforçar o que Lacan destacará como pulsão escópica, como a importância do olhar e as transformações que um organismo pode sofrer a partir da visão.

Já vamos nos aproximando de destacar que o texto trata do tema da identificação. Identificação heteromórfica, quando aborda o mimetismo no qual o organismo assume a forma do entorno. Identificação homomórfica em um outro tipo de mimetismo, o mimetismo no qual as transformações no corpo se produzem pela visão do congênere.

É o caso dos gafanhotos (lagostas peregrinas) ou das pombas que a etologia estuda. Esses animais reconhecem o congênere e, em razão disso, se modificam, mas o fazem em primeiro lugar na presença do outro, na pura presença. O gafanhoto migra da forma solitária à gregária pela visão do congênere, basta que a imagem esteja animada por movimentos similares aos da sua própria espécie para que se produza a mutação. A imagem do outro tem um efeito formador. No caso das pombas, a maturidade das gônadas tem como condição necessária a visão de um semelhante, e até pode ser a imagem de um semelhante no espelho. Nessa identificação homomórfica, o organismo seria tomado pelo sentido da beleza como formadora e erógena. No animal há uma imagem da espécie, o recorte perceptivo responde a uma *Gestalt* que corresponde ao instinto. O humano se aliena na própria imagem e impõe a partir dela a imagem da espécie.

Quando Caillois descreve a "psicastenia lendária",[5] transtorno no qual se produz uma captação do sujeito pela situação, já não está mais falando de um organismo, mas de um sujeito. O espaço exerce uma sedução que obriga o sujeito a renunciar a si para se confundir com o espaço, até a despersonalização e a desrealização.

No sujeito, a identificação com a imagem do corpo refletida no espelho tem efeitos psíquicos. É diferente dos casos anteriores. Podemos ver que no estádio do espelho há registro psíquico da imagem unificada, da integração da imagem de si, que atuará como formadora, como constituinte do que está por vir. A criança pode assumir uma imagem de si atravessando os processos de identificação, porém nunca se reduz ao plano puramente econômico ou puramente especular, por prevalecente que seja o modelo visual. A criança não se olha com seus próprios olhos, mas com os olhos da pessoa que a ama ou detesta. O que importa é sua mirada e a mirada que recai sobre ela.

O lactente realizará um processo pelo qual se reconhecerá no espelho. A diferença é que o gafanhoto reconhece o congênere, e a criança se reconhece a si própria. No espelho aparecerá uma imagem virtual, que, rebotando sobre as sensações

---

[5] Descrevem-se casos de misticismo, nos quais o sujeito fica em absoluta imobilidade, chamada também por P. Janet de "doença da ilha deserta". Angústia de êxtases, na qual o sujeito fica sem reagir a estímulos externos. Bem mais digna de nota é a teoria de P. Janet. Na obra *De l'angoisse à l'extase*, o mestre do Collège de France trata, com extraordinária minúcia, da observação contínua, durante 22 anos, de uma doente designada pelo pseudônimo de Madeleine, que apresentava fenômenos místicos comparáveis, segundo Janet, aos da grande Teresa de Ávila.

proprioceptivas, descoordenadas, esfaceladas, lhe devolverá uma imagem integradora. Esse corpo despedaçado corresponde ao autoerotismo, de cada zona erógena partem sensações que, por enquanto, não parecem comportar uma unidade. Logo o primeiro objeto da libido será o eu, o eu se forma por identificação, identificação a esse ego ideal (*Ideal-Ich*) que antecipa sua imagem.

Estamos diante do narcisismo, constituído e constituinte do sujeito, um ego ideal que será também receptáculo das identificações secundárias. Precisa-se da formação do eu para que existam as relações de objeto. O eu se oferece ao id como objeto (narcisismo). Os objetos são produtos da paixão do eu por impor ao mundo sua imagem. Começa o dinamismo libidinal. Criar-se-á uma linha de ficção para sempre irredutível. Entendamos a referência de Lacan (1936) quando diz que

> essa forma situa a instância do eu, desde antes de sua determinação social numa linha de ficção, para sempre irredutível para o indivíduo isolado, ou melhor, que só se unirá assintoticamente ao devir sujeito, quaisquer que sejam os sucessos das sínteses dialéticas pelas quais tenha que resolver, na condição de eu, sua discordância com a realidade (p.87).

O sujeito não mais se encontrará a si mesmo, a não ser como uma curva assintótica[6] que só se tocará, quase imaginariamente, em algum ponto infinito com sua realidade. Segundo Lacan,

---

[6] Assintótica: que não pode coincidir; função geométrica tangente em uma reta e uma curva que só se tocarão no infinito (*Dicionário Aurélio*).

não haverá síntese dialética que apague a diferença entre o eu da imagem e a própria realidade do corpo do sujeito. Este permanecerá como realidade, de algum modo, sempre desconhecido para si. Para Lacan, o eu é um precipitado em que o sujeito se reconhece e, no entanto, se apresenta para si como um objeto outro. Esse eu se forma antes que o eu que decorre de sua determinação social (antes de sua passagem pelo Édipo). Esse eu é um cristal que pode se romper pelas linhas nas quais se uniu previamente. O conhecimento humano se estrutura como paranoico, sempre ameaçado de perder o conseguido, sempre em tensão e rivalidade com sua própria imagem. É mais autônomo que o do animal, diz Lacan, mas também o determina no "pouco de realidade" que ele tem. O eu se reconhece nessa realidade ortopédica que lhe oferece a antecipação, mas funciona como uma identidade alienante. Constitui-se um eu que precisará sempre de reconhecimento para que se assegure a permanência de sua imagem.

Ninguém pode ter de si a certeza de coincidir com a própria imagem, por isso se procura o reconhecimento de fora. Para o *infans*, o semelhante parece ter a integridade, a unidade, a boa forma. O semelhante parece ter de si a certeza de coincidir com a imagem e desde aí ocupar o lugar único. A criança sustentada pela sua mãe, cuja mirada o olha, volta-se para ela para demandar-lhe autentificar sua descoberta. É o testemunho de sua mãe que ao dizer "é você" permitirá à criança dizer "sou eu". O outro ocupa o lugar único, o que implica para o eu a perda de lugar e de reconhecimento. Isso promove uma resposta agressiva que cria um reflexo paranoide de fragmentar ao outro para ocupar seu lugar.

Avançando no texto, encontramos uma frase um tanto hermética. O que Lacan quer dizer quando escreve que "o rompimento do círculo do *Innenwelt* para o *Umwelt* gera uma quadratura inesgotável dos arrolamentos do eu"? A referência à quadratura do círculo se deve a um dos problemas clássicos, sem solução, da Antiguidade. Tratava-se de construir um quadrado de tal forma que sua área fosse igual à área de um círculo e isso deveria ser feito com régua e compasso. A quadratura do círculo é algo impossível desde a geometria, assim como é impossível fazer coincidir a imagem do corpo com a realidade.

Há uma discordância do sujeito libidinal com sua realidade. O eu vem se oferecer como lugar de uma síntese impossível. Tratar-se-á de fazer coincidir as bordas dessa discordância primordial da imagem com a realidade. Lacan afirma que esse corpo estraçalhado aparece nos sonhos, sob a forma de membros disjuntos, nas obras de Bosch, pintor do século XV, nas linhas de fragilização que definem a anatomia fantástica e se manifestam nos sintomas esquizoides ou nos espasmos da histeria.

Lacan esclarece que nos dados da experiência do espelho, do visual, não se esgota essa experiência de formação do eu, porque se assim o afirmássemos, poder-se-iam receber muitas críticas. O que sucede com a identificação vai além, tendo em conta o já dito, que uma criança não se vê com os próprios olhos, mas se vê com os olhos de quem a ama ou detesta. A referência no texto está dada quando diz que essa experiência está mediada pela técnica da linguagem e inscrita na matriz simbólica na qual o eu se precipita. Essa matriz simbólica é o desejo da mãe, a castração da mãe que dá ao filho o lugar privilegiado de falo. Não existindo essa matriz, a criança não poderá se constituir como eu por muito que depare com sua imagem no espelho. É o caso das psicoses infantis e do autismo.

Chemama (1998) afirma que se aborda o campo do narcisismo como fundante da imagem do corpo da criança a partir do amor materno. Para que a criança possa se apropriar dessa imagem, requer que tenha um lugar no grande Outro encarnado nesse caso pela mãe, que está inclusa na ordem do simbólico. A passagem do eu especular, o ego ideal, para o eu social, ou Ideal do ego, estará dada pela intermediação cultural que, como pensa Lacan, estará mediada, no que tange ao objeto sexual, no complexo de Édipo. Chemama diz: "O signo de reconhecimento da mãe vai funcionar como um 'rasgo unário' a partir do qual se constituirá o ideal do eu".

Ressalta Lacan que, além da importância do reconhecimento na imago que até aqui temos desenvolvido, a presença de outras crianças, semelhantes a ela, tem um papel formador importante, conta de um fenômeno descrito por Charlotte Bülher,[7] conhecido como transitivismo infantil. É a aptidão da criança de encontrar no outro o que pertence a ela mesma. Uma criança se interessa por outra da mesma idade, bate em

---

[7] No trabalho "Étude sociologique et psychologique de la première année", de 1927 (referência tomada de M. Merleau-Ponty, no resumo de cursos da Sorbonne).

um outro do lado esquerdo do rosto e toca seu rosto do lado direito; ocorre a mesma inversão que na imagem especular, mas o interessante é que, depois de bater, é ela quem chora. A criança se exibe ao outro como espectador e permanece fundido com ele. Dá-se uma confusão do si e do outro em uma mesma situação sentimental. Lacan diz que ocorre uma dialética a partir da qual há uma passagem do eu especular para o eu social. Começa a concorrência com o outro. Bülher descreve situações nas quais uma criança fala, brinca, se mostra, e a outra observa. Uma se exibe e a outra se submete, relação semelhante à do amo e seu escravo, destacando que ambas as crianças estão de algum modo fundidas na situação. O senhor busca reconhecimento de seu senhorio pelo escravo, dando-se uma confusão entre ele e o outro em uma situação afetiva. Aparece o ciúme e a relação espectador-espetáculo é interiorizada. O ciumento gostaria de ser aquele que ele contempla, tem o sentimento de ser frustrado. Se não fôssemos sujeitos do inconsciente marcados pela castração, amarrados a uma linhagem, e a tudo que nos faz um sujeito singular, não poderíamos sair do transitivismo, tendo em conta que nunca saímos dele definitivamente. É a partir desse momento, entre a imagem especular e a imagem do outro semelhante (pequeno outro) que aparece como competidor, ameaçador, que podemos falar da relação entre libido narcísica, como função alienante do eu, e da agressividade que "dela se destaca em qualquer relação com o outro".

Reconhece-se aqui, segundo Chemama, a relação imaginária, dual, da confusão entre si mesmo e o outro, da ambivalência e da agressividade estrutural do ser humano. Aliena-se em si e no outro ignorando sua alienação, com o qual o eu fica preso a um desconhecimento eterno. Com essa posição Lacan se opõe a todas as teorias tradicionais que concebem o eu como sistema de percepção-consciência e deixa o eu no lugar da alienação e do desconhecimento. O ser do sujeito não se esgota no eu, este não é mais que uma miragem e se contenta em ser isso.

Lacan encerra seu artigo dizendo que só a psicanálise dá conta de uma junção entre natureza e cultura, reconhecendo esse "nó de servidão imaginária que o amor sempre tem de redesfazer ou deslindar". Não há promessa possível, venha ela do pedagogo, do reformador, do idealista, que supere essa fenda. A tarefa não é reforçar esse eu, consolidá-lo, fortificar a muralha na qual ele fica alienado, mas permitir que o sujeito depare com seu limite, seu destino mortal.

8.
O ARCAICO E AS PATOLOGIAS ATUAIS[1]

Em um olhar atento aos trabalhos apresentados recentemente nos numerosos encontros de psicopatologia, vemos crescer o interesse da psicanálise por certas manifestações que, há alguns anos, não demandavam nossa atenção de forma tão veemente. Essa mudança é produto do número crescente de consultas de nossos pacientes que nos levam a refletir, pesquisar e reconsiderar nosso repertório teórico para dar conta dos problemas que hoje enfrentamos.

Nas patologias contemporâneas podemos considerar duas vertentes fundamentais sobre as quais trabalhar: a primeira, a que se refere às condições de produção da subjetividade, ou seja, as modificações que se produzem no sujeito como decorrência do histórico-político-econômico e social; e, uma segunda vertente, que se refere à própria estruturação do aparelho psíquico e que, inscrita historicamente, merece considerações metapsicológicas. Ambas as vertentes estão entremeadas e produzem efeitos de ressignificação permanente.

---

[1] Publicado originalmente na *Revista do Laboratório de Psicopatologia Fundamental* (PUC/SP – Unicamp, 2001, v. 4, no 4, p. 112-118).

O consumo desenfreado, a vertiginosidade que se imprime ao tempo, que faz que não seja possível suportar e manter projetos de longo prazo, o imediatismo que transforma a satisfação sem demora no *leitmotiv* do prazer cotidiano, a falta de solidariedade e de utopias, a política de esgotamento rápido do objeto, que consequentemente não deixa marcas e impede que o mundo interno seja povoado de conteúdos próprios, a constante intervenção de uma mídia que provoca paralisia, promovendo a passividade e transformando o sujeito em objeto, atacando os processos criativos e de pensamento, a corrupção social e o desemprego, que aprofundam o sentimento de desamparo e ruína e colocam o eu em posição de falência, são algumas das inumeráveis mudanças históricas, políticas, sociais e econômicas que imprimem um rumo novo às patologias do homem atual, transformando e operando sobre sua subjetividade.

Neste trabalho, tomando a segunda vertente, analisarei algumas das causas que operam na constituição do psiquismo, em seus aspectos mais arcaicos e que me permitiram pensar as formas de operação e de funcionamento do pânico partindo de um ponto de vista metapsicológico. Ao abordar essas patologias, destaco a leitura freudiana, que considera a importância do pulsional, mantendo vivo o papel da sexualidade infantil, sem esquecer o lugar que o trauma ocupa nas perturbações psíquicas. Se nas neuroses dirigíamos nosso olhar para as questões edípicas e seus destinos identificatórios – considerando o papel fundamental do recalque secundário, com a produção de sintomas resultantes do conflito entre instâncias intrassistêmicas –, hoje, para compreender melhor essas patologias, se faz necessário dirigirmos nossa atenção para elementos mais arcaicos, aqueles elementos que, por uma impossibilidade de tradução – o que significa que não lhes foi possível estabelecer ligação que lhes permitisse fazer sentido –, a irrupção pulsional não tem podido tramitar. Assim, esses primeiros elementos que, na teoria freudiana, corresponderiam às primeiras inscrições da representação-coisa, não conseguem se engrazar numa cadeia significante e ficam excluídos, fazendo parte do inconsciente originário.[2] Hoje em dia, vemos com surpresa o aumento de patologias nas quais o pulsional encontra sérias dificuldades para ser escoado ou tramitado, por meio da palavra ou da fantasia. Anorexias, bulimias, perturbações psicossomáticas, pânico, drogadição, adição e seitas religiosas com sentido de fanatismo, são perturbações nas quais a simbolização fracassa e que comprometem até mesmo o nível de atuação no campo social. São perturbações nas quais os diferentes fracassos na simbolização podem ser situados na gênese e na fundação das instâncias psíquicas. A simbolização pressupõe deslocamento, união para a criação de algo novo, fundamentalmente ligação, seja de duas representações entre si ou de uma representação com um afeto. A simbolização pressupõe também substituição

---

[2] Tanto Laplanche quanto Piera Aulagnier insistem em revisitar os transtornos nesse campo. Laplanche, trabalhando o conceito de recalque primário, e Piera propondo uma nova metapsicologia que transita pelo "originário, primário e secundário".

e permite a elaboração e a equivalência. Quando a simbolização falha, algo que deveria ter sido transformado, derivado, reaparece em seu estado arcaico, primitivo, puro.

Nesse sentido, o pânico se apresenta como produto de uma patologia do arcaico, ou seja, produz-se um desamparo do eu diante de uma invasão pulsional causadora de momentos de falência do aparelho psíquico. Emergem, assim, elementos da representação-coisa que deveriam ter ficado sepultados por meio do recalque primário, invadindo o eu sem mediação da representação-palavra. Esses elementos desligados se incrustam no eu como elementos bizarros que não encontram seu destino em um fantasma, não podem ser metabolizados, não encontram escoamento na palavra e são descarregados no somático, por meio de suores, taquicardia, sensação de morte iminente. Algo aparece como pura presença e nos conduz às origens das primeiras marcas onde o inconsciente ainda não está constituído como sistema (Sigal, 2000). Esses elementos, que ficaram desligados, avançam fazendo irrupção no eu. Eles não têm a complexidade do sintoma que permite certa estabilidade, dado que não são substituição simbólica de representações reprimidas. O sintoma tem um sentido e é produto de um conflito entre instâncias, denotando uma configuração simbólica, ou seja, o sintoma está no campo das neuroses.

Não pretendemos negar que, em alguns casos, o pânico se apresenta em uma estrutura com história, como produto de um sintoma, como acontece, por exemplo, numa manifestação aguda de uma fobia (Sigal, 1995). Quando assim o é, o pânico configura-se como expressão da angústia de castração vinculada ao edípico. No entanto, o que estudamos aqui está mais próximo do conceito freudiano de neuroses atuais e, mais especificamente, das chamadas neuroses de angústia, nas quais, tal como entendo, produz-se a emergência de uma representação com uma qualidade tão primitiva, tão próxima da sensação, com uma intensidade tão próxima do puro afeto, que impede que a angústia sinal atue, o que anteciparia ao eu algo a respeito do risco de falência.

Lembremos que no originário a representação do afeto e o afeto da representação são indissociáveis. Devido ao fato de o recalque primário não ter condições de sepultar os dois definitivamente juntos, e em virtude das dificuldades para fazer os deslocamentos da representação-coisa para a representação-palavra, elementos arcaicos inscritos na psique presentificam-se como corpos estranhos sem possibilidade de tradução. Se a ligação com a palavra já tivesse ocorrido, seria possível fazer, com êxito, uma derivação dessa pulsão, um deslocamento por meio do qual se afasta o temido, em um movimento metonímico ou metafórico, constituindo sintoma.

Em outras palavras, essa situação nos põe em contato com a angústia catastrófica do não ligado, algo que escoa por um buraco, algo que escapa, uma vez que aquela marca que tem inscrição primeva aparece por uma falha no recalque primário, sem os diques sucessivos que implicariam esforços de tradução. A origem desses impedimentos encontra-se nos alicerces da formação do aparelho psíquico, estando intimamente ligados ao trauma.

É nesse sentido que Laplanche nos oferece subsídios fundamentais para entender as relações mente-corpo, no interior da psicanálise, propondo um caminho para pensar a inscrição da pulsão com base na ação do outro humano e não como derivação direta do somático no psíquico, posição que compartilho por ter me oferecido respostas para a clínica com crianças pequenas e para as patologias contemporâneas de que estamos tratando.

Há um assédio permanente da vivência traumática, entendendo por traumático nessa situação não um acidente, mas a forma em que a sexualidade foi implantada. Assim, a marca da sexualidade sempre determina um algo de traumático: o outro da sedução originária, o adulto, implanta os significantes como numa superfície psicofisiológica na qual o inconsciente ainda não está diferenciado. Sobre esses significantes recebidos passivamente operam as primeiras tentativas de tradução, sendo o reprimido originário os restos não traduzidos e que atuam como objeto-fonte da pulsão (Laplanche, 1989).

Há duas modalidades, segundo Laplanche (1992), por meio das quais a mãe introduz a sexualidade, seduz e erogeniza o pequeno sujeito, permitindo, dessa forma, a emergência do pulsional. A *implantação* corresponde ao processo comum, cotidiano, neurótico e, com este, encontramos, como sua versão violenta, a *intromissão*. Se a primeira permite ao indivíduo uma recaptura viva, ativa, da sexualidade materna, a intromissão introduz um elemento rebelde a toda formação metabolizável. A intromissão implica um excesso traumático

ESCRITOS METAPSICOLÓGICOS E CLÍNICOS   183

que deixa o psiquismo livre de uma fixação. Permanece como corpo estranho, como objeto bizarro que se re-intromete no eu, desorganizando-o, às vezes pulverizando-o, deixando-o à mercê da pura intensidade de significantes que, ainda que sexuais, não têm a marca do edípico da criança, mesmo que veicule o Édipo materno. Essa invasão provoca uma amputação funcional do ego, impedindo sua função primordial que é, segundo Freud, a de assegurar o quanto possível uma percepção unitária e relativamente constante de si mesmo, diante do mundo exterior.

O que caracteriza os significados inscritos por intromissão, pensa Silvia Bleichmar (1993), é sua impossibilidade de serem fixados a algum sistema pelo recalcamento, mesmo que este seja eficiente para outros elementos no aparelho psíquico. Pela violência com a qual a sexualidade foi implantada, impede-se a formação de vias de escoamento e derivação e são deixadas as janelas pelas quais essas representações avançam de forma desligada.

Os impulsos sexuais arcaicos próprios da primeira infância adquirem uma dimensão vertiginosa e aterrorizante – o corpo e o ser da criança foram suporte de um investimento abusivo que se torna impossível de metabolizar e simbolizar. Há uma acumulação de energia que não encontra representação que lhe sirva de lastro. Aquilo que não foi suficientemente traduzido, decomposto e recomposto pela mãe em outras configurações passíveis de serem apreendidas, encontra impossibilidade de derivação para o campo do fantasma. A sexualidade assim transmitida cria elementos sádicos e temores fusionais que permanecem desligados. Há aqui, portanto, outra forma de entendimento para aquilo que na teoria kleiniana seria explicado como um aumento da pulsão de morte considerada como inata. É na relação com o outro primordial que se origina a patologia do arcaico e a fundação do sujeito psíquico. É a mãe que – por uma falha em sua própria sexualidade, de elementos que nela própria resistiram ao processo de elaboração – transmite esses mesmos elementos sem mediação para a criança, provocando uma tendência à repetição em ato do não elaborado. Por uma falha no processo de elaboração, o qual se transmite transgeracionalmente, retorna no arcaico algo do indizível.

Esse esforço teórico nos serve para repensar o nível de efetividade na cura de condutas que não configuram verdadeiros sintomas. Tentar dar sentidos para esses medos, que não são substituição de nada – e sim a presença atual da angústia mesma –, pareceria inútil. Por essa razão é que pensamos na possibilidade de restaurar a situação originária na cura, para que, como sugere Laplanche, seja possível nos enfrentarmos novamente com os primeiros enigmas da sedução originária, abrindo caminho para a possibilidade de realizar novas ligações, para, na verdade, criar algo novo onde faltou palavra.

Diante desses pacientes, portanto, parece infrutífera a tarefa de querer interpretar sentidos reprimidos existentes, como seria a tarefa habitual nas neuroses. É necessário que o terapeuta ofereça um aspecto ligador de sustentação. É necessário que se possibilite uma recomposição produtiva a partir de um *ensemble* que integre esses elementos que se filtram pelos buracos, produzidos pelo afinamento da membrana, que fez fracassar em parte o recalque primário, invadindo o Eu, até que seja possível encontrar sua ligação com a representação-palavra que lhe outorgue um sentido que talvez nunca tenha tido.

Tudo isso marcado e sustentado pela força da transferência.

9.

FRANCIS BACON E O PÂNICO: UM ESTUDO SOBRE O RECALCAMENTO PRIMÁRIO[1]

Desejo iniciar estas reflexões lembrando as palavras de Freud em "Luto e melancolia" (1917): "...a melancolia, cuja definição conceitual é flutuante ainda na psiquiatria descritiva, se apresenta em múltiplas formas clínicas, cuja síntese em uma unidade não parece certificada" (p. 241).

Aqui, Freud nos alerta, uma vez mais, sobre a necessidade de tratar os fenômenos clínicos com todo o cuidado, conservando a complexidade que lhes é própria, desistindo de aprisioná-los em uma nosografia totalizante. Conservando esse espírito, inclino-me a pensar que o pânico aparece como manifestação clínica em quadros diversos e com origens diferentes.

Em outro texto (Sigal, 1997, p. 73-82) abordo a questão do pânico em um diálogo com a psiquiatria. Os esforços nesse texto estão dirigidos para a compreensão de por que certos fenômenos que a psiquiatria descreve como condutas de ordem puramente biológicas – como condutas sem história – podem ter outro estatuto a partir de uma escuta mais apurada que torna, então,

---

[1] Publicado originalmente em *A clínica conta histórias*, organizado por Lucía Barbero Fuks & Flávio Carvalho Ferraz (São Paulo: Escuta, 2000, p. 217-230).

visíveis cadeias associativas que encobrem/revelam a situação de origem. O pânico nesses casos aparece como um sintoma propriamente dito, onde o que se evidencia é alguma situação ligada a elementos recalcados secundariamente, enlaçados ao complexo edipiano.

Minha tentativa, então, é a de adentrar a metapsicologia, pensando não mais nos casos em que o pânico aparece como produto do momento agudo de uma fobia, constituindo uma neurose histérica ou uma psiconeurose, mas, sim, nos casos em que o pânico aparece, como o descreve a psiquiatria, como uma série de fenômenos físicos sem uma ligação específica a algum acontecimento que os justifique, impedindo-nos de reconhecê-los como fazendo parte de uma inscrição significativa na vida do sujeito. Esses fenômenos seriam manifestações no corpo, aparentemente fora de toda rede de significação.

Minha hipótese, com base na clínica com alguns pacientes que sofrem de pânico, é que a aparição desses signos somáticos é produto de uma invasão no eu de elementos arcaicos inscritos na psique, que se presentificam como corpos estranhos sem possibilidade de tradução devido a um fracasso do recalque primário que deveria tê-los sepultado definitivamente.

Tal como Freud menciona na "Carta 52" (1896) a Fliess, de 6 de dezembro de 1896, porque fracassaram em sua possibilidade de ligação, esses elementos não favorecem ou facilitam a aparição da angústia sinal, irrompendo como energia não ligada e determinando, assim, um colapso do eu, acompanhado de descargas neurofisiológicas e distúrbios na representação. Em outras palavras, dá-se um desamparo do eu em face da invasão pulsional, um reencontro com o objeto-fonte da pulsão.

Entendemos que o objeto-fonte é decorrente da marca mnêmica depositada pela sexualidade pulsante da mãe. Na concepção de Laplanche, a criança recebe da mãe uma mensagem que apenas veicula energia, um *quantum* de excitação impossível de ser dominado pela compreensão da criança, mensagem sobre a qual se impõe um trabalho de simbolização, de tradução. Os restos não traduzidos são inconscientes e são esses os que correspondem ao "objeto-fonte da pulsão".

Aventuro-me nesta análise porque entendo ser de fundamental importância ressituar na metapsicologia o estatuto da pulsão. A psicanálise avança por momentos na direção de uma dessexualização do infantil, mas também na direção de uma "despulsionalização" da teoria.

Diversas publicações (Cartocci, 1999; Pereira, 1997) vêm abordando o tema do pânico do ponto de vista do desamparo, seja do desamparo perante a falha materna em prover um *holding* adequado (Winnicott), seja do desamparo como horizonte insuperável da vida psíquica, que deixa transparecer uma falta fundamental, irremediável e intratável, implicação necessária da linguagem uma vez que esta não tem a capacidade de dizer a última palavra sobre a verdade do ser (Lacan). Ambas as abordagens parecem ser interessantes, não obstante tentarei sugerir mais uma ideia nesse vasto caleidoscópio que apresenta nossa disciplina. Tratarei de focalizar a ideia do desamparo frente a uma invasão pulsional, a qual produz momentos de falência do aparelho psíquico.

Para introduzir o tema irei me valer de uma experiência estética, uma vez que foi em um encontro com Francis Bacon, em uma retrospectiva de sua obra, que as primeiras ideias vieram à tona. Observando a obra do pintor, em contato com a perplexidade que me produzia o impacto estético pelo uso da cor e da forma, uma ideia me assaltava: "aqui se vê mais do que pode ser visto", ou "aqui se vê mais do que pode ser dito, do que pode ser posto em palavras". Entendo que o pintor vê mais e nos faz ver mais, ou seja, estamos aqui perante uma forma de expressão em que as palavras não conseguem capturar tudo o que a imagem pode nos transmitir.

Diria que na obra de Bacon há mais *representação-coisa* e que lhe falta *representação-palavra,* como se falássemos de diferentes momentos da constituição do aparelho psíquico. Diante da tela pensava, sentia, que tal obra é pura sensação, que faz emergir algo do irrepresentável, algo que só o artista é capaz de capturar. Ao mesmo tempo que aparece a superfície da pele, aparecem a carne, as vísceras, o osso, o buraco, o rosto e os rostos, a morte e a sexualidade. Há um adelgaçamento que se apresenta na ausência das diferentes membranas que definiriam os distintos territórios.

Em Bacon, a carne é um tema que insiste em um real do corpo quase impossível de simbolizar — a carne como Eros e Tânatos, como sexualidade, sensualidade e morte. A carne como reses de bois mortos, a carne dos amantes entrelaçados em um só corpo, que tem algo de humano e de animal na mesma forma.

Os deslizamentos entre os rostos humanos e as figuras de animais fazem que um possa substituir o outro em um movimento imperceptível de transformação que nos surpreende e nos pega desprevenidos. Essa sensação de algo que se transforma sem fronteira pode levar-nos da sensualidade ao horror.

Algo que aparece como pura presença nos conduz às origens das primeiras marcas onde o inconsciente ainda não está constituído como sistema. Há algo de brutal e refinado que permanentemente se troca entre um e outro, até o infinito, dado pela ideia de movimento que imprime na tela. Por momentos, a pintura de Bacon nos parece como uma janela sobre o inconsciente – esse inconsciente arcaico, originário, não constituído pelo recalque secundário, mas pelas marcas primeiras, traços na tela, atemporais, não ordenados segundo uma lógica do tempo-espaço, como se daria no processo secundário.

Ao referir-se a algumas imagens de Bacon, Deleuze (s/d) afirma que "o contorno é como uma membrana percorrido por uma dupla mudança; qualquer coisa muda de um sentido para outro sentido. A pintura não tem nada a narrar, nenhuma história a contar. Ela acontece sendo ela mesma a coisa" (p. 15).

Tal descrição me remete ao conceito freudiano de *representação de coisa*. Em outra passagem, logo a seguir, o autor continua: "presença, presença é a primeira palavra que advém frente à obra de Bacon, a presença ou a insistência. Presença interminável" (p. 36). A presença se faz insistência interminável porque essa membrana tênue apresenta pontos onde se dilui, onde o recalque que sela, que fixa os representantes pulsionais ao inconsciente impedindo sua saída e possibilitando que apareça algo da pura marca, fracassa.

É importante que, neste ponto, possamos rever certas elaborações para entrar em um tema tão polêmico, que ocupa grande parte das preocupações teóricas atuais, o conceito de signo de percepção, traço, inscrição e representação. Lembremos que na "Carta 52" (1896), na qual Freud teoriza sobre as primeiras inscrições, ele diz que de tempos em tempos o material preexistente sofre um reordenamento segundo novos nexos, isto é, uma retranscrição do material preexistente. Freud observa que, na fase inicial, a percepção é ligada à consciência. Entretanto, enquanto não há permanência de traço, não há registro de memória. O signo de percepção (Wz) pertence à consciência. Quando se transforma em traço, como marca mnêmica, corresponde ao inconsciente. No entanto, memória e percepção se excluem. Nesse primeiro registro dos traços, decorrentes dos signos de percepção, os nexos são de simultaneidade e incapazes de chegar à consciência. Por trás do sistema perceptivo, Freud supôs a existência de sistemas mnêmicos que transformam as percepções passageiras em traços de memória permanentes (representação-coisa). Há, então, uma segunda retranscrição, inconsciente, ordenada talvez segundo nexos causais, sendo somente na terceira retranscrição que se ligam à representação-palavra – que corresponde ao nosso ego oficial e que é pré-consciente. Esses traços da "representação-palavra" poderão ser inconscientes, posteriormente, se sofrerem o efeito do recalque secundário.

Inscrição e fixação não são sinônimos, mas Freud os utiliza indistintamente, dando ao conceito de fixação, como afirma Garcia-Roza (1995), um sentido genético e ao conceito de inscrição uma referência tópica. Freud insistirá na noção de "traço" (*Spur*). Dirá que as inscrições são a forma em que os traços mnêmicos se conservam no aparelho psíquico. O traço já é uma imagem, não como reprodução do objeto, mas como representação-coisa. Serão as marcas mnêmicas que permanecerão como efeito da impressão. Os traços têm uma inscrição em diversos sistemas e não são estáticos. Eles facilitam os caminhos tomados pelo fluxo de excitação nesse aparelho de memória. A memória e os traços mnêmicos não pertencem ao mesmo sistema. A memória pertence ao Eu e os traços ao Inconsciente. Há uma permanente mobilidade, tanto nos investimentos quanto nas sucessivas retranscrições. Chamaremos "representação" ao investimento do traço mnêmico e "representante-representacional" ou "ideativo" (*Vorstellungreprasentanz*) ao que representa a pulsão no campo da representação.

Entendo que, uma vez que há inscrição psíquica, há algum tipo de representação, ou seja, o traço é uma imagem, mesmo que não seja de objeto, mesmo que essa não implique grande complexidade, mesmo que seja representação-coisa. Piera Aulagnier (1975) situa essas primeiras marcas caracterizando as representações como pictogramáticas e parte do inconsciente originário. Nessa fase, deve-se postular a coexistência de uma representação de afeto.

Tomando a teoria pulsional no "Projeto para uma psicologia científica" (1895) e na "Carta 52" (1896), entendemos a representação como expressão psíquica da excitação somática. Apesar das mudanças vemos que a teoria das inscrições continua vigente em 1937 em "Construções em análise". Sua proximidade com o soma poderia confundi-la com a pura sensação ou intensidade, mas postulamos que para a representação pertencer ao "sistema *psi*" é preciso que se processe a passagem por algum tipo de comutador que a transforme em um outro tipo de produto passível de ser integrado ao novo sistema. Se insistirmos na ideia de que esses processos são da ordem do somático, que lugar daremos ao representante psíquico? Como poderia um psicanalista trabalhar com tais processos? No entanto, pensamos que se trata de pequenos fragmentos inscritos no aparelho psíquico, que se ligam por continuidade ou contiguidade, e que só *a posteriori*, a partir de elementos mais complexos, é que constituirão uma cena. Quando isso acontece, estamos na presença do fantasma. As representações inconscientes encontram-se dispostas em forma de fantasmas, cenários imaginários, aos quais a pulsão se fixa, transformando-se em verdadeiras cenificações do desejo.

No caso do pânico, seriam as marcas ou representações muito primitivas, próximas da pura sensação que, ainda não integradas em sistemas mais complexos, emergiriam no eu como corpos estranhos, aludindo a algo referido como angústia automática. São esses restos que não encontraram tradução, ou seja, os restos não ligados, aqueles que não encontraram

Escritos Metapsicológicos e Clínicos 195

retranscrição até se ligarem com a representação-palavra, que farão parte desse recalcado originário.

Laplanche (1978) manifestou sua preocupação, insistindo nas colocações que Freud faz no final de "O inconsciente" (1915), em relação a essas inscrições primeiras e as definiu como *representação–coisa* e não *de* coisa (*Sachvorstellung*) (p. 103). Para acentuar que nesse estágio não há diferenciação entre a coisa e sua representação, diz que toda a referência à coisa mesma se perdeu. São esses fragmentos de representações – marcas com grande intensidade emocional, traumáticas, inscritas no inconsciente originário – os que, por uma falha no recalque, emergem. Isso permite a presença de algo que deveria permanecer oculto, afastado da consciência, já que não tem possibilidade de derivação adequada. É a qualidade da representação – tão primitiva, tão próxima da sensação – e sua intensidade próxima ao afeto puro que impedem a atuação da angústia sinal que anteciparia ao ego algo a respeito do risco de falência. Lembremos que, no originário, a representação do afeto e o afeto da representação são indissociáveis. Se já houvesse uma ligação com a palavra, seria possível fazer uma derivação bem-sucedida dessa pulsão, seria possível um deslocamento que afastasse o temido, em um movimento metonímico ou metafórico constituindo sintoma.

Pelo contrário, essa situação nos põe em contato com a angústia catastrófica do não-ligado, algo que escoa por um buraco, algo que escapa, uma vez que aquela marca que tem inscrição primeva aparece por meio de uma falha no recalcamento primário, como nas telas de Bacon, em transformação contínua, uma vez que os sucessivos diques que implicariam esforços de tradução estão ausentes. A presença simultânea na tela da pele e dos ossos, da carne e das vísceras se presentifica pelo não-sentido e nos invade como se fosse pura sensação e intensidade. Perde-se a espessura e tudo se faz presente em uníssono. O arcaico se faz atual.

Um fragmento clínico que se tem repetido com frequência em diversos pacientes tomados pelo pânico chamou-me a atenção. Sendo impossível, em um primeiro momento, encontrar referências para os sintomas físicos ao mesmo tempo que o paciente insistia não ter conteúdos associados às sensações, alegando não ter imagens que lhe permitissem estabelecer significações, começam a aparecer, partindo de uma palavra oferecida, rápidas imagens regressivas que passam quase sem ter registro, sem nexo, justapostas, como nas telas de Bacon. O paciente relata que foi informado de que o filho está com uma febre banal. Tempo depois, começa a ter tremores, taquicardia, suor e sensações epigástricas, com a certeza de que estava sofrendo um ataque cardíaco e de que poderia morrer. Quando foi possível fazer uma reconstrução que lhe trazia elementos para poder simbolizar, a *tela-paciente* se montava da seguinte forma: diante de uma febre leve do filho aparece, em um mesmo plano, febre, meningite, fracasso médico, doença, morte, flores, o pequeno caixão, enterro do corpo do filho no frio da terra, à noite, escuro, a chuva sobre o cadáver, putrefação, palpitações, suores, cheiros de morte. Pânico, pânico no corpo-mente, pelo que não podia ser pensado, mas aparecia como presença. Tudo se fazia presente como numa única cena no momento em que, em uma virada imperceptível da membrana que se afina até desaparecer, se presentifica aquilo que deveria ficar reprimido. Há sempre um sentimento catastrófico. Morte como aniquilamento por uma invasão pulsional que avança desligada.

Emerge algo de um traumático que, independentemente do conteúdo, deixava o paciente à mercê do mundo pulsional, quase como da forma em que ele se dá nos primórdios, quase no limite entre o físico e o psíquico, sem proteção possível. É interessante destacar que o primeiro a aparecer são os signos somáticos. As associações são produto de um árduo trabalho, construídas *a posteriori*.

A partir de certo momento já não se encontravam as palavras. Apenas imagens sobrepostas sem fronteiras emergiam, e essas se traduziam em sensação corporal. Imagens que, sem responder a lógica alguma, insistem provocando efeitos de suor, taquicardia, angústia incontornável — marcas que evocavam a sensação. Algo que deveria permanecer reprimido acabou avançando desligado e vazando, sem que fosse possível criar uma formação de compromisso que desse origem ao que chamaríamos de um sintoma clássico que mediasse entre o inconsciente e o eu.

O terror, de acordo com Silvia Bleichmar (1993), "não remete à castração, mas põe em jogo elementos de aniquilamento que são a própria representação possível da morte no inconsciente" (p. 193). O sujeito confronta-se com o desamparo; morte não como nirvana, mas como pulsão desligada.

No *Retrato de George Dyer andando em bicicleta* (1966)[2] podemos ver a força do movimento e a transparência da figura que no retrato nos mostra muito mais do que os olhos nos permitiriam ver: camadas sucessivas, superfícies diferentes com profundidades diversas em um mesmo plano – roupa, pele, ossos, estrutura da bicicleta sobreposta à estrutura do esqueleto. O destaque de um olho que olha para dentro de si próprio e para o outro.

Lógica do processo primário, no qual, como afirma Freud no capítulo VII de "A interpretação dos sonhos" (1900), o tempo advém do espaço e os sistemas têm um ordenamento por simultaneidade que constitui espacialidade. O inconsciente mesmo não lembra. As marcas mnêmicas são, e ponto. Quando elas se presentificam todas de uma vez significa que algo que deveria ter selado o recalque primário não aconteceu com sucesso total. No entanto, desejo destacar que são falhas e não a ausência desse "algo" na instauração do recalque primário porque, se assim o fosse, estaríamos na presença de uma psicose (Cordié, 1984).

Na obra de Bacon são produzidos processos de investimentos que fluem sem cessar. Não estamos procurando o osso, porém o vemos. As coisas aparecem sem que nós as procuremos, nos assaltam. O recalque secundário, que possibilitaria uma descarga na forma de uma formação de compromisso,

---

[2] *Portrait of George Dyer Riding a Bicycle*, 1966. Oill on canvas; 78 x 58 inches, Ernest Beyeler, Basel. Reprodução em *Francis Bacon*, Lawrence Gowing e Sam Hunter (1989). Smithsonian Institution, Washington, D.C.

também falha. É nesse sentido que entendo que o conceito de sintoma como formação do inconsciente não chega a dar conta do fenômeno do pânico ao qual me refiro neste caso. Inclino-me a pensar que nos sintomas clássicos, tal como a psicanálise os caracteriza, estamos na presença de falhas no recalque secundário, e nos fenômenos como o pânico estamos perante *defeitos* no recalque primário. O pânico, nesses casos, aparece como um fracasso na possibilidade de constituir uma fobia, de desenvolver um mecanismo evitativo do temido. Pelo contrário, haveria um efeito regressivo: o de ser sugado por algum elemento do inconsciente originário que opera como um ímã e que, por sua vez, emerge, avança, uma vez que o recalque primário apresenta falhas. Como nas telas de Bacon, a regressão e a progressão se confundem em um movimento único.

Com frequência, além dos efeitos do recalque, pensamos também nas formações do inconsciente, como os chistes, os lapsos, os sintomas e os sonhos, através das quais o recalcado tenta se fazer consciente, como forma de retorno do reprimido. Hoje estamos pensando acerca dos efeitos que certas *representações desligadas* produzem. Representações que perderam toda a referência com a *coisa mesma* porque são *a coisa mesma* e que invadem a consciência sem a possibilidade de que sejam colocados diques, ou seja, sem que se efetuem os recalques necessários. Uma ligação que não se produz opera como traumática e atua provocando efeitos diretos de descarga no corpo, como se vê no exemplo que citei previamente. Assim é que estamos revendo a psicopatologia, aprofundando conceitos metapsicológicos e mecanismos que estão sendo mais estudados hoje em dia. Recusa, negação, forclusão, recalque primário merecem novas abordagens.

O recalque não é somente um mecanismo a partir do qual se marca o empobrecimento do sujeito por meio da subtração de algo da consciência e que desfalca o eu. O recalque é também um mecanismo estabilizante e estruturante do psiquismo. Estabilizante porque permite manter um certo equilíbrio ao evitar a emergência de conteúdos inaceitáveis, seja pela impossibilidade de ligá-los, a partir da perspectiva da primeira tópica, seja como resultado do recalque por instâncias superiores, a partir da segunda tópica. Caso o recalque não operasse, poria em risco a integridade do aparelho psíquico. O recalque é também estruturante e fundante do inconsciente, uma vez que permite uma organização, uma clivagem anterior à qual não havia inconsciente. Laplanche (1978, p. 88) diz: "Estado sem inconsciente do qual uma parte de nossa primeira infância poderia dar alguma referência".

O recalque originário deve, então, ser compreendido como uma clivagem inicial que cria a distinção tópica (Laplanche, 1978), gera um *topos* para essas representações que deveriam permanecer para sempre alheias ao sujeito. Ao mesmo tempo que reprime, inaugura a divisão consciente-inconsciente (p. 87). É em um só e mesmo ato – o recalcamento originário – que a pulsão se fixa em um representante e o inconsciente se constitui. Produz-se uma fixação da pulsão a uma representação e a partir daí o representante em questão permanece inalterado, comportando-se *como se* fosse recalcado. Entretanto, não há ainda recalcado, porque não há a divisão entre sistemas. Esse primeiro momento passivo do recalque corresponde à implantação dos objetos-fonte da pulsão, inscritos em um estatuto de espera. O segundo momento corresponde à tentativa que a criança faz de ligar essas representações. Nesse segundo momento, há uma reativação dos significantes que se transformam em atacantes internos e que a criança deve tentar ligar. O fracasso dessa tentativa, que se bem-sucedida derivaria nas teorias sexuais infantis, faz que representações-coisa permaneçam isoladas, fora de comunicação e de significação. Produz-se uma falha na membrana que opera como contenção e algo que faz parte desse inconsciente arcaico aparece, não mais a partir de um sentido, mas de uma emergência ou presença. Isso possibilita que se veja o que não deveria ser visto.

É importante assinalar que Freud trata de encontrar, de modo preciso, a marca desses *acontecimentos primeiros*, mesmo sabendo que eles, por definição, são inacessíveis e só se manifestam a partir do recalcamento secundário. Para que o recalque secundário se instale, é necessária a existência desses conteúdos recalcados primários que atuam como um ímã, que atraem ou sugam os conteúdos posteriores para serem submetidos ao recalque. Nessa medida, o recalque originário é a primeira inscrição e a primeira fixação. Essas primeiras marcas, anteriores à formação dos sistemas, já podem ter a conotação descritiva de inconsciente, mas não pertencem a ele como sistema, não pertencem ao Isso. Como insiste Silvia Bleichmar (1993) no decorrer de sua obra, os tempos do recalcamento primário são os tempos do sepultamento do autoerótico. Os tempos do recalcamento secundário são os tempos do sepultamento do edípico, através do qual seriam instaladas as instâncias ideais encarregadas de selar a saída do inconsciente. Diferentemente do recalque secundário, no qual a representação já foi alguma vez consciente e depois reprimida, no recalque primário esta nunca foi consciente. O recalcamento secundário tem de consolidar o originário para que esse se estabeleça verdadeiramente.

Podemos dizer, então, que a emergência desses conteúdos que aparecem no pânico são possíveis porque há processos que falham em determinado momento. Em primeiro lugar, pode ser uma falência do contrainvestimento que, como sabemos, é o único mecanismo que Freud (1915), em "O inconsciente", encontra como explicação para o recalque primário (p. 178). Esse contrainvestimento representa um gasto constante de energia que garante sua permanência. Em segundo lugar, é possível que tenha acontecido um déficit nos mecanismos que selam esse recalque, por conta do recalcamento secundário.

Freud afirma, ainda nesse trabalho, que é plausível que as causas que produzem os recalcamentos originários sejam fatores quantitativos com uma excessiva força da excitação, incluindo aqui o aspecto econômico que completa sua metapsicologia. Tendo isso em mente, entendo que a causa originária desses transtornos pode estar relacionada com a forma pela qual a sexualidade foi implantada nesses bebês que hoje, adultos, são atacados pelo pânico.

Para desenvolver essa questão lembrarei, seguindo Laplanche (1978), que a sexualidade chega ao bebê implantada pelo outro dos cuidados maternos. Os significantes trazidos pelo adulto encontram-se fixados na superfície, na derme psicofisiológica de um sujeito no qual a instância inconsciente ainda não está diferenciada (p. 106). Esses significantes são recebidos passivamente e é ali onde operam os primeiros mecanismos de tradução, cujos restos são o reprimido-originário.

A mãe é quem seduz e erogeniza o pequeno sujeito implantado desse modo a pulsão; e o faz através de duas modalidades que são destacadas no pensamento de J. Laplanche: a *implantação* e a *intromissão*. A primeira pertence ao processo cotidiano e se encontra na forma em que a sexualidade se presentifica na neurose. A segunda é uma versão mais violenta do que a primeira, é uma forma pela qual a sexualidade não elaborada da mãe se faz carne no sujeito. Se a *implantação* permite uma recaptura viva, ativa, da sexualidade materna, entrando em um circuito que pode ser metabolizado pelo bebê sem deixar traumas não elaboráveis, a *intromissão* se exerce como violência que inocula um corpo estranho que permanece intocável e não é passível de elaboração. A sexualidade materna funciona como um objeto bizarro que se reintromete no eu, desorganizando-o, às vezes pulverizando-o, deixando-o à mercê da pura intensidade de significantes que não têm marca do edípico na criança, mesmo que decorra do Édipo materno, tendo em conta que não sofreu elaboração na mãe que o enjeita com uma modalidade que impede associação e encontro com outras representações que lhe permitiriam transformá-los em fantasia. Segundo Silvia Bleichmar (1993), a característica dos significados inscritos por intromissão é sua impossibilidade de serem fixados a algum sistema pelo recalcamento, mesmo que este opere em outros elementos do aparelho psíquico. Pela violência com a qual a sexualidade foi implantada, impede-se a formação de vias de escoamento e derivação, mas abrem-se janelas pelas quais essas representações avançam em uma forma desligada.

O terror que sofre o adulto, frente à violência da morte do filho, é de fato um reencontro com as sensações de morte da invasão pulsional infantil, agora projetada na criança.

Há, nas mensagens enigmáticas originárias, elementos que são simbolizáveis e outros que não o são. Esses, os não-simbo-lizáveis, retornam de um reprimido originário sem mediação, comprometendo a psique e o corpo. Entendemos que retorna na psique a representação dos estímulos originados no corpo e que alcançam o espírito, em uma exigência de trabalho do aparato psíquico como consequência de sua ligação com o cor-poral. Isso talvez explicite a grande dificuldade e ambivalência que nós temos para dar conta dos processos metapsicológicos dessas inscrições. Uma questão que se coloca como inadiável é a respeito da relação dessas especulações metapsicológicas com a clínica. O que nos diz em relação ao nosso fazer cotidiano?

Por não ser o caso típico das neuroses, nas quais trabalha-mos mais com o recalcamento secundário, nesses pacientes não funciona de forma operativa a interpretação de sentido de lembranças reprimidas. Necessitamos criar sentido. Propomos que o terapeuta possibilite uma recomposição produtiva a partir de uma rede que possibilite integrar os elementos que se filtram pelos buracos ou afinamento das membranas do recalque primário invadindo o eu. Possibilita-se assim que essas representações desligadas encontrem uma ponte que as una à representação-palavra para encontrar um sentido que nunca existiu.

Os caminhos da cura não são linearmente regressivos. Há recomposição produtora. Podemos liberar certas inscrições do isolamento e outorgar-lhes sentido, produzindo um reengendramento a partir do traumático. Onde não há história possível de ser contada, é necessário criá-la. Onde se vê demais, é necessário trabalhar com o paciente para oferecer elementos que lhe permitam elaborar e simbolizar o insuportável desse encontro com o real. A pintura que em Francis Bacon emociona e comove como transparência, em nós pode produzir terror.

10.

O ORIGINÁRIO: UM CONCEITO QUE GANHA VISIBILIDADE[1]

O conceito do originário foi retomado, nos últimos anos, por vários autores, com a intenção de ampliar e recolocar o *status* metapsicológico das primeiras inscrições (Mezan, 1995, p. 109).

Uma forma de colaborar na consolidação do campo da psicanálise consiste em revisar o estatuto teórico que dá fundamento à clínica, especialmente em um momento histórico e político difícil como o que atravessamos no fim do século XX. Isso afeta as instituições psicanalíticas e o campo da subjetividade que vem sendo foco de disputa entre o misticismo, o organicismo e o confessional.

Uma razão mais que suficiente para fazer o esforço de encarar as dificuldades que a feiticeira – como Freud se refere à metapsicologia – nos propõe é pensar que os modelos teóricos que elaboramos nos auxiliam passo a passo no fazer cotidiano. Eles são a condição necessária para que a clínica não se transforme em uma técnica ou em uma teoria do fazer.

---

[1] Publicado originalmente na revista *Percurso*, ano XV, no 30, p. 59-66, 2003.

O conceito de pulsão, de recalcamento, as identificações, a forma na qual se pensa o inconsciente, os registros do tópico, dinâmico e econômico em Freud, o originário, o primário e o secundário em Piera Aulagnier, bem como o imaginário, o simbólico e o real em Lacan, pertencem ao mundo da metapsicologia em seu sentido amplo.

Essas hipóteses teóricas que estão na base do sistema psicanalítico são as que nos permitem compreender a formação da subjetividade, assim como abordar a complexidade da constituição e do funcionamento do aparelho psíquico. Sem esses conceitos seria impossível pensar a formação e os caminhos do sintoma, a constituição das neuroses e as diversas abordagens psicopatológicas.

Para um psicanalista, a teoria é mais do que uma aventura epistemofílica. É a tentativa de resposta aos enigmas que a clínica nos coloca.

Há alguns anos, venho me interessando pela obra de Jean-Laplanche e Piera Aulagnier. Ambos trabalham o tema do originário e creio que esse conceito tem em ambos os autores elementos que dialogam entre si. Diálogo entre diferentes autores, entre diferentes psicanalistas, fundamental para romper com os feudos narcisistas, tanto teóricos quanto institucionais, que desconhecem tudo o que não é igual a si.

Piera Aulagnier formula três registros para pensar a constituição do psiquismo e especialmente a atividade de representação. Seu modelo defende a hipótese de que a atividade psíquica é constituída por três modelos de funcionamento ou três processos de metabolização: o originário, o primário e o secundário.

Jean-Laplanche dedica-se a um profundo estudo do conceito de recalcamento originário, pois é ele que cria a distinção entre pré-consciente e consciente como uma clivagem que dará origem à *tópica* e às primeiras inscrições.

Meu interesse pelo estudo do recalcamento originário decorre de uma pesquisa clínica realizada com pacientes com pânico. Esse estudo me levou a pensar que, em alguns casos, o pânico (quando não é produto de um momento agudo de uma fobia) não tem as características de um verdadeiro sintoma, que decorreria do recalcamento secundário, como manifestação de um conflito. O pânico se produziria por uma falha no recalque originário, que permitiria o surgimento de elementos arcaicos, marcas primitivas inscritas "a fogo" na psique, que deveriam ficar seladas por esse recalcamento. Esses elementos, impossibilitados de associar-se a outros, seja por continuidade, seja por contiguidade, permanecem desligados sem encontrar tradução possível. Permanecem inalteráveis e a pulsão permanece a eles fixada. Sua presentificação no Eu produziria manifestações de ordem física, como taquicardia, tontura, paralisação, por não terem sido integrados ao circuito da representação-palavra, que facilitaria a via da simbolização.

No texto "Francis Bacon e o pânico" (Sigal, 2000), refiro-me à psicopatologia do pânico, utilizando metaforicamente as telas de Francis Bacon. Em outro trabalho (Sigal, 2001, p. 112), faço referência ao arcaico nas patologias contemporâneas.

Neste, pretendo esclarecer melhor o papel do recalcamento originário na fundação do psiquismo, situando esse conceito na obra de Laplanche.

Mas, por que Laplanche?

Laplanche é sem dúvida um psicanalista que faz trabalhar os conceitos freudianos, força-os ao máximo, confronta suas contradições, não se amedronta e nem se submete às palavras do mestre. Quando o convoca e o evoca, às vezes o provoca, é sempre no intuito de criar uma nova espiral que abra outros caminhos ao pensamento. Laplanche estuda Freud, mas tem também uma produção conceitual própria, que o transforma em um dos grandes psicanalistas de nosso tempo.

Discute com Freud e Lacan, debate e recupera Melanie Klein. É rigoroso em suas colocações e ameno em suas exposições. Conhece em profundidade a obra dos seus contemporâneos. Posiciona-se claramente perante o conteúdo sexual do inconsciente, retoma a via da sedução, que, a seu critério, é abandonada e recalcada pelo próprio Freud em sua obra e desenvolve a teoria da sedução generalizada e dos significantes enigmáticos a fim de retomar a prioridade do outro na fundação do inconsciente.

Recusa-se a pensar que a criança parte de uma sexualidade já dada como algo inato, questionando nesse ponto o pensamento kleiniano, e nos propõe formas alternativas para superar a dicotomia corpo-mente na fundação do psiquismo. Sem negar a ancoragem da pulsão no corpo, reforça a prioridade do outro, do adulto, na sua fundação.

Em um trabalho recente (Laplanche, 2000), afirma que "o sexual tem sua fonte na própria fantasia, certamente implantada no corpo". Afirma também que

> a pulsão não é mais psíquica do que o instinto. A diferença não se dá entre o somático e o psíquico, mas entre uma parte inata, atávica e endógena, o instinto, e outra parte adquirida e epigenética, a pulsão, mas não por isso menos ancorada no corpo.

A partir disso, vemos que recusa a ideia de uma linha demarcatória entre o autoconservativo e o sexual, afirmando que ambos possuem componentes somáticos e psíquicos.

Laplanche também questiona a posição de que o inconsciente é diretamente o discurso do outro, ou o desejo do outro. O inconsciente é, para ele, o resultado de um metabolismo que leva consigo composição e decomposição. Há entre o inconsciente materno e o inconsciente da criança em vias de constituição um processo que Laplanche chama de desqualificação. O que nos diz é que "entre o comportamento-desejo-discurso da mãe e a representação inconsciente da criança não há continuidade nem simples interiorização". Há um processo de metabolização que, como na biologia, transforma o incorporado em outra coisa (Laplanche, 1978, p. 130).

Grande parte de sua obra é dedicada a estudar o que ele chamará de "situação originária", relação na qual a criança recebe do adulto mensagens carregadas de conteúdo sexual inconsciente. A questão das origens adquire uma proporção relevante que o leva a estudar a fundação do mundo pulsional, já que não quer se utilizar do fácil recurso das origens míticas para encontrar os pontos de fundação do sujeito psíquico. A ideia de fantasias originárias filogeneticamente herdadas, núcleo do inconsciente originário, como preconizado em Freud, será revista à luz do recalque originário.[2]

Quando deparamos com o conceito de originário, perguntamo-nos por aquilo que está nas origens. Origens como fundamento, origens como alicerce, não necessariamente como aquilo que é primeiro.

Os termos *originário* e *primário* poderiam levar a engano se tentássemos introduzir a variável de uma temporalidade linear na compreensão dos fenômenos psíquicos. Em várias passagens de sua obra, Laplanche trabalha a ideia de originário e primário no intuito de diferenciar o pensar psicanalítico da psicologia do desenvolvimento em função de duas concepções diversas de tempo.

No texto freudiano com frequência encontramos alusões às origens, bem como ao primário: processo primário, narcisismo primário, sedução originária, recalcamento primário,

---

[2] Deve-se levar em conta que Freud se debateu com a questão das fantasias originárias. Em "O Homem dos Lobos", afirma: "As cenas de observação do comércio sexual entre os pais, de sedução na infância e de ameaça de castração (fantasias originárias) são sem dúvida de um patrimônio herdado, herança filogenética, mas também podem ser aquisição do vivenciar infantil".

cena primária, fantasias originárias. Primário e originário se entrecruzam, se sobrepõem, se confundem. Percorrendo a obra freudiana, em distintos momentos, Laplanche aponta para a necessidade de revisar essa posição, esclarecendo os termos, remetendo-se aos fundamentos mesmos da construção teórica e clínica da psicanálise.

Se tomarmos o exemplo dos processos primário e secundário, veremos que têm formas de funcionamento independentes: o que importa no processo primário não é o fato de "estar antes". Não é sua pretensão encontrar no pensamento primário a raiz daquilo que se constitui no processo secundário. Ambos têm uma lógica e uma racionalidade diferentes. Laplanche quer desvincular do processo secundário o conceito evolutivo de adaptação superior, bem como a existência de uma hierarquia. Não há uma concepção diacrônica dos processos no sentido de etapas sucessivas; Laplanche os concebe como duas modalidades de funcionamento coexistentes de modo simultâneo, ou seja, uma concepção sincrônica.

Freud, em alguns textos, como em *Formulações sobre os dois princípios do funcionamento mental* (v. 12, p. 224), radicaliza ao apresentar uma ideia de sequência, posição criticada por Laplanche. Nesse texto, Freud fala do processo primário (prazer-desprazer) como primeiro, enfatizando a introdução posterior de uma nova atividade psíquica, o princípio da realidade. Laplanche, no entanto, reforça a ideia de que o primário pode se transformar em precondição da existência de um segundo tempo que funda o primeiro.

Não há dúvida de que essa ideia já se encontra em Freud, que pode ser observada no caso Emma (Freud, 1895, p. 400-403); no entanto são as oscilações em seu pensamento que abrem brechas que nos levam a questionar como se constitui esse inconsciente primário ou originário.

Pode ser esclarecedor para pensar essa questão rever o caminho da estruturação do sintoma, no qual a cena primeira, em si mesma, não é traumática. Transforma-se em primeira cena traumática apenas a partir da existência de uma segunda cena, que lhe confere por ressignificação um sentido novo. Ressignifica e funda, transformando-a em primeira.

Vemos a necessidade, portanto, de descentrar a ideia do fundante da ideia do que vem primeiro, pensando no modelo de uma espiral e não no sentido de um contínuo unidirecional. O tempo da psicanálise é o tempo do *après-coup*, da ressignificação, é o tempo de um segundo tempo que dá significado e sentido ao primeiro.

Na obra de Laplanche, podemos dizer que o originário é algo que transcende o tempo, mas que repousa e se funda nele. Por essa razão, Laplanche, no trabalho de tradução e pesquisa da terminologia freudiana, retoma algumas considerações sobre o prefixo – *Ur* – que antecede em alemão a constituição destas palavras, traduzindo-o por originário. No caso específico do recalcamento primário, *Urverdrängung* em alemão, mantém essa mesma linha de pensamento e prefere traduzi-lo como recalcamento originário.

Entramos aqui em um campo complexo no qual acompanharemos o pensamento de Laplanche, tecido sobre as considerações freudianas. No caso Schreber (1911, p. 163), Freud decompõe o processo de recalque em três fases.

A primeira consiste na fixação, precursora e condição de cada recalque. É interessante destacar que inscrição e fixação não são sinônimos, e Freud os utiliza indistintamente; mas poderíamos dizer que ele dá ao conceito de fixação um sentido genético e ao de inscrição uma referência *tópica*.

A segunda fase se refere ao recalque propriamente dito: a defesa, nesse caso o recalque secundário, empurra ou arremessa a representação incompatível para fora da consciência quando há cenas sexuais infantis, até então normais, presentes no sujeito sob a forma de lembranças inconscientes, que, por *après-coup*, adquirem uma conotação censurável.

No recalque propriamente dito, o recalcamento secundário, há mobilização de energia psíquica em direção a uma representação próxima daquela desprazerosa, esvaziando a representação desagradável e ativando uma próxima, inofensiva. Aquela representação ameaçadora se torna inativa, investindo uma outra representação a ela associada (por contiguidade ou continuidade).

A terceira fase corresponderia ao retorno do reprimido, sobre o qual não nos deteremos, já que não oferece elementos de interesse para nossa proposta.

Devemos considerar que no trabalho de 1915, "O recalque" (p. 143), Freud afirma que dificilmente seria possível que a repressão propriamente dita fosse exitosa se não existisse algo reprimido antes, pronto a recolher o repelido pelo consciente. É assim que propõe a ideia de uma repressão primordial, uma primeira fase da repressão que consiste na negação da admissão ao consciente à ação do representante psíquico da pulsão (representante-representação). Estabelece-se assim uma fixação e, desse momento em diante, o representante em questão permanece imutável e a pulsão permanece ligada a ele. Para que exista recalque propriamente dito ou recalque secundário é necessário que se tenha constituído um primeiro núcleo do recalcado. "Freud associa a experiência original do trauma à constituição desse primeiro núcleo recalcado, que posteriormente atrai outro recalcamento" (Fuks, 2000).

Cabe destacar que o único mecanismo pelo qual Freud explica esse recalque é por um processo de contrainvestimento. Nada anterior poderia exercer uma atração. Para ele o recalque originário se produz e é mantido porque se cria uma espécie de tampão, de trama fechada e coerente, tecida e apertada ao máximo, que bloqueia todas as saídas. Laplanche interpreta isso como marcas de fogo dos primeiros significantes que permanecem fixados por sua impossibilidade de tradução.

Podemos observar que a noção de recalcamento primário é quase um artifício teórico, ao qual Freud apela a fim de dar conta do recalcamento propriamente dito ou secundário. É com base nele que irá explicar a emergência das neuroses e a formação do sintoma, como regressões a uma fixação prévia.

Podemos observar que o conceito de recalque originário tem pouco espaço em sua obra para que possa ser posto como alicerce sobre o qual repousa grande parte do edifício teórico da neurose. Por essa razão nos interessa desenvolver mais profundamente a primeira fase do recalcamento em Freud, que, para Laplanche, terá um estatuto privilegiado, já que dará conta do momento de fundação do inconsciente.

Laplanche deixa claro que as representações fixadas, a que Freud se refere, seriam representações que estariam no limbo, inscritas no psiquismo, mas sem pertencer a nenhum sistema. Nesse momento da fixação ainda não haveria uma diferenciação entre consciente e inconsciente como sistema da primeira tópica. Podem, sim, ser inconscientes no sentido descritivo, como uma qualidade da inscrição. Entendemos que inconsciente como adjetivo designa a propriedade do que está fora do campo da consciência (descritivo), ao passo que inconsciente como *substantivo* designa um sistema do aparelho psíquico.

Lembremos também que a pulsão está aquém da distinção entre consciente-inconsciente. Ela jamais poderia tornar-se objeto de consciência e mesmo no inconsciente é preciso que seja representada por uma ideia (representante-ideativo).

Ao afirmarmos que não há inconsciente desde as origens e que o recalcamento é o responsável pela cisão do psiquismo, pela divisão em sistemas, podemos dizer que ao mesmo tempo que recalca, inaugura e funda o inconsciente.

O recalque originário corresponde, portanto, a uma primeira inscrição e a uma primeira fixação. A representação fixada passa a se comportar como se fosse recalcada, porque, ao se fixar, não sofre reordenamentos ou retranscrições e se comporta como se fizesse parte do inconsciente. Na verdade fica detida fora da dança, da roda dos movimentos que formaria com outros representantes novas figuras. Não tramita, não é traduzida, ligada. Permanece indisponível e, por isso, inconsciente. O sujeito ficaria bloqueado, fixado, em um duplo sentido, num momento de sua evolução libidinal e em uma lembrança que, como uma fotografia, fixa o representante pulsional (Laplanche, 1978, p. 87-88).

É preciso reforçar a ideia de que, à fixação de uma pulsão, sua representação corresponde à inscrição num sistema mnêmico, como inscrição que é inconsciente mas não é "o inconsciente". Memória e marca mnêmica não pertencem ao mesmo sistema. A primeira é patrimônio do Eu e a segunda, do Inconsciente.

Segundo Laplanche, podem-se distinguir dois tempos na teoria do recalque originário:

a) um tempo exógeno, traumático em si, no qual aparecem representações implantadas pelo mundo dos adultos. Mensagens que veiculam pura energia sexual, excitação, algo que marca, sem no momento saber-se por quê. Por excesso de gratificação, por impossibilidade de compreensão ou tramitação, por excesso de frustração? São fantasmas ou marcas sem estatuto tópico preciso; e

b) um segundo tempo no qual o traumatismo se torna autotraumático e provoca o recalcamento em si.

O recalque originário tem assim um primeiro momento passivo no qual se implantam os objetos fonte da pulsão, inscritos em um estatuto de espera, e um segundo momento, que corresponde à tentativa que a criança faz de ligar essas representações. Momento esse que pode se tornar autotraumático e provocar a fixação, pela impossibilidade de tradução. O *infans* recebe da mãe mensagens que apenas veiculam energia, um *quantum* de excitação incapaz de ser dominado pela compreensão – tanto da mãe quanto da criança, sobre a qual se impõe um trabalho de simbolização, de tradução.

O outro da sedução originária implanta esses significantes, que permanecem fixados como na superfície, na derme psicofisiológica de um sujeito no qual a instância inconsciente não está ainda diferenciada. É sobre esses significantes recebidos passivamente que se operam as primeiras tentativas de tradução. Os restos não traduzidos, fixados, formam parte do recalcado originário.

São esses restos não traduzidos que correspondem ao objeto fonte da pulsão. A sexualidade materna, a sedução, os significantes enigmáticos tornar-se-ão internos e se transformarão em fontes autônomas de excitação, de pulsão. Em um segundo momento, o recalcamento originário define essas fixações e gera um *topos* para essas representações que permanecerão para sempre alheias ao sujeito.

Minha hipótese sobre a patologia do pânico questiona o fato de que permaneçam para sempre alheias. O que se postula é que elas possam escoar mesmo sem tradução, como elementos não ligados. Aparecem como significantes-dessignificados, motivo pelo qual a interpretação do analista não opera do mesmo modo que operaria num sintoma, produto do recalcamento secundário. Nesses casos é necessário possibilitar uma construção para que a representação-coisa possa entrar no circuito da representação-palavra.

É necessário destacar que as representações-coisa não representam uma coisa, não são representação da coisa, mas são elas mesmas a coisa. Organizam-se no inconsciente originário por simultaneidade ou contiguidade, sem constituir tramas significantes. Só nas transcrições sucessivas é que se constituem novos reordenamentos, segundo outros tipos de articulação, configurando fantasmas, verdadeiras encenações do desejo, ou teorias sexuais infantis.

No primeiro contato com esse conceito, justamente por se nomear recalcamento originário, pareceria tratar-se de um processo que se produz só no começo da vida, nos primeiros meses; mas não é bem assim. Há representações que darão conta de uma boa parte da infância, sobre a qual poderíamos falar de um estado sem inconsciente, e o recalque originário produziria a clivagem *a posteriori* que funda o sistema. Radicalizando, Laplanche irá afirmar que o recalque originário não é mais que o momento primeiro e fundante de um processo que dura a vida toda.

Ao pensarmos no "Homem dos lobos" (Freud, 1918), veremos que a primeira cena, à qual se tem acesso apenas por reconstrução, data de um ano e meio de vida. Elementos dessa cena ficaram gravados, fixados, sem uma localização *tópica*. Para sermos mais precisos, poderíamos dizer que estímulos provenientes dessa cena, fragmentos, sons, cheiros, ruídos, palavras, visões, ficaram inscritos; alguns conseguiram ser derivados, ligados a outras representações, outros ficaram fora de toda rede de significação.

Não poderíamos dizer que essas representações já compõem o inconsciente como sistema da primeira *tópica*. Esse acontecimento teve registro psíquico na criança como uma excitação proveniente do adulto. Não ficou recalcado, apenas fixado, deixou sua inscrição. Uma vez que não foi possível colocá-las em uma rede associativa que lhes desse um destino, algumas delas ficaram como resto não traduzido e se transformaram em autotraumáticas, operando a partir do interior.

As primeiras inscrições são fragmentos, representações-coisa, que passam a funcionar como objeto fonte da pulsão. As próprias palavras dessignificadas atuam como representação-coisa.

Revendo o já exposto, vemos que no recalque originário não há por definição distinção entre sistemas, justamente porque ele o funda. É uma clivagem inicial que organiza uma *tópica*, condição necessária para o recalcamento secundário que está ligado aos tempos do edípico.

As mensagens enigmáticas que vêm do adulto, veiculando energia, inscrevem-se, encontrando, algumas delas, vias associativas. As inscrições não ligadas das mensagens enigmáticas serão a gênese do inconsciente, instituirão sua fundação e possibilitarão seu surgimento.

Como dizíamos no começo, ao marcar o momento fundante do inconsciente, Laplanche questiona a origem mítica do inconsciente. Em vez de se utilizar das protofantasias ou dos fantasmas originários herdados filogeneticamente para explicar a fundação do inconsciente, afirma que ele tem sua origem na história singular do sujeito, marcada pela sua relação com o outro. O que se transmite transgeneracionalmente, se faz a partir do encontro com o outro pulsante na sua sexualidade, também historicamente determinada.

Para dar vida a essas conceitualizações, Laplanche faz entrecruzamentos com outros aspectos da teoria, como a sedução e a gênese da sexualidade, na qual a aparição da pulsão é inaugurada pelo outro adulto da relação. Para ele, o objeto fonte da pulsão é decorrente da marca mnêmica depositada pela sexualidade pulsante da mãe. Estamos confrontados com o originário, que está nas origens do ser humano, nas origens fundantes de seu aparelho psíquico, de sua subjetividade.

Entre Piera Aulagnier e Laplanche. Encontros

Encontros não significam identidade. Cada autor conserva a originalidade de seu pensamento, ambos preocupados com o processo de fundação do psiquismo e com a metabolização a partir da qual o externo se faz interno. Ambos se perguntam como é esse momento de registro no psiquismo, no qual um material heterogêneo, que vem do outro adulto, passa a ocupar um lugar na representação do sujeito.

Que laços e semelhanças encontramos nos autores ao fazê-los dialogar? Que entrecruzamentos são possíveis?

Piera Aulagnier, assim como Laplanche, nos dirá que a primeira atividade de representação da criança se dá pelos efeitos originados pelo duplo encontro com o corpo e as produções da psique materna (Aulagnier, 1975, p. 31). A criança forma uma representação de si a partir dos efeitos desse encontro.

É possível estabelecer alguma relação entre essas primeiras inscrições, representações-coisa em Laplanche e o pictogramático em Piera Aulagnier?

Maria Lúcia Violante (2001), seguindo Piera Aulagnier, afirma com justiça que "a imagem da coisa corporal não é ainda aquilo que Freud denomina representação-de-coisa, obra do processo primário" (p. 23). No entanto, se utilizarmos o conceito de representação-coisa, como Laplanche faz, veremos que não estamos no campo do processo primário, motivo pelo qual se aproxima ao pictograma. O que gostaria de destacar é que Laplanche cria um novo sentido do termo representação-coisa, produzindo um deslizamento que o diferencia de Freud. Laplanche (1998) deixa claro que representação-coisa não é uma tradução mais correta de representação de coisa (*Sachvorstellung*). Nessa nova nomeação, pretende criar um contrassenso provocador no qual afirma que o elemento inconsciente não é uma representação que deve se referir a uma coisa exterior da qual seria a marca, mas que a passagem ao estatuto de inconsciente é correlativa a uma perda de referência. A representação ao tornar-se inconsciente perde seu estatuto de representação substancialmente formada por elementos visuais ou imagens mnêmicas da coisa, de acontecimentos ou de objetos como encontramos em Freud. Para Laplanche a representação perde a relação com a coisa exterior e é ela mesma a coisa. O que se instaura no inconsciente não é uma representação memorizada, são restos de certos processos de memorização; portanto, o recalcamento originário é muito mais que um esquecido.

A referência à representação-coisa em Laplanche está antes do primário, e atuará como objeto-fonte da pulsão. Haveria um estado que não se rege pelo princípio de prazer mas que seria uma precondição deste.

Para Laplanche, no inconsciente originário temos significantes clivados, traumáticos, reduzidos a seus aspectos mais excitantes. A ideia de fantasma inconsciente supõe uma organização demasiada em relação a essas imagos. Para Piera Aulagnier as fantasias pertenceriam ao registro do primário.

Enquanto o originário, em Piera Aulagnier, é o depósito do pictográfico em que continuam atuando certas representações em um estado de fixação permanente, podemos dizer que o recalcado originariamente, em Laplanche, também se refere a representações fixadas, que fundam o psiquismo antes do processo primário. A memorização do vivido infantil para Laplanche se produz *a posteriori* e pressupõe a existência de um primeiro tempo infantil, o do depósito das marcas. Piera Aulagnier é clara ao afirmar que nada poderá surgir na psique que não tenha sido metabolizado previamente em uma representação pictográfica. O originário só pode conhecer os fenômenos externos uma vez que, transformados, respondam às condições de representabilidade.

Enquanto Piera Aulagnier fala de autoengendramento, Laplanche, de autotraumático. O que entende Piera por autoengendramento?

Ao definir o pictograma, afirma que ele é a representação que a psique se dá a si mesma como atividade representante; ela se reapresenta como fonte que engendra o prazer erógeno das partes corporais. Na verdade fica perdida a diferenciação ou a separação entre dois tipos de *existentes*: não se sabe se a fonte é o corpo ou o mundo. Aquilo que se origina no outro adquire sentido para a psique no momento que adquire representabilidade, operação efetuada pelo próprio sujeito. O externo se faz interno. Não é muito difícil pensar que essas representações primitivas estão próximas ao objeto fonte da pulsão. Laplanche introduz o conceito de autotraumático para se referir ao momento em que essas representações começam a atuar por si, e aquilo que vem do exterior ganha sentido porque começa a operar com independência como fonte de energia interna. Em Laplanche são as mensagens enigmáticas que a mãe emite que serão decodificadas e cujos restos, agora significantes-dessignificados, se transformam em uma produção do próprio bebê, como resultado de um processo de metabolização.

Para Aulagnier, o sujeito jamais terá um conhecimento direto do pictograma e, para Laplanche, os restos intraduzíveis do recalque originário, que se tornaram objeto fonte da pulsão, são também inacessíveis.

Um se refere ao objeto-fonte da pulsão, outro à zona-objeto, porém ambos concordam que, nesse momento, a representação não tem a complexidade de uma cena, nem de uma fantasia.

De fato, no originário o pictograma está aquém da fantasia e muito mais distante da imagem de palavra ou representação-palavra; ele tem como material exclusivo a imagem de coisa corporal.

Marta Rezende, no trabalho intitulado "*Os destinos das mensagens* intraduzíveis", apresentado no Colóquio Internacional Jean-Laplanche, em Porto Alegre, afirmava que as fantasias inconscientes não integram o campo das representações-coisa: "as mensagens que veiculam um excesso a traduzir tendem a invadir a *tópica*, não como fantasia inconsciente, mas como mensagem do outro que perderam sua referência, tornando-se significantes dessignificados", o que a meu ver aproxima as representações-coisa do pictograma.

Entendo que quando Piera Aulagnier fala da fonte somática da representação psíquica do mundo, não está falando da origem no somático, mas da capacidade do somático ser afetado em um vínculo indissociável mundo-corpo, essência do pictograma. No mesmo sentido Laplanche reafirma que é a partir do outro que se funda o campo pulsional quando o significante enigmático se faz autotraumático e se ancora no corpo, como pura fonte de energia sexual.

Sem dúvida, Laplanche e P. Aulagnier, autores aqui revisitados, debruçam-se sobre Freud para fazer trabalhar o texto, encontrando brechas e interstícios, que permitem recriar e criar novos conceitos. Há sem dúvida nesses psicanalistas, tão ligados à clínica, uma preocupação pelos movimentos fundantes do sujeito. O sentido de estabelecer laços considerando o originário nos permite, na clínica, compreender os elementos arcaicos das patologias que ampliam o campo da neurose.

III.
SOBRE O INFANTIL E O TRABALHO CLÍNICO COM CRIANÇAS

11.

A CLÍNICA COM CRIANÇAS: UM CALDEIRÃO FERVENDO[1]

A inclusão em uma cadeia intersubjetiva que nos precede permite a referência a nossas origens como marca em que o coletivo e o singular participam de uma mesma multiplicidade. É nessa perspectiva que consideramos nossos vinte anos de Instituto Sedes Sapientiae, trabalhando seja na transmissão da psicanálise, seja na formação de analistas. Nessa experiência foi sendo criada uma clínica singular que, em parte, exibe as marcas das trocas que aqui se geraram. É assim que se constitui nossa historicidade.

Nesse processo de formação, a instituição a que pertencemos oferece-se como matriz por onde cada qual circula, apropriando-se daquilo que lhe faz sentido em sua singular construção desejante. O solo comum no qual essas construções poderão encontrar suas raízes é a leitura de Freud e dos pós-freudianos. A apropriação dos conceitos psicanalíticos, por sua vez, fará sentido tomando-se como pano de fundo nossa própria formação, no conjunto de suas vertentes política,

---

[1] Publicado originalmente na revista *Percurso*, ano X, no 20, p. 101-107, 1995.

histórica, econômica, antropológica, cultural e científica, assim como terá vital importância o lugar ocupado pela instituição no contexto social e no campo científico que permite nossa produção particular. Este artigo se debruçará sobre alguns aspectos dessa rede teórico-clínica.

Mais particularmente, o propósito deste trabalho é pensar algumas questões teóricas de fundamental importância para nos situarmos perante as mudanças com as quais, no passar dos anos, temos deparado na clínica com crianças. Como já insistimos em outras oportunidades, tais mudanças são decorrentes de novas leituras realizadas no interjogo teórico clínico presente em nossa incansável tarefa de fazer trabalhar a psicanálise.

Como resultado dessa tarefa, temas já conhecidos adquirem uma nova dimensão referencial, velhas ideias rejuvenescem ao se integrar a novas articulações, certos caminhos abertos por Freud – e que em sua obra foram apenas insinuados ou pouco trabalhados – retornam para se abrir em interessantes linhas de pensamento. Insatisfações na prática levam-nos a pesquisar e a forçar a teoria, até que esta revele os instrumentos necessários para superá-las.

Em outros termos: que novos subsídios a teoria oferece para ampliar os limites de nossa prática? Como devemos nos situar diante das ideias que determinam nosso pensar atual? Que lugar reservar para o que nos precedeu, e que por tanto tempo consolidou nossa clínica? Como nos mantermos freudianos sem ser dogmáticos, nem meros repetidores de uma letra morta?

O que deve ser resgatado e revitalizado, o que deve ser transformado, sem privar esse pensamento de seus aspectos essenciais? O que se mantém como essencial?

Penso que não devemos "queimar Melanie Klein": ao contrário, é necessário recuperá-la e fazer trabalhar suas ideias à luz dos progressos da psicanálise. Sem Lacan e suas contribuições, a psicanálise fica cerceada, mas não é em bloco que seus pensamentos se apropriam de Freud. Ele também deve ser posto a trabalhar, discutido e confrontado sem uma atitude religiosa. Também Winnicott, Dolto, Mannoni, legaram-nos preciosas heranças, sobretudo no campo da psicanálise com crianças. Como delas se apropriar sem cair no ecletismo? Ou ainda: como trabalhar certos conceitos de modo a produzir um diálogo interteórico?

Nossa ideia de base pode ser formulada como segue: assim como elementos intrapsíquicos postos em jogo no encontro intersubjetivo formam a matriz do sujeito, também as tensões intrateóricas devem ser confrontadas com outras teorias para criar um andaime consistente. Uma vez construída tal rede, diversos agenciamentos permitem-nos dispor de uma identidade em movimento e nos apropriar de certas ideias que favorecem a circulação de novos ares.

Como afirma Freud (1913b), citando Goethe: "O que herdaste de teus pais, fá-lo teu para o possuir" (p. 159). Enquanto sujeitos somos produto de uma herança e da diferença que nessa herança introduzimos. A frase sublinha a necessidade de nos constituirmos como sujeitos singulares, sem deixar de pertencer a uma cadeia intersubjetiva, da qual, entretanto, nos apropriamos ativamente. Trata-se de fazer próprio aquilo que foi transmitido, com todas as semelhanças e diferenças exigidas pela metabolização de um produto. O próprio aparelho psíquico é pensado como um aparelho destinado a interpretar, construir e criar sentido. Assim é que nos inserimos no mundo, assim é que interpretamos, construímos e criamos novas relações para teorizar. A relação entre aquilo que nos advém do campo do outro como desejo e a transformação que operamos na apropriação do nosso próprio desejo é tema de particular interesse, especialmente para dar conta de nossa clínica.

É nesse sentido que faremos aqui apelo às posições de Laplanche, pois sua metapsicologia oferece significativas contribuições para a compreensão da relação inter e intrassubjetiva na formação do inconsciente, algo especialmente pertinente quando tratamos de definir nosso lugar como analistas.

Caracterizando os andaimes, localizando nossas origens

Para melhor situar nossa concepção do processo analítico, é necessário esclarecer suas articulações com as ideias de *acontecimento* e de *história*. De fato, caso queiramos compartilhar do espírito freudiano, devemos admitir que nossa história como sujeitos é também construída. Mas nem por isso essa história deve ser considerada mero produto da imaginação.

A flutuação entre fantasia e realidade, entre interpretação e acontecimento, é uma das marcas do pensamento freudiano desde as comunicações a Fliess. É na tensão dessa polaridade que as várias teorias psicanalíticas se inscrevem: podemos lembrar que tanto o estruturalismo lacaniano quanto o inatismo kleiniano rejeitam o trabalho a partir da história. Segundo nossa perspectiva, portanto, nem a fantasia seria resultante de uma inscrição psíquica desligada do acontecimento, nem o acontecimento apenas um ponto em uma trama exógena, tecida de modo independente.

Assim, quando na análise fazemos história, nossa tentativa é avançar para além dos puros fatos objetivos, mesmo que esses sejam vistos como realidade psíquica: procuramos encontrar os fios condutores que, em transferência, possibilitam uma nova leitura de nossa história. Essa releitura pode ser descrita como uma *historicização simbolizante*, onde se coadunam tanto um determinismo ligado ao passado quanto um devir relacionado com acontecimentos reorganizadores dos processos em curso.

Pois o processo analítico não apenas possibilita uma nova versão do passado: pressupõe simultaneamente um inconsciente aberto, portanto não regido apenas pela compulsão à repetição. Ele deve ser compreendido como abertura para criação de novas ilusões para o futuro, para uma nova subjetividade. Assim, ao construir e reconstruir novas versões sobre nós mesmos, provocamos deslocamentos dos afetos, sua religação com novas representações, sua derivação para novos investimentos libidinais.

Passando para o campo mais específico da análise infantil, tanto o conceito de *historicização simbolizante* quanto a ideia de *sedução generalizada* e de *significantes enigmáticos*, propostos por Laplanche, fornecem um interessante sustentáculo teórico para a inclusão dos pais no processo analítico com crianças. Dessa forma, sempre trafegando na fronteira que oscila entre os pais reais e os pais fantasmáticos, é possível dar conta de uma importante dificuldade colocada por esse tipo de trabalho.

De um lado, a utilização do conceito de sedução generalizada permite recuperar com toda a força a herança freudiana da sexualidade infantil. Por outro, podemos compreender a recuperação do desejo do outro, através da ideia laplanchiana de "mensagens enigmáticas" que os pais transmitem como marca do desconhecimento de sua própria sexualidade. Descarta-se, dessa forma, uma concepção do inconsciente como instância resultante de uma causalidade única, que expressaria a homogeneidade desejante com a mãe, e na qual, à maneira lacaniana, também o sujeito seria visto como produção a-histórica. Ao contrário, é no modo de apropriação dos fantasmas que lhe chegam como mensagens enigmáticas que se põe em jogo a dimensão intrassubjetiva.

Como se pergunta Laplanche em "Referência ao inconsciente": "Nesta região obscura das origens e na gênese, há lugar para a constituição de um primeiro fantasma que não seria propriamente reprimido, tampouco exatamente inconsciente, e que ainda estaria destinado, em um segundo tempo, à repressão?" (1978, p. 57).

A origem do inconsciente não deve, portanto, ser buscada na biologia, nos instintos, nos fatores inatos, tampouco na estrutura ou em um referente mítico. A ideia de um inconsciente originário marcado pela repressão primária permite reformular a noção de inconsciente desde as origens, possibilitando, por exemplo, trabalhar toda a riqueza contida na concepção kleiniana de fantasias originárias, e ao mesmo tempo liberá-la de seu inatismo.

Nessa tentativa de expor os elementos teóricos que, rearticulados, oferecem-nos a possibilidade de compor uma ferramenta conceptual própria, não podemos deixar de convocar o pensamento de Winnicott, de quem tanto aprendemos. Em seu pensamento paradoxal, ao descrever a relação mãe-bebê, nos é apresentado um bebê que se alimenta de um seio por ele criado, que faz parte dele, e ao mesmo tempo uma mãe que dá leite a um bebê que faz parte dela. Desconstrói-se assim a ideia de uma separação entre as dimensões interna e externa antecedendo o encontro; desfaz-se e se supera a ideia de simbioses, se abrem as portas para refletir sobre o processo de ilusão como necessário e constitutivo da subjetividade É importante ressaltar o fato de que, atualmente, encontra-se bastante propagada uma leitura da obra winnicotiana estreitamente vinculada a uma teoria do *self*. Mas, ao contrário do que aí se afirma, Winnicott não teria dessexualizado a pulsão. É preciso fazer justiça a um autor que emprega recorrentemente termos como "um amor excitado com o corpo da mãe" (1978, p. 357), e que nunca deixou de se referir à transferência como fenômeno primordial do processo analítico.

Nessa rede de conceitos, importa ressaltar que é do *próprio encontro que a subjetividade começa a advir*, encontro que não deve absolutamente ser confundido com a interação ou união simbiótica de dois corpos. Trata-se, sim, de um campo único de experiência, onde o pulsional inaugura sua história pela inscrição dos significantes que serão a base do inconsciente. O interesse dessa conceituação é que permite definir um *topos* para a formação da subjetividade sem recorrer à ideia de separação entre dimensões interna e externa, e nos desobrigar da postulação forçada de certa estrutura que antecede ao sujeito, determinando-o inexoravelmente como sua matriz formadora. Com isso, reencontramos a perspectiva histórico-estrutural, a partir da qual os fantasmas poderão receber uma localização definitiva no campo da metapsicologia.

Singularidade *versus* especialização

Embora desejemos marcar o caráter singular do campo da clínica com crianças, é preciso diferenciar tal singularidade da ideia de uma *especialização* desse campo, e de seu inevitável correlato, ou seja, a necessidade de uma formação específica para atuar na área. Pois, nesse caso, os aspectos singulares de tal prática correriam o risco de ser universalizados, contribuindo para a transformação de toda a psicanálise em uma espécie de psicologia evolutiva.

A prática com crianças foi desvirtuada. Transformou-se em algo muito próximo de uma pedagogia ou de uma psicologia da conduta. Esse risco não é novo: nos avanços e retrocessos que se perfilam na história da psicanálise, é possível reconhecer um esquecimento crescente da própria descoberta da sexualidade. Esquecimento que levou, por exemplo, André Green a escrever um trabalho com o provocante título "Sexualidade tem algo a ver com psicanálise?" (1995, p. 217), no qual desenvolve a ideia de que o crescente realce do interacionismo e do familiarismo retira a psicanálise de seu campo específico, transformando-a em uma psicologia evolutiva. A repressão e a resistência afetariam assim o próprio analista, que acaba por dessexualizar o inconsciente. Pergunto-me se, em parte, não foi isto o que aconteceu com a leitura de Winnicott.

Importa-nos então enfatizar a ideia de sexualidade infantil. Embora esta corresponda tanto ao inconsciente dos adultos quanto ao das crianças, parece ainda subsistir na prática da psicanálise com crianças a mesma dificuldade encontrada por Freud ao assinalar o caráter de sexualidade perversa polimorfa como marca da infância. Esse conceito, como se sabe, encontrou ampla resistência por tornar evidente a inexistência da "criança inocente" tal como na época se imaginava.

O que tentaremos abordar ao descrever a formação inconsciente do nosso pequeno sujeito é a mediação do outro provido de sexualidade, atravessado por sua própria história *pulsional, edípica, singular*. Para isso é preciso retomar o caráter traumático da sexualidade, lembrando que essa história se inicia com o desvalimento infantil (*Hilflosigkeit*). Aqui a excitação recebida pela criança é traumática, tanto do ponto de vista quantitativo quanto qualitativo, pois essa energia é difícil de ser ligada. Um tempo deverá passar até que o *infans* adquira a capacidade de elaboração psíquica.

Esquecer tais determinações não só nos torna vulneráveis ao risco de fazer mera pedagogia, ameaça constante para o psicanalista de crianças, como já temos dito, como nos coloca diante da tentação de exercer, com crianças neuróticas, uma "violência primária", para usar a expressão de Piera Aulagnier (1975), confundindo nosso lugar de psicanalistas com o de pais. A ideia de nos oferecermos como modelo identificatório, de nos considerarmos "melhores" que os pais, de achar que podemos dar à criança melhores condições para sua formação, retira a psicanálise do campo do desejo inconsciente, tornando-a psicologia do eu.

Ressaltada a importância da sexualidade, que opera como pano de fundo, definiremos três eixos que, a nosso ver, marcam as características desse campo singular, que abordaremos com o método analítico: *1) A linguagem do jogo; 2) A abordagem de um aparelho psíquico em constituição; 3) O caráter múltiplo do campo transferencial, definido pela presença dos pais.*

A linguagem do jogo

Por meio do jogo, oferecemos à criança algo além de seu próprio repertório linguístico para mobilizar o espaço de cura.

Será preciso defender essa ideia, que já foi objeto de grandes polêmicas entre escolas.

Nossa posição é a favor do trabalho com brinquedos: esses objetos funcionarão como significantes portadores de sentido, compondo-se em um discurso não necessariamente verbal. Cada brinquedo tem uma carga polissêmica, que será determinada pelo modo com que for situado na sintaxe do contexto lúdico. Seu sentido irá se definir pela posição ocupada em relação aos outros significantes-brinquedos; sua relação com o que o precede e com o que se produzirá *a posteriori*. Ou seja, um brinquedo nada significa isoladamente; temos de considerá-lo na cadeia significante que lhe confere sentido.

Portanto, assinalamos que o brinquedo em si não tem um valor simbólico, como preconizam algumas escolas. Ele funciona apenas como suporte de significado, em uma função significante que permite entender o jogo como um texto. A cena lúdica pode se constituir como "a outra cena", onde as leis de deslocamento, condensação, simbolização, transformação no contrário, adquirem a mesma função que no sonho. Entretanto, na situação lúdica, reconhecemos um traço particular: os elementos do processo primário coexistem, na mesma produção, com os elementos do processo secundário. Ao lado da ausência da negação, coexistência de um mesmo elemento em espaços e tempos diversos – impossíveis na lógica do processo secundário, vigora a realidade material do brinquedo, impondo um limite à fantasia. Nem tudo pode ser representado segundo as regras do processo primário, como é possível no sonho. Assim, o espaço lúdico pode ser descrito como um lugar construído entre a criatividade primária e a percepção objetiva baseada na prova de realidade: as cenas construídas transitam no espaço intermediário entre o real e o fantasmático, ou, em outros termos, tanto as cenas lúdicas quanto as representações gráficas devem ser compreendidas como pertinentes ao espaço da *transicionalidade*.

Além disso, ao trabalharmos a utilização de brinquedos, é preciso evocar certas considerações sobre a função da linguagem na cura, e tomar posição com respeito à função da linguagem na formação do inconsciente.

Lembremos como a clássica formulação lacaniana, segundo a qual o inconsciente é estruturado como uma linguagem, foi discutida e contestada por Laplanche e Leclaire no Congresso de Bonneval, discussão registrada em seu famoso texto "O inconsciente: um estudo psicanalítico". Nessa oportunidade, eles reveem a fórmula lacaniana, afirmando: "O inconsciente é mais que uma linguagem, é a condição mesma da linguagem" (Laplanche, 1978, p. 255). E avançando nesse sentido chega-se à formulação de que "o inconsciente é como uma linguagem não estruturada" (*op. cit.*, p. 136).

É de acordo com essa concepção que baseamos nossa prática na ideia de que o inconsciente possui elementos significantes, mas que eles não são nem primários nem inevitavelmente linguísticos.

A relação entre aspectos significantes e linguagem não é, portanto, uma relação exclusiva com a linguagem verbal e estruturada. Na própria linguagem há traços não verbais, como a inflexão da voz, o estilo, a entonação, exteriores ao código semântico-sintático. A linguagem é também o gesto, e o gesto pode mudar o sentido da linguagem. Não haveria, assim, qualquer razão, quando se reflete sobre as relações entre inconsciente e linguagem, para restringir o segundo termo ao código verbal. O inconsciente utiliza, entre outros, os recursos da linguagem propriamente verbal, mas também opera com os recursos expressivos do corpo, por exemplo nos conhecidos sintomas histéricos. *O jogo é, portanto, um dizer no qual os significantes verbais podem expandir seus sentidos.*

Para compreendermos como a criança é capaz de ultrapassar a dimensão de realidade de um brinquedo, transformando-o em um significante, ou seja, dele retirando o valor prefixado que traz do exterior, é de grande valia a ideia kleiniana de valorizar os brinquedos pouco estruturados. Brinquedos desse tipo facilitam as operações metonímicas e metafóricas, por não impor um efeito de cristalização, provável no caso de objetos com forte estruturação. Se, por exemplo, oferecemos à criança vários bonecos sem grande estruturação, ela poderá nos mostrar como transforma a avó velhinha no bebê da casa, ao qual a mãe dedica sua atenção insistente, e com o qual ela, criança, compete. Ao contrário, uma família de bonecos fortemente estruturada pelas vestimentas ou pela definição de idade dificulta as operações de transformação que viabilizariam a criação de novos sentidos, sendo retidos pela força impositiva da imagem os movimentos de deslocamento e condensação. Devemos sem dúvida a Melanie Klein a descoberta do jogo em seu valor de expressão do inconsciente, e nisso ela se diferencia nitidamente das escolas americanas, onde o jogo é apenas utilizado como representativo da realidade, como seu dublê.

Tal como entendemos a psicanálise com crianças, o jogo não deve ser usado em seu valor catártico, mas como uma via de acesso ao inconsciente, que é aí representado em uma cena plástica. Propomos diferenciar o *jogo* do *brincar*. O primeiro adquire a condição de alocução, podendo tornar-se discurso com a mesma função ocupada pela associação livre na psicanálise com adultos. O segundo proporemos que seja entendido como *campo de experiência*, com alto valor criativo e de reconhecimento da realidade, que se desenvolve num espaço transicional e que é uma experiência em si mesma. Essa distinção não tem caráter axiológico; simplesmente pretende diferenciar a ideia do brincar como fazer e do jogo como linguagem. Não se pode deixar, uma vez mais, de evocar aqui os trabalhos de Winnicott, pelos sólidos elementos que fornecem para detectar a importância da função do brincar e seu valor expressivo. Ao apresentar o jogo como elemento criativo operando em um espaço transicional, ele permite a recuperação de seu valor constitutivo. Nesse sentido, pode-se afirmar que o brincar se desenrola no espaço da ilusão, espaço potencial entre a mãe e o bebê, que se reatualiza na transferência. Ao mesmo tempo sinaliza um projeto futuro, enquanto antecessor da experiência cultural. Os jogos com regras propostos pelo analista não correspondem a nenhuma dessas considerações; achamos inadequadas sua inclusão uma vez que eles impedem quaisquer das funções descritas acima, transformando facilmente a sessão em um espaço pedagógico e resistencial. Quando proposto pelas crianças no contexto da sessão (todos os analistas infantis conhecem o jogo da velha, "*stop*", forca e outras invenções), eles devem ocupar um lugar que favoreça o trabalho propriamente analítico.

Um aparelho psíquico em vias de constituição

Pensar que o aparelho psíquico das crianças encontra-se em pleno processo de constituição leva-nos a refletir sobre a necessidade de abordagens específicas diante de diferentes momentos evolutivos. Nesse sentido, é preciso ter presente a clara diferenciação entre *aparelho psíquico* e *inconsciente*. Muitos analistas, considerando que na prática da análise a passagem do tempo não conta, negam-se a pensar na particularidade dessa prática quando diante de sujeitos de diferentes idades cronológicas, tecendo suas considerações clínicas sem postular as vicissitudes do inconsciente nos diferentes momentos de sua constituição. Pensamos que, nesse ponto, é útil recuperar a ideia freudiana de *conflito*, inevitavelmente em jogo quando refletimos sobre a formação das instâncias psíquicas.

Partindo da segunda tópica, o sintoma começa a ser compreendido como produto de uma oposição de forças que se resolve em uma solução de compromisso: o desejo inconsciente, buscando realizar-se, implica perturbação e ataque à função do eu. No decorrer de sua formação, devido à importância do aspecto temporal, essas instâncias sofrem uma série de alterações. Nos sujeitos com os quais trabalhamos no contexto da psicanálise infantil, a constituição do eu e do supereu está em pleno processo; e é nessa história em movimento que abordamos o sujeito, em um momento, portanto, em que o inconsciente ainda não encontrou seu lugar definitivo. Assim, as vicissitudes pulsionais devem ser vistas como vicissitudes de uma história à qual se agrega o complexo de Édipo e a castração, construindo um cenário fantasmático que dá corpo à neurose infantil em estruturação, cujo surgimento o caso Hans ilustra.

Por outro lado, a história da psicanálise conhece a velha polêmica entre Melanie Klein e Anna Freud. Parte da discussão refere-se ao tempo: tempo de começo de análise, tempo do estabelecimento da transferência, tempo do Édipo, tempo das instâncias. Tempos históricos ou tempos míticos, versando sobre a origem do inconsciente. Nesse confronto, encontram-se em causa alguns dos elementos referentes às condições particulares da infância e nos quais se revela a singularidade desse campo, em contraste com a área da psicanálise com adultos, embora esta também trabalhe com o âmbito da sexualidade infantil.

A questão principal nesta discussão gira em torno da possibilidade de a criança entrar em análise antes dos seis anos de idade, pelo fato de nessa época ainda estar percorrendo seu desenvolvimento libidinal e de não ter ainda formado as instâncias ideais e superegoicas. Anna Freud pergunta-se se seria possível instaurar transferência e levar uma análise a seu termo na infância, e essa dúvida não deve ser considerada tão descabida, sendo, até mesmo, levantada pelo próprio Freud no *caso de Hans*. Na verdade, ao se colocar tal questão ela o faz numa perspectiva metapsicológica: nessa idade já estariam formadas as instâncias? Se não, como é possível pensar no conflito, responsável pelo aparecimento do sintoma? Qual seria a instância repressora? Seria plausível a referência a uma repressão primária e secundária já demarcadas? E o Édipo, não transcorrido ainda, que função teria?

A existência de um funcionamento egoico insuficiente era vista por Anna Freud como um obstáculo para a análise, a ser superado por meio de um artifício técnico. Propõe então a sedução como modo de aliança terapêutica e atribui ao analista funções de prótese de eu e de supereu, o que acaba por levá-la a transformar a análise em uma tarefa pedagógica. Se quisermos ser justos, é imperativo mencionar que com o passar dos anos Anna Freud revisou tais posições, sem no entanto ter deixado de engrossar as fileiras da *ego psychology*. Além disso, sempre fez questão de marcar uma diferença central entre a análise de crianças e a de adultos, expondo-se por essa razão a toda a ferocidade das críticas de Melanie Klein, cuja radicalidade é compreensível se lembrarmos que nesse momento ela tenta constituir um novo campo. Lembremos que ainda hoje, setenta anos depois, certos analistas discutem sua legitimidade.

Tal polêmica, citada aqui apenas de passagem, desvela para Melanie Klein a exigência de afinar suas concepções metapsicológicas e de formular de modo mais apurado os elementos teóricos que sustentavam sua clínica (Klein, 1964a, p. 127;

1964b, p. 137). Ou seja, torna-se necessário justificar a existência de um aparelho psíquico já esboçado em sua totalidade desde as origens, o que irá levá-la a elaborar a ideia de Édipo precoce, concluindo que no primeiro ano de vida já estariam dadas todas as condições para pensar em um psiquismo estruturado, passível de ser analisado.

É esse tipo de polêmica e de desafio na clínica que faz progredir a teoria. Tal como ocorreu com Freud, impulsionado no caminho do conhecimento ao ser confrontado com seu não-saber pelas histéricas, hoje são nossos próprios pacientes que nos intimam a desvelar enigmas. Novas elaborações liberam-nos das velhas disputas.

Entre a criança da psicanálise e a criança da psicologia há uma defasagem, que sem dúvida nos implica na qualidade de analistas. Explicitar tal diferença, situando adequadamente nosso referencial teórico, permite compreender os diferentes modos de intervenção. Os conceitos de subjetividade e de aparelho psíquico servem-nos de ferramentas.

Acreditamos ser de extrema importância, no encontro com uma criança, definir o estado de constituição de seu aparelho psíquico, acompanhando os movimentos reveladores dos momentos desse processo. Sabemos que tal formulação exige uma tomada de posição: não postulamos um inconsciente existente desde as origens, e tampouco uma sua fundação mítica, mas considerarmos possível e necessário pensar num processo de constituição no qual a repressão originária funda a diferença entre pré-consciente e inconsciente.

Aqui, valemo-nos do pensamento de Laplanche, que se refere a dois tempos da repressão originária. No primeiro tempo, o estímulo exógeno traumático da sedução do adulto marca, inscreve esse psiquismo, sem que por isso as inscrições sejam clivadas: não é possível nesse primeiro momento falar de id e de ego. No segundo, o traumatismo externo transforma-se em *autotraumático* e provoca a repressão: aqui poderíamos falar de dois *topos* diferenciados. Entre o apoio e a sedução, Laplanche situará o objeto-fonte da pulsão. Os primeiros traços, os primeiros fantasmas não teriam um lugar definido, e, portanto, não poderiam ser chamados de inconscientes. É apenas como consequência da repressão originária que os sistemas se diferenciam. As repressões secundárias pressupõem uma tópica já constituída. Freud tenta encontrar as marcas primeiras, as pistas daquele momento de origem, mesmo sabendo que elas só aparecerão na repressão secundária.

A nosso ver, a preciosa contribuição dessa teorização consiste em resgatar o valor da sexualidade inaugurada pelo outro, permitindo ao mesmo tempo entender a emergência da pulsão sexual. Lembremos que, segundo Laplanche, "o ser humano é e continua sendo autotradutor e autoteorizante. A repressão originária não é senão o momento primeiro e fundador de um processo que dura toda a vida" (1989, p. 132).

Se nos reportarmos à "Carta 52" de Freud a Fliess (1896, p. 274) – em sua referência a um reordenamento e a uma transcrição constantes do material psíquico, e em sua explicação da peculiaridade da psiconeurose pela falta de tradução de certos materiais – compreendemos como Laplanche faz trabalhar Freud, ao afirmar que há no inconsciente uma permanente reelaboração tradutiva por substituição significante.

Em toda tradução há transformação, mas ao lado daquilo que ela captura sempre sobram restos que não podem ser ligados. São justamente as mensagens enigmáticas as que sofreram sucessivas traduções: partes dessas mensagens foram traduzidas – as que permaneceram ligadas –, outras funcionam como restos não traduzidos, que fizeram parte das primeiras inscrições do inconsciente originário, permanecendo desligadas.

Essas primeiras inscrições são registradas como marcas, *flashes* e traços para os quais talvez não caiba a denominação de fantasmas inconscientes, já que esse conceito pressupõe uma organização que lhes falta. Na verdade, elas são *representações-coisa*.

Acreditamos que de nossas considerações é possível deduzir a importância que tem a concepção metapsicológica para abordar o material clinico, assim como justificar a necessidade de considerar o elemento temporal em um aparelho em plena formação.

O campo transferencial múltiplo

Nada melhor para iniciar o caminho em direção ao campo transferencial múltiplo do que lembrar o pequeno Hans. Sem dúvida esse caso pode ser considerado o primeiro a incluir uma criança na prática analítica, com a mediação de um adulto, seu pai. Aliás, foi a própria transferência do pai de Hans com o "professor" que inaugurou esse campo analítico.

Não é assim em todos os casos? Será possível iniciar o tratamento de uma criança se os pais não depositarem sua confiança – que define um lugar de suposto saber, o mesmo lugar em que o pai de Hans colocava Freud – no analista de seu filho? Qual é o polo, na análise de crianças, que possibilita a inauguração do *setting*? Será possível atender uma criança se os pais não inauguram a transferência? Onde, e de que forma, essa transferência deve ser trabalhada?

Foi através do pai que Hans dirigiu suas mensagens a Freud. A criança não só aconselhou o pai a tomar nota do que ia dizendo para contar ao professor, como também o tranquilizou, dizendo que não deveria se preocupar se o que contasse não fosse um fato da realidade, pois pensar não é fazer. Há um mútuo reforço da transferência de Hans ao pai e do pai a Hans, ambos com Freud.

A mensagem de Hans foi endereçada simultaneamente ao pai e ao Outro analista. Freud é também o supervisor, o suporte e a figura de sustentação na transferência do pai: Pai-terapeuta-irmão. Ambos consultam o "professor", que diz: "Eu sei". Ambos estão em transferência. A mãe de Hans não foi omitida. Mesmo sendo deixada de lado nesses encontros, desempenha um papel: foi paciente de Freud e aparece na queixa do pai como responsável pelo excessivo apego de Hans a ela própria. A mãe sente-se ameaçada, excluída, e desdobra-se em cuidados com a filha menor. Freud analista provoca em parte o destino desse casal, vendo-se aprisionado nas redes de uma transferência da qual não consegue dar conta, perigo com o qual todos nos defrontamos nas análises de crianças. No caso de Hans havia elementos prévios complicadores da situação: o interesse científico que mobiliza Freud e seu discípulo no sentido de comprovar as teorias sobre a sexualidade infantil, o que acabou promovendo o *voyeurismo* do pai. A forte edipianização à qual Hans é submetido provavelmente não é alheia à formação do sintoma fóbico.

O caso do pequeno Hans revela a inextricável implicação da criança, do analista e dos pais nesse tipo de relação. Esse modelo levantou múltiplas questões, tendo-se transformado em um possível modelo para a análise de crianças. Mas a proposta de trabalhar só com os pais e seu desejo, em vez de com a criança, deixa de lado a singularidade de um aparelho psíquico em constituição, e pressupõe o inconsciente materno em continuidade com o inconsciente do *infans*. Nessa teorização, o inconsciente da criança se estrutura a partir de ser o desejo do desejo da mãe. Discordamos dessa posição. Nossa ideia é que o desejo da mãe captura só em parte o desejo da criança, a qual quer ser algo mais do que o falo da mãe.

Considero praticamente impossível a realização de um tratamento quando os pais "remam contra". Se eles não se implicarem, qualquer esforço, por mais intenso que seja, estará fadado ao fracasso. Apesar de suas resistências, é preciso que se envolvam. Lembremos dos pais de Richard, o famoso caso de

M. Klein, que durante a guerra se mudaram para uma cidadezinha perto de Londres a fim de que o tratamento fosse possível. Ou, ainda, da Piggle de Winnicott, cujos pais viajavam quando a criança pedia um encontro com o analista.

Hoje em dia a situação é bem diferente. São os médicos e os professores que encaminham as crianças para o tratamento psicanalítico. São os convênios que pagam. São os motoristas que levam. São as escolas que, em lugar de rever seus planos de ensino, diagnosticam problemas de aprendizado. É a competitividade social que exige determinados modos de adaptação. Essa situação exige um cuidado ainda maior quando se reflete sobre a possibilidade de indicação de uma análise e sobre a necessidade de um trabalho prévio que possibilite a instauração de *setting*. Muitas vezes, o que nos chega é uma demanda educativa que, no nosso entender, não deve ser rejeitada, e sim transformada, através do trabalho, em uma demanda de análise.

Por que incomodam?

São muitas as complicações intrínsecas a toda terapia infantil. Talvez a primeira e maior delas ligue-se ao fato de que não são somente os pais simbólicos ou imaginários que circulam no espaço da situação clínica: também os pais reais, com toda a sua presença, aceleram as partículas desse recinto.

Lembremos que a demanda de tratamento geralmente é formulada pelos pais. Frequentemente o interesse do adulto refere-se a mudanças em aspectos que lhes são indesejáveis na conduta da criança, o que não necessariamente corresponde ao que poderia ser o verdadeiro desejo do seu filho. Todos nós, analistas de crianças, sabemos com que frequência e sentimento de legitimidade o adulto introduz suas próprias exigências no processo analítico de seus filhos. Sabemos da hipoteca com a qual se inicia o tratamento. Por mais bem intencionados que os adultos sejam, colocam-nos em uma situação que compromete o pacto inicial de uma análise, e que nos lança em meio ao conflito entre o desejo da criança e a demanda parental. Mas não consideramos essa dificuldade motivo suficiente para negar tanto aos pais quanto à criança seu direito à análise. O que propomos é trabalhar com ambos para que uma análise seja possível.

O que fazer com eles?

Segundo Laplanche, o espaço analítico – campo seguro que propicia e contém a circulação libidinal – abre uma possibilidade de atualização de elementos arcaicos, a instalação da transferência ocorrendo nos mesmos moldes em que se estabeleceu a tópica psíquica. Em outros termos, no espaço analítico as mensagens enigmáticas põem-se novamente em circulação, possibilitando o trabalho com o inconsciente. Assim, será possível que a criança faça novas leituras, outras interpretações a partir das quais talvez emerja uma nova versão de sua história. Certas mensagens recalcadas, por não serem significadas, procuram novas ligações, recirculam, encontrando novas vias de sentido, permitindo recapturar algo do originário. Quando essas mensagens começam a transitar, algo do outro também transita na transferência, já que elas se presentificam como pertencentes a um emissor que, dado seu comprometimento com aquilo que essas mensagens apresentam de estrangeiro, encontra-se implicado com seu próprio inconsciente. De acordo com essa essa perspectiva, quando trabalhamos com os pais no processo analítico de uma criança, os convocados não são os pais do eu, os pais da realidade, mas os pais emissores dessas mensagens, esses pais estrangeiros ao seu saber que, em sua fala, permitiram à criança encontrar pontos de ancoragem, disparadores de seu inconsciente.

Em consequência, sua presença possibilita que os traços recalcados nas primeiras operações de estabelecimento da tópica psíquica passem a circular de forma diferente, com novas articulações. Trata-se então de propiciar uma situação em que os pais enviem novas mensagens. Assim, efeitos diversos talvez possam se produzir, seja porque os pais modificaram sua relação com o próprio desejo, seja porque a criança dispõe de novos elementos para ligar os significantes que lhe chegam como enigmas com base no campo do outro adulto (Sigal, 1994).

Uma palavra, um gesto, um tom de voz, um jogo com os pais, mostram-se todos como restos diurnos a partir dos quais a criança pode fazer novas construções. Na "Interpretação dos sonhos", Freud (1900) afirma:

> A representação inconsciente como tal é incapaz de ingressar no pré-consciente, e só pode se manifestar como efeito se entrar em contato com uma representação inofensiva (restos diurnos), que já pertencem ao pré-consciente, transferindo-lhe intensidade e deixando-se recobrir por ela (p. 54).

Assim os pais, com sua presença em sua fala, se oferecem como restos diurnos a serem utilizados. Sobre indícios dados por eles pode-se iniciar um verdadeiro caminho de regressão ao reprimido.

É possível resgatar algo do arcaico na situação que a transferência oferece. Com a reemissão de mensagens por parte dos pais, reintroduz-se algo do objeto-fonte antes da repressão. Aqui, é preciso ressaltar algo que já tínhamos enunciado: essa transferência existe, e é nossa opção trabalhar ou não com ela. A fala dos pais, em transferência na situação analítica, produz um efeito disparador e facilita a circulação da dimensão sexual. Nessa situação, o analista funciona como Freud em relação ao pai de Hans, como sustentáculo das mensagens que os pais emitem, oferecendo-se como garantia para que a criança possa flexibilizar o recalque.

Em suma, a situação analítica propicia especialmente um movimento de articulação e desarticulação de significações já estabelecidas, que se plasmaram no processo de subjetivação, e é por essa razão que a convocação dos pais parece-nos extremamente interessante.

Para ilustrar a importância que atribuo à inclusão dos pais no processo analítico das crianças, relatarei uma situação clínica que me foi apresentada por uma analista em supervisão. Trata-se de uma criança adotiva, em tratamento por sintomas no aprendizado. Quando tinha aproximadamente um ano, sua mãe adotiva engravidou. No período dos quatro anos subsequentes, nasceram duas irmãs. Em um momento posterior, quando seus pais estavam passando por uma difícil situação econômica, a mãe engravida novamente, e eles resolvem interromper a gestação. Produz-se uma acalorada discussão entre os pais, que as crianças escutam por *acaso*, onde se falou do aborto. A mãe preocupada telefona para a analista e pede uma entrevista, adiantando no telefone o incidente. A analista resolve introduzir os pais no espaço analítico da criança.

Na sessão, a mãe diz que está preocupada com Laís pela conversa que ela escutou. A analista trabalha com eles a razão de estarem preocupados só com Laís, e não com as outras filhas. Surge na mãe toda a sua insegurança com relação ao momento em que Laís chegou à casa, e ela relembra seu desejo de que a menina se sentisse como "filha da barriga", assim como as angústias das quais era presa quando pensava que algum dia teria de dizer a verdade. O fato de ter revelado uma nova verdade (desejo de aborto) que os implicava em sua sexualidade mobilizou velhas repressões. Ali, passaram novamente a circular mensagens com a marca do arcaico, e Laís teve de se confrontar a uma verdade que a mãe teria preferido ocultar. O tema da adoção ressurge não como uma historinha a ser contada, mas, pelo contrário, como um intenso encontro, em que tanto mãe como filha, na presença do pai, encontram-se presentes com indagações sobre sua sexualidade. O espaço analítico torna possível a nova articulação, sendo fundamental a presença do analista para que elementos até então reprimidos sejam mobilizados.

Como vemos, a valorização não recai sobre o encontro interpessoal, mas sobre a possibilidade de pôr em circulação elementos que permaneciam como restos intraduzíveis, seja porque a mãe e o pai até aquela oportunidade os haviam mantido inconscientes para si próprios, seja porque a criança, ao ser invadida por esse conteúdo traumático, não o podia ligar. No espaço analítico, o momento é outro. Elementos do recalque secundário reverberam como ondas que tocam com suas vibrações elementos do recalque primário.

Com expressão de surpresa, a criança diz que não sabia ser possível rejeitar um filho "da barriga", e que agora entende que, mesmo não sendo da barriga, a mãe está com ela porque gosta dela também. Entra em contato com a rejeição de sua mãe real, informação sobre a qual se tinha falado, mas que nunca havia feito verdadeiro sentido. "Agora eu me sinto igual às minhas irmãs, todas podemos ser amadas, todas podemos ser rejeitadas." Criou-se assim uma nova forma de categorização, cuja linha divisória não se constituía mais entre as ideias *filha do coração versus filha da barriga*, mas, sim, entre filhos amados e filhos rejeitados. Essa nova categorização foi possível pela recirculação de mensagens, que foram objeto de nova tradução. A criança pôde incluir a si mesma em uma nova categoria por ter se mudado de um lugar em que se encontrava petrificada.

Ocorre uma abertura e se agiliza a capacidade de pensar e de construir novas teorias.

A introdução de um tema no qual a criança e os pais estavam tão implicados com sua própria sexualidade permitiu a Laís resgatar elementos reprimidos e fazê-los circular novamente, produzindo uma nova versão de sua história. Pouco importa sua veracidade objetiva, mas sem dúvida ela é mais abrangente que a anterior, menos sujeita aos aspectos não-traduzidos das primeiras mensagens maternas, propiciando assim uma superação parcial dos recalcamentos. Esse acontecimento teve efeitos múltiplos e incontestáveis tanto em Laís quanto em seus pais, e abriu espaço para o surgimento de novas problemáticas que continuaram a ser analisadas.

De fato, uma circunstância difícil na família abriu para todos um campo de ressignificação, ocasião que provavelmente teria sido no mínimo inócua, se tivesse sido negligenciada pelo contexto do tratamento. Embora saibamos evidentemente que o recorte através do qual apresentamos o caso seja bastante estreito, e por isso não tenhamos qualquer pretensão de dar conta de toda sua complexidade, ele nos parece apto para exemplificar a importância de criar um espaço onde transferências múltiplas possam ser aproveitadas.

Outras ocasiões podem requerer a presença dos pais. No livro *A fundação do inconsciente*, Silvia Bleichmar (1993, p. 67) relata a necessidade de inclusão dos pais em um exemplo clínico, onde a presença da mãe faz-se necessária porque a matriz simbólica na qual a criança se inscrevia se encontrava parcialmente falida, em razão das vicissitudes edípicas da mãe, que não conseguia gerar uma rede na qual a criança pudesse se sustentar. Uma fenda produziu-se assim na constituição do aparelho psíquico, levando a autora a intervir diretamente no ponto no qual a trama se esgarçava.

É possível a análise com crianças? Esta é uma especialidade ou um campo singular? Deve-se trabalhar com os pais? As diferentes teorias são em parte complementares ou completamente excludentes? Todas essas são questões que poderemos resolver trabalhando as ideias, sendo claros nas explicitações, e revendo os elementos teóricos que enriquecem nossa clínica. Foi minha intenção avançar mais um pouco na articulação que fundamenta nossa prática e deixar o caminho aberto para críticas, discussões e trocas que nos enriqueçam. O que não devemos aceitar é que se difunda um espontaneísmo que aproxima a clínica com crianças de uma espécie de maternagem ou desenvolvimento assistido. Isso apenas empobrece a psicanálise e suas novas práticas. Mas teorizar a clinica, e clinicar sem interpor a teoria, é uma tarefa que exige de nós sermos analistas.

12.

OS PAIS, O RECALQUE PRIMÁRIO E A CIRCULAÇÃO DE SIGNIFICANTES ENIGMÁTICOS[1]

O prazer do trabalho está na possibilidade de decifrar os enigmas. Quando temos a facilidade de realizá-lo com outros colegas que também estão mobilizados pelo desejo de saber de si e do inconsciente, produzem-se encontros, bons encontros que deixarão as marcas do ser afetadas. Poderemos a partir daqui compartilhar os efeitos desses afetos.

É a partir desses encontros de afetos e ideias que nos capacitamos a confrontar a multiplicidade que nos permite estabelecer uniões e relações, assim como encontrarmo-nos nas diferenças. É por esse privilégio que desejo agradecer ao Comitê Organizador destas jornadas o esforço realizado para que este encontro[2] seja possível. Há algo em comum entre os que participam deste evento: fomos afetados pelo pensamento de Jean-Laplanche, atravessados por ideias que propiciaram

---

[1] Publicado originalmente em *O lugar dos pais na psicanálise com crianças*, organizado por Ana Maria Sigal de Rosenberg (São Paulo: Escuta, 2002, 2ª ed. revista e ampliada p. 27-44).

[2] *IV Colóquio Internacional Jean-Laplanche: "O recalcamento como condição da indicação e da condução da cura"*, realizado em Gramado (RS), de 1º a 3 de agosto de 1998.

um movimento produtor de trabalho em relação à obra freudiana, à sua própria produção e à produção singular de cada um de nós.

Se estamos de acordo que o sexual infantil é um dos paradigmas da psicanálise – uma vez que é constitutivo na fundação do inconsciente originado em uma relação sexualizante com o semelhante que se introduz como estrangeiro em um movimento de excitação traumática –, a possibilidade de analisar uma criança tem sido desde longa data uma questão polêmica.

Dois tipos de razões questionam essa prática e nos propõem problemas a serem trabalhados:

1) problemas de ordem metapsicológica inerentes à formação da própria subjetividade; assim como

2) decorrências dessa metapsicologia que afetam o espaço analítico e seu entorno na determinação do *setting*.

As primeiras referem-se a elementos próprios da constituição do aparelho psíquico ligados à função do outro traumatizante, em sua relação com o recalque primário e secundário, aos tempos do Édipo, e à peculiaridade com que a temporalidade se faz presente na formação do inconsciente, nos propondo uma tarefa singular que é a de analisar um sujeito em constituição. Vemos como o conceito de ressignificação e os dois tempos na constituição do trauma reatualizam a velha polêmica Anna Freud x Melanie Klein sobre qual é o tempo possível de uma análise. Seria possível uma análise antes do sepultamento do

Édipo, antes da instauração do recalque secundário? Haveria formação de sintomas antes do recalque primário, com uma tópica ainda não definida? As análises dessa época seriam trabalhos preventivos que mudariam os destinos da repressão? Sem dúvida que essas questões devem ser dirimidas no campo metapsicológico.

É Laplanche (1989) quem nos oferece subsídios, através de seus novos fundamentos, para resolver certos problemas teóricos que criaram um impasse para entender a formação do sujeito psíquico, nesse movimento que vai da autoconservação à sexualidade. O autor nos fala de um inconsciente que não é inato nem pré-formado desde as origens. Distancia-se também da teoria que nos propõe um inconsciente que se constitui como produto de um efeito especular, onde não haveria diferenciação entre o inconsciente – desejo – discurso da mãe e o *infans*. Com a introdução do conceito de metábola coloca um hiato entre o inconsciente da mãe e sua cria que nos permite repensar a fundação como produto do momento em que se constitui o recalque primário. Sua formulação relativa à mensagem enigmática nos permite recuperar uma clínica que vinha esquecendo cada vez mais a sexualidade como um eixo fundamental, e que em sua articulação com a singularidade do Édipo e a castração dará conta das diferentes formações sintomáticas. É com essa metapsicologia que operaremos.

O segundo ponto questiona a legitimidade do campo da psicanálise de crianças devido às dificuldades de manter um espaço propício, com as condições necessárias que nos proporcionem garantias para que uma análise possa advir. Pensamos que caracterizar esse campo é uma forma de legitimá-lo porque nos confronta teoricamente com suas peculiaridades e nos proporciona elementos para evitar os riscos que poderiam fazer fracassar nossa tarefa prática.

Nesse sentido, como bem sabemos, não só os pais simbólicos ou imaginários circulam pelo recinto da cuba, como também os pais reais aceleram as partículas desse recinto que nos obriga a trafegar por momentos na fronteira entre a realidade e o fantasma. Dificilmente é a criança quem demanda análise, com frequência o interesse dos adultos inclui um pedido para que possibilitemos mudanças na conduta em aspectos que a eles lhes pareçam indesejáveis, e que não necessariamente respondem ao desejo do filho. O adulto introduz suas próprias exigências com um tom de legitimidade. Isso poderia fazer que o trabalho começasse com uma hipoteca que comprometesse o campo inicial de uma análise. Como analistas nos vemos lançados ao conflito entre o desejo da criança e a demanda parental. A questão dos honorários vem a complicar mais o encontro, já que nos vemos praticamente perante uma análise por encomenda ou com uma indicação que a limita a acabar com o sintoma. Tudo isso nos faz pensar que o pacto inicial poderia estar comprometido. No entanto, a teoria sempre avança tendo em vista as dificuldades que a clínica impõe. O trabalho com psicóticos, as doenças psicossomáticas, o autismo, têm sido algumas das fontes para fazer avançar e repensar a clínica. Dizer não a essas dificuldades é tomar o fácil atalho de classificar esta prática como psicoterapêutica, o que seria voltar à questão do ouro puro.

O fato de depararmos com um campo complexo não implica que lhe neguemos cidadania.

As patologias infantis são uma evidência. Uma vez fundada a tópica psíquica, nos encontraremos com sintomas. Antes dessa fundação poderemos falar de defeitos ou transtornos, produtos de esgarçamentos na constituição da subjetividade, como diz Silvia Bleichmar (1993, p. 18). Sabemos dos riscos aos quais nos vemos submetidos ao tentar abordar essas patologias, mas podemos trabalhar de modo tal que nosso objetivo seja ajudar a criança a elaborar seu desejo individual e permitir-lhe maior autonomia. Entendo o alerta de Laplanche na sua *Problemática V*, quando afirma que "neste campo o termo *psicanalítico* deve ser colocado entre aspas porque a cuba analítica, cuba de amor e ódio, se encontra ameaçada" (1990, p. 176), mas destaco também que nos fala da possibilidade de superar com astúcia as exigências a que nos submetem essas instâncias terceiras para que uma análise seja possível.

Embora desejemos marcar o caráter singular do campo da clínica com crianças, é preciso diferenciar tal singularidade da ideia de uma especialização, e de seu inevitável correlato, ou seja, a necessidade de uma formação específica para atuar na área, ideia à qual nos opomos.

Três eixos principais, a meu ver, formam as coordenadas que delimitariam a particularidade do campo:

1) a linguagem do jogo;
2) a abordagem de um aparelho psíquico em constituição; e
3) o caráter múltiplo da transferência.

A falta de tempo me obriga a fazer uma escolha. Optei, portanto, por comunicar a vocês as particularidades do caráter múltiplo da transferência, cujo estudo aportará elementos para trabalhar com essas instâncias terceiras, a que fazíamos referência, como suporte de transferência, o que produz efeitos não só indesejáveis, se não também aproveitáveis na condução da cura.

Campo transferencial múltiplo

Nada melhor para iniciar o caminho em direção ao campo transferencial múltiplo do que lembrar do pequeno Hans. Esse caso sem dúvida pode ser considerado o primeiro de inclusão de uma criança na prática analítica, com a mediação de um adulto, seu pai. Aliás, foi a própria transferência do pai de Hans com o "professor" que inaugurou esse campo analítico.

Não é assim em todos os casos? Será possível iniciar o tratamento de uma criança se os pais não depositarem sua confiança – que define um lugar de suposto saber, o mesmo lugar em que o pai de Hans colocava Freud como analista de seu filho? Qual é o polo, na análise de crianças, que possibilita a inauguração do espaço analítico? Será possível atender uma criança se os pais não inauguram a transferência? Onde, e de que forma, essa transferência deve ser trabalhada?

Foi através do pai que Hans dirigiu suas mensagens a Freud. A criança não só aconselhou o pai a tomar nota do que ia dizendo para contar ao professor como também o tranquilizou, dizendo que não deveria se preocupar se o que contasse não fosse um fato da realidade, pois pensar não é fazer. Há um mútuo reforço da transferência de Hans ao pai e do pai a Hans, ambos com Freud.

A mensagem de Hans foi endereçada simultaneamente ao pai e a outro analista. Freud é também o supervisor, o suporte e a figura de sustentação na transferência do pai: Pai-terapeuta-irmão. Ambos consultam o "professor", que diz: "Eu sei". Ambos estão em transferência. A mãe de Hans não foi omitida. Mesmo sendo deixada de lado nesses encontros, desempenha um papel: foi paciente de Freud e aparece na queixa do pai como responsável pelo excessivo apego de Hans a ela própria.

Deixando a mãe fora do encontro, Freud – analista – provoca em parte o destino desse casal, vendo-se aprisionado nas redes de uma transferência da qual não consegue dar conta, perigo com o qual nos defrontamos todos os que com crianças trabalhamos. No caso de Hans havia elementos prévios complicadores da situação: o interesse científico que mobiliza Freud e seu discípulo na tentativa de comprovar as teorias sobre a sexualidade infantil que o mestre vinha elaborando, o que acabou promovendo o "voyeurismo" do pai. A forte "edipianização" à qual Hans é submetido não é alheia à formação do sintoma fóbico.

O caso do pequeno Hans revela a inextricável implicação da criança, analista e pais nesse tipo de relação. Essa intervenção clínica levantou múltiplas questões, tendo se transformado em um possível modelo para a análise de crianças.

Alguns analistas, entendendo que o sintoma da criança se origina na conflitiva da sexualidade dos pais, propõem trabalhar só com eles e seu desejo, deixando de lado a singularidade desse aparelho que acabamos de descrever como um aparelho psíquico em constituição em que o outro se implanta e funciona como estrangeiro, transformando-se em autotraumático. Pressupor o inconsciente materno em continuidade com o inconsciente do *infans* não faz parte de nossa teorização.

Considero praticamente impossível a realização de um tratamento quando os pais não se implicam. Por mais intenso que seja, qualquer esforço estará fadado ao fracasso. Lembremos dos pais de Richard, o famoso caso de M. Klein, que durante a guerra se mudaram para uma cidadezinha perto de Londres para que o tratamento fosse possível. Ou, ainda, da Piggle de Winnicott, cujos pais viajavam quando a criança pedia um encontro com o analista.

Hoje em dia a situação é bem diferente. São os médicos e os professores que encaminham as crianças para o tratamento psicanalítico. São os convênios que pagam. São os motoristas que levam. São as escolas que, em lugar de rever seus planos de ensino, diagnosticam problemas de aprendizado.

É a competitividade social que exige determinados modos de adaptação. Essa situação exige um cuidado ainda maior quando se reflete sobre a possibilidade de indicação de uma análise e sobre a necessidade de um trabalho que possibilite a instauração de *setting*. Muitas vezes, o que nos chega é uma demanda educativa que, a nosso entender, não deve ser rejeitada e sim transformada, se necessário, em uma demanda de análise que precederia o início do tratamento, pelo trabalho prévio com os pais.

Segundo Laplanche, o espaço analítico – campo seguro que propicia e contém a circulação libidinal – abre uma possibilidade de atualização dos elementos arcaicos, propiciando a instalação da transferência do mesmo modo em que se estabeleceu a tópica psíquica. Em outros termos, no espaço analítico as mensagens enigmáticas põem-se novamente em circulação, possibilitando o trabalho com o inconsciente. Foi nessa teoria que encontramos subsídios para nossas pesquisas clínicas. Nada melhor que este espaço com colegas e amigos para podermos discuti-las e pô-las à prova.

Há anos os analistas começaram um trabalho com os pais como forma de introduzir esses restos transferenciais dos quais falávamos para impedir a interrupção de um tratamento. Às vezes, quando não se responde à demanda dos adultos, aparece a ameaça ou o boicote ao tratamento, se interrompe o pagamento ou começam as faltas e os atrasos. A quem se interpreta? Com quem se trabalha nessa circunstância? Será que a criança deverá ser o suporte dessas intervenções apesar de seu inconsciente não estar implicado diretamente como o produtor dessas atuações? Entendo que não. O analista, para responder à sua ética e não trair seu fazer – o de propiciar ao paciente buscar a realização de seu desejo –, precisa intervir junto aos pais, sem submeter-se nem fazer acordos. Entendo que é interpretando elementos inconscientes dos próprios pais que será possível continuar o trabalho, não pelo sintoma que deslocam na criança, mas porque eles são a causa do sintoma que atua na transferência. Hoje em dia é prática de quase todos os analistas, independentemente da linha teórica em que se sustentam, fazer certas intervenções junto aos pais como modo de trabalhar as resistências. No entanto não é desse tipo de intervenção que trataremos.

Nos últimos dez anos viemos introduzindo mudanças na clínica com crianças que nos ajudaram a superar algumas das dificuldades que temos desenvolvido como especificidade do campo, e que levantam questões relativas a esse encontro. Para dar conta delas, foi preciso um mergulho fundo na teoria encontrando as razões metapsicólogicas que justificassem essa mudança na prática. Como toda mudança, essa também encontra resistências já que se aparta das práticas mais conhecidas tanto por kleinianos quanto por lacanianos. *Referem-se fundamentalmente à flexibilização do recalque na condução da cura a partir de uma manobra que possibilita incluir os pais em momentos pontuais do tratamento da criança, onde a viscosidade prevalece sobre o fluxo.* Confrontamo-nos com momentos em que a resistência se acentua de modo que as associações se veem impedidas, a repetição se exacerba, a possibilidade de elaboração fracassa e a angústia aumenta de modo tal que no lugar de propulsar a busca, de propiciar novas ligações, novos agenciamentos, o processo se paralisa. Situações em que nossos modos habituais de conduta não propiciam a continuação do trabalho. Momentos nos quais nem a interpretação nem a reconstrução operam como seria esperado. É nesses momentos que pensamos que os pais poderiam funcionar como reemissores *in situ* de enigmas dos quais eles próprios ficaram estrangeiros e que essas mensagens poderiam ter outros destinos que facilitariam a circulação e a perlaboração. Esse foi um dos supostos teóricos com o qual nos orientamos. O encontro permite que a criança agencie novas vias de retradução, já que as mensagens a serem reenviadas não terão o mesmo efeito traumatizante e podem, assim, operar sobre os processos mnêmicos, permitindo reordenamentos segundo nexos diferentes, produzindo novas retranscrições e abrindo novos caminhos de associação que antes estavam impedidos. Por efeito do *après-coup* facilita-se o caminho da perlaboração. Esse convite aos pais é pontual e se realiza nos momentos em que é preciso pôr a circular algo que está impedido de entrar na rede associativa. Sabemos que aspectos parciais das representações-coisa podem ser recapturados em um novo tecido e retranscritos ao modo do processo secundário na sua relação com a representação-palavra. Sabemos que a lembrança mesma não retorna, mas sim algum traço ligado à lembrança infantil que a evoca. Sabemos também que, mesmo intraduzíveis, algumas mensagens podem recircular em busca de um estatuto menos traumático. Sabemos que quando essas mensagens começam a circular algo do outro transita na transferência, porque essas se fazem presentes como pertencentes a seu emissor. Sabemos também que o processo se realizaria do mesmo modo em uma análise de adultos ou de crianças já que essa função é intrínseca ao analista como disparador de enigmas. Então, por que os pais?

Porque eles mesmos são objeto de transferência, como o era o pai de Hans para ele, e ambos em transferência com o analista. É esse dizer em transferência com o analista que lhes oferece elementos para articular as simbolizações faltantes. É no estranho-familiar (*das Unheimlich*) (Freud, 1919a) do discurso dos pais como suportes de transferência que o enigma, recirculando, pode ter outros destinos. O familiar que lhe chega dos pais da realidade e o estranho que chega dos pais eles próprios na relação com o desconhecido de seu inconsciente, dos pais como sedutores-traumatizantes. "Algo que estava oculto tem vindo à luz" (Fuks, 1997), o contato com os pais nessa dupla função que provoca estranheza e familiaridade, que revela e oculta, atua como disparador de associações e propulsor de movimento.

Nesse aparelho em constituição, onde as fronteiras e os lugares estão se constituindo, os pais aparecem como figuras fronteiriças entre a realidade e o fantasma e, ao incluí-los, facilita-se um encontro que nada tem a ver com a interação, sendo mais próximo de uma circulação onde as velhas mensagens enigmáticas viram novas, *possibilitando mudanças que operam em ambas as direções.*

Se, numa sessão, uma criança se propõe a sair para mostrar algo a sua mãe que está na sala de espera, pode-se sugerir que a mãe entre, uma vez que possivelmente algo novo deve ser posto a circular e trabalhar no recinto da cuba. Os pais que convoco não são os pais do Eu, os pais da realidade. São esses pais *"usinas"*, permanentes emissores de uma sexualidade que os implica em seu inconsciente; são os pais estrangeiros a seu saber que com sua fala permitem à criança encontrar pontos de ancoragem, disparadores de associações. Fez-me muito sentido uma frase de Silvia Bleichmar que diz "que interrogando sobre o portador da mensagem sabe-se que como resposta encontrar-se-ia um fantasma, e não a realidade do outro" (1996). Faço extensivo esse conceito ao encontro com os pais.

Em consequência, sua presença possibilita que os traços recalcados nas primeiras operações de estabelecimento da tópica psíquica passem a circular de forma diferente, com novas articulações. Assim, efeitos diversos talvez possam se produzir, seja porque os pais modificaram sua relação com o próprio desejo, seja porque a criança dispõe de novos elementos para ligar os significantes que lhe chegam como enigmas a partir do campo do outro adulto (Sigal, 1994).

Uma palavra, um gesto, um tom de voz, um jogo com os pais, mostram-se todos como restos diurnos dos quais a criança pode fazer novas construções. Na "Interpretação dos sonhos" (1900, p. 54), Freud afirma: "A representação inconsciente como tal é incapaz de ingressar no pré-consciente, e só pode se manifestar como efeito se entrar em contato com uma representação inofensiva (restos diurnos), que já pertencem a este sistema, transferindo-lhe intensidade e deixando-se recobrir por ela". Assim os pais, com sua presença, na sua fala, se oferecem como restos diurnos a serem utilizados. Sobre indícios dados pelos pais pode-se iniciar um verdadeiro caminho de regressão ao reprimido, e não só isso, novos arranjos podem ser feitos produzindo elementos novos, o que nos permite pensar o processo de análise não só com função rememoradora, estritamente regressiva, mas também como produtora, permitindo ao sujeito a criação de nova subjetividade.

O recalque secundário pressupõe uma tópica já constituída. Freud tenta encontrar as marcas primeiras, as pistas daquele momento da origem, mesmo sabendo que seus restos só aparecerão na repressão secundária. O discurso parental já é produto da repressão secundária e facilita esse caminho de regressão. Nas mensagens dos pais, a criança pode achar múltiplas vias evocativas que lhe permitiram investir diversas representações que a conduzem ao recalque primário. No entanto, as raízes em que este, o recalque primário, se afunda no "outro" da relação, permaneceram como restos intraduzíveis. Recupera no outro do encontro, algo do outro traumatizante do adulto primeiro. Elementos do recalque secundário reverberam como ondas que tocam com suas vibrações elementos do recalque primário produzindo um novo som. Assim os significantes desarraigados do código da língua são reevocados e podem ser transcritos ao processo secundário a partir do qual podem se tornar conscientes. Sabemos que o caminho de saída dos representantes pulsionais está impedido porque eles estão fixados ao inconsciente pela repressão primária, mas as vias de ingresso de novos elementos não o estão, e o destino desses elementos dependerá da trama de base originalmente constituída. Se os conteúdos do recalque primário funcionam como ímã para os recalques posteriores, e investem na possibilidade de "dar caça" aos derivados que tentam escapar, como diz Freud em seu texto sobre o recalque, os elementos do recalque secundário funcionam como anzóis dos elementos do recalque primário. Conseguem enganchá-los, pescá-los e arrastar aspectos parciais deles, pondo-os a circular com uma modalidade menos traumática, podendo conseguir vias de satisfação não necessariamente sintomáticas. Esses restos não traduzidos podem gerar novas combinações que lhes permitam vias de ligação. É nessa nova circulação que se produz uma nova versão da história apoiada na função tradutiva e autoteorizante do ser humano. Não é atrás da verdade objetiva que corremos em uma análise. O que importa, sim, é saber que seremos capazes de dispor de um saber mais abrangente e menos assujeitado aos aspectos não traduzidos das mensagens maternas primeiras, propiciando assim uma superação parcial dos recalcamentos.

É possível resgatar algo do arcaico na situação que a transferência oferece. A reemissão de mensagens por parte dos pais reintroduz algo do objeto-fonte antes da repressão. A fala dos pais, em transferência na situação analítica, produz um efeito disparador e facilita a circulação da dimensão sexual. Nessa situação, o analista funciona como Freud em relação ao pai de Hans, como sustentáculo das mensagens que os pais emitem, oferecendo-se como garantia para que a criança possa flexibilizar o recalque e tecer em função de um elemento rememorado toda uma rede de relações que o integrem ao sistema pré-consciente-consciente. A presença do psicanalista com quem os pais e a criança estão em transferência pode operar como efeito potencializador ou amortecedor dessas mensagens enigmáticas possibilitando um efeito particular no recalque dos pais, do filho ou do próprio analista que, a partir daí, poderá dispor de novos materiais. Os pais ocupam para o filho um lugar de transferência na cuba analítica porque a eles próprios se lhes atribui um lugar de saber, eles são portadores do enigma que, por sua vez, transferem ao analista, em um movimento de "transferência da transferência", como diz Jean-Laplanche. No encontro com eles na sessão já há uma reedição das relações primeiras.

Em suma, a situação analítica propicia especialmente um movimento de articulação e desarticulação de significações já estabelecidas, que se plasmaram no processo de subjetiva-ção, e é por essa razão que a convocação dos pais parece-nos extremamente interessante. *O efeito de dupla provocação nos parece precioso.* O inconsciente dos pais também se vê afetado. Partimos da ideia de que no pedido de análise os pais aceitaram implicar-se, estão em transferência. Portanto, estão dispostos a serem interpretados, o que pode ser feito sem correr o risco de fazer interpretações selvagens. O limite e o alcance dessas interpretações podem ser discutidos em outro momento.

Esse encontro com o filho no espaço da sessão pode produzir efeitos analisantes, que mobilizam algumas situações recalcadas nos emissores remetendo-os ao próprio inconsciente. Os produtos emergentes poderão ser trabalhados em espaço separado com ambos ou com cada um dos pais. A questão do aparelho psíquico em formação e a profunda dependência vital à qual a criança está submetida nos defrontam com uma circunstância particular em que o tempo faz diferença. Uma intervenção adequada em momento certo produz mudanças e pode evitar danos maiores. Ao ser seu inconsciente provocado em um encontro com o filho, esses pais podem pôr a circular no seu próprio psiquismo algo que mesmo estando eles em análise poderiam demorar anos para focalizar.

Gostaria de ressaltar, então, que esta proposta nada tem a ver com a ideia de trabalhar com os desejos dos outros originários como relação de extensão ao inconsciente do *infans*, nem como lugar de origem do sintoma na criança. Não é uma proposta de trabalhar com as resistências que no adulto podem aparecer em relação à análise da criança. Não é uma proposta intersubjetiva ou interacionista, tampouco uma proposta de terapia familiar. Refere-se ao trabalho possível com o inconsciente de cada um em sua singularidade, fundado e fundante na interioridade de um aparelho psíquico que tomou como próprio aquilo que lhe foi oferecido como alheio.

13.
TRANSFORMAÇÕES NA CLÍNICA COM CRIANÇAS[1]

*"Cabe-nos promover novas formas de subjetividade,
recusando o tipo de individualidade
que nos foi imposto durante séculos."*
(Michel Foucault)

A clínica psicanalítica encontra-se em permanente movimento. Foi assim que, após um longo percurso no trabalho institucional, como analista e supervisora, vi-me obrigada a repensar as práticas e a fazer trabalhar a teoria. Essas experiências tiveram ressonâncias na clínica privada e atualmente constituem minha forma habitual de abordagem em qualquer tratamento com crianças.

A clínica psicanalítica enriquece-se com todas as experiências nas quais a realidade exige que repensemos nossa tarefa prática, obrigando-nos a um esforço teórico para elaborar conceitualizações que a sustentem.

---

[1] Publicado originalmente na revista *Psychê* (ano V, no 8, p. 151-169, 2001).

É exatamente esse trabalho, desenvolvido nos limites do conhecido, que tem impulsionado o desenvolvimento de novos pensamentos teóricos. A atuação em instituições, com grupos, com crianças, com psicóticos e, hoje em dia, com as chamadas novas patologias – patologias do arcaico, estados *borderline* ou limites, as patologias psicossomáticas, o pânico, as adições – tem nos levado a inventar e reinventar a clínica para que nossa ferramenta de trabalho, o método psicanalítico, mantenha sua validade.

Sem colocar em causa nossa fidelidade a Freud, confrontamo-nos permanentemente com o campo do desconhecido, buscando novas vias de abordagem. Freud deve ser trabalhado e fazer-nos trabalhar, mas, para que a psicanálise se mantenha viva, é necessária a leitura dos autores pós-freudianos que fecundam sua obra e abrem novos caminhos de reflexão.

Sem dúvida, ao rever a teoria e a prática, dá-se um processo de mão dupla, pois as transformações na condução da cura produzem por sua vez, no nível da estrutura familiar e da própria subjetividade da criança, efeitos transformadores. A clínica transforma a teoria, a teoria transforma a clínica, ambas produzindo efeitos de transformação no sujeito e na família.

As transformações socioculturais produzem mudanças na subjetividade contemporânea, já que as cenas que colorem os fantasmas modificam-se com a época, cabendo-nos refletir sobre a natureza dessas mudanças e sobre os conteúdos a interpretar.

Os discursos sociais contêm uma dimensão ideológica que sustenta as propostas identificatórias do contexto sociocultural do momento. Em razão dessas mudanças, o Ideal do Eu, o recalcado, os modelos identificatórios com os ídolos da atualidade, o conteúdo da cena edípica e outras instâncias intrapsíquicas também se modificam, evidenciando o elo entre as dimensões coletiva e individual, tal como Freud demonstra em "Psicologia das massas e análise do eu" (1921).

Se Freud trabalhou sobre as consequências de um recalque sexual excessivo, produto da moral burguesa da sua época, atualmente deveríamos ampliar o leque e considerar novos fatores que parecem ser propiciatórios e desencadeantes das neuroses e das novas afecções psíquicas.

O que na atualidade pode propiciar o recalque é uma situação oposta àquela que a sociedade vivia na época de Freud. No começo do século, se escondia, se vedava o encontro com a sexualidade, ao passo que hoje o excesso de sexualização veiculado pelos meios de comunicação e a passividade com que é recebido pelo pequeno sujeito provocam uma excitação às vezes altamente traumática, difícil de ser dominada. Os próprios pais confundem, no contato com seus filhos, liberdade com hiper-erotização. Promove-se o exibicionismo, que explora a sexualidade perverso-polimorfa da criança, em um gozo do adulto sem interdição. Tais inscrições, de natureza sócio-político-cultural-econômica, adquirem uma forma particular na história de cada sujeito; este, por sua vez – enquanto singularidade desejante –, será plasmado segundo a maneira pela qual for atravessado pelas determinações históricas.

Como os pais constituem em grande parte o laço social que transmite e promove esses valores, e dada a força com que seu inconsciente marca a estruturação desse novo aparelho psíquico, eles acabam sendo uma peça fundamental na condução de uma análise.

Tomarei a questão do lugar dos pais no tratamento psicanalítico com crianças, e irei trabalhar, de um ponto de vista teórico e metapsicológico, as razões que me levaram a incluí-los no contexto da cura.

À primeira vista, nossa proposta pode ser alvo tanto de criticas quanto de elogios, e efetivamente tem provocado comentários como "sempre trabalhamos deste modo, os pais são incluídos no tratamento dos filhos desde que a terapia de crianças existe". Por outro lado, temos ouvido afirmações como "isto sai da psicanálise, a terapia psicanalítica trabalha com o sujeito individual, com seu inconsciente determinado pelas fantasias como produção endógena de seu mundo pulsional; portanto, o contato com os pais cria desconfiança na criança e incrementa as ansiedades paranoides sem proporcionar ajuda alguma, porque é o mundo interno o que deve ser modificado".

Nesse sentido, as posições vão desde aquelas em que se afirma que os pais devem ficar fora do tratamento – linha proposta pelas terapias de orientação kleiniana – até aquelas segundo as quais não as crianças, mas apenas os pais deveriam ser objeto de trabalho e tratamento, já que são eles os responsáveis pelo lugar de origem do sintoma. Ambas as afirmações apresentam-se somente como meias-verdades.

De fato, frequentemente deparamos com posturas maniqueístas, que retiram toda criatividade do pensamento e preconizam como obrigatória uma tomada incisiva de partido.

São essas posturas extremas, produto da crença em uma verdade última, que empobrecem nossa capacidade de pensar e impedem que, de forma criativa, encontremos caminhos mais frutíferos para fazer trabalhar a psicanálise.

Escudadas nas diferentes linhas teóricas colocam-se armadilhas que nos incitam a tomar uma posição: ser a favor ou contra a representação; pronunciar-nos pela alteridade em contraposição ao mundo interno como fundante da subjetividade; priorizar o objeto em detrimento da pulsão; trabalhar a clínica da dissociação em vez da clínica do recalcamento.

Nossa posição é outra.

Vejamos um pouco de história. A epistemologia que marca as ciências no fim do século XIX adota o determinismo como grande sonho convalidador do pensamento da época. Buscam-se as origens e, nessas, as causas e os efeitos que supostamente dariam conta da realidade. A grande tentativa é controlar e dominar o real. Nesse contexto surge a psicanálise, e é com essa pesada carga que ela vai ter de se haver.

Freud fala-nos do Inconsciente, enquanto se debate entre tentativas de construir certezas e de abrir-se ao desconhecido. Fala-nos de sobredeterminismo, mas a esse não se opõem o indeterminismo e o acaso. Freud resiste às explicações certeiras. O mundo das ideias dilacera-se entre natureza e cultura.

Freud tenta distanciar-se do biológico mas, vez ou outra, nele recai. Os modelos da física e da termodinâmica são uma permanente tentação explicativa. É o momento dos opostos, dos antagonismos, da contraposição causa-efeito, do verdadeiro e do falso. Os pares dicotômicos a partir dos quais se organiza o pensamento da época penetram nos redutos mais íntimos da subjetividade.

Tal pensamento estruturado em função dos opostos tem hoje sua máxima expressão no sistema cibernético de dígitos binários. E as consequências do mundo da informática, que procede por eleições duais, não são tão inócuas como poderíamos pensar: toda polissemia, toda diversidade deve ser controlada, o pensamento é aprisionado e impostas as trilhas a seguir. Em lugar da expansão, tenta-se cortar, simplificar, reduzindo-se ao mínimo as opções. Acaba-se assim com a ideia de somatória, de diversidade, de multiplicidade.

Meio campo, novas territorializações, bordas, dobras, são opções outras, por onde o pensamento poderia circular. Ao se propor uma escolha entre apenas duas alternativas, aplainam-se as possibilidades e o pensamento. Tudo passa a se restringir à oposição estrita entre verdadeiro ou falso, imperando plenamente uma política de resultados.[2]

As consequências são sérias: o pensamento é violentado e enveredamos pelo caminho da repetição no lugar da criação.

---

[2] Foi a leitura das obras de G. Deleuze e F. Guatari que me abriu novos caminhos para pensar a multiplicidade, as dobras, as territorializacões, como formas de liberar um pensamento que sofre a violência de uma escolha do que é certo.

Quero salientar que essa política não corresponde ao espírito freudiano. Ao contrário, seus momentos mais profícuos são exatamente aqueles onde perde a certeza e tudo pode ser novamente pensado. A condição de estrangeiro no próprio território permite-lhe o risco. Freud aventura-se na multiplicidade e abre questões com várias linhas de fuga, que levantam enigmas e induzem a adentrar em novos campos. É com esse Freud que tentamos dialogar.

Retomo essa ideia porque tanto a prática com crianças como a prática institucional têm sido questionadas numerosas vezes em sua legitimidade no interior da própria disciplina, quando se esforçam por abrir novos territórios onde as formas clínicas se apoiam na diversidade.

Transferências múltiplas

Como afirmei anteriormente, a questão dos pais também tem sido frequentemente apresentada como uma questão de opções. Deve-se trabalhar com ou sem os pais?

Para começar, ensaiaria uma primeira resposta dizendo que, na forma em que conduzimos a cura, trabalhamos *junto* aos pais, com *e* sem eles, *em função da necessidade que nos impõe a escuta.*

Uma análise de crianças começa sempre pela transferência que os pais instauram com o analista. Ele é o portador do suposto saber a quem os pais consultam, é a ele que os pais reapresentam o enigma.

Será possível inaugurar a análise de uma criança, se os pais não estabelecerem transferência e não formularem sua demanda?

Tal situação marca sem dúvida uma *especificidade* do campo analítico com crianças: *a existência de um campo transferencial múltiplo. É nesse campo que o analista deverá circular.*

Não podemos ignorar a existência de tal complexidade, já que negar a presença dessas forças significa renegar, instituindo, como no caso da negação da castração, uma relação perversa.

Os pais consultam o analista às vezes exigidos ou induzidos, e por que não dizer obrigados, por um especialista que esgotou as possibilidades de sucesso com uma intervenção no campo específico de sua área. Assim, educadores, médicos, fonoaudiólogos, psicopedagogos, encaminham a criança para análise ao reconhecerem a inutilidade de seus esforços para fazer desaparecer um sintoma. Quando, por exemplo, recebemos no consultório uma criança com problema de retenção de fezes, já foram feitas diversas tentativas para solucionar o problema. Frequentemente ela passou por várias consultas médicas, numerosos exames invasivos, condutas punitivas e tentativas de readaptação. Procuram-nos na expectativa de encontrar uma solução messiânica, consultam-nos trazendo inúmeros imaginários que complicam a transferência. A principal dessas fantasias é que seríamos nós os encarregados de fazer desaparecer o sintoma. Nada mais oposto ao que um analista pode responder.

Nossa intervenção não visa ao sintoma em si, mas à possibilidade de pôr o sujeito em relação com seu inconsciente, permitindo novos desdobramentos condensados no sintoma. O sintoma nos chega como um enigma. Na transferência, o analista possibilita a abertura para sua polissemia. O sintoma é produto de um conflito que pressupõe o jogo de diversas instâncias psíquicas, fantasmas referentes a numerosos personagens implicados, entre eles fundamentalmente os pais, que operaram no passado e operam ainda com força contundente na atualidade, tanto no mundo intrapsíquico quanto na realidade.

O analista de crianças, no momento da consulta, está implicado de múltiplas formas e deve trabalhar no interjogo daquilo que se cria entre ele e a criança, devendo também administrar depositações que, às vezes, se estendem aos profissionais que iniciaram o encaminhamento. Em relação aos pais poderíamos dizer com Freud que "a cura psicanalítica não cria a transferência, só a revela como tantas outras coisas ocultas na vida da alma" (1986, p. 102).

Perguntamos: por que não podemos deixar de fora essas variáveis que complicam o campo?

Porque, em uma escuta apurada, rapidamente entenderíamos que tais variáveis intervêm de tal forma que, caso renegadas, ameaçariam muito a condução da cura.

A solicitação não respondida ao orientador de uma escola pode desencadear uma guerra ao tratamento que finalizará na interrupção deste. Da mesma forma, uma idealização excessiva depositada por esse mesmo orientador na intervenção analítica poderia ser perniciosa, por supor a solução mágica do problema. Será necessário que o analista avalie cuidadosamente os movimentos a serem realizados para permitir a criação de um campo favorável ao trabalho. Reencaminhar e dar outros destinos à procura desses profissionais, conservando o verdadeiro sentido de abstinência, permite reconduzir a demanda à pulsão.

Trabalhamos com o sofrimento humano e nossa teoria existe para dar conta de nossa possibilidade de intervir analiticamente. Para mantermos nosso lugar de analistas, não precisamos de estereótipos ou de atitudes rígidas; é preciso que o saber de quem sabe esteja a serviço do saber de quem sofre, e analista e paciente encontram-se em ambas as posições. O analista experimenta o sofrimento que lhe impõe seu não saber, o que significa reconhecer os limites de sua intervenção, entrando em contato com a castração. O paciente que sofre tem um saber sobre si, sem o qual a tarefa do analista seria absolutamente impossível.

A criança convoca com frequência nossa ação, e participar se faz necessário; somos obrigados a assumir papéis, dramatizar cenas, compartilhar uma brincadeira, evitando ao mesmo tempo alianças que transformem o trabalho do inconsciente em um trabalho do Eu.

Abstinência não diz respeito a "suspender o fazer", mas a recusar-se a satisfazer o desejo. Faz-se necessário que, na transferência, sejam atuados verdadeiros sintomas, a partir do que compreenderemos seu sentido, permitindo a abordagem de seus determinantes inconscientes. Há atuações que se escancaram na transferência para serem desveladas, tal como uma incógnita se apresenta em uma equação matemática. Lembremos que a criança nos demanda um fazer, uma participação da qual, às vezes, não é conveniente fugir, porque a riqueza do material produzido permite a apreensão e a compreensão de situações originárias. São inegavelmente situações de grande complexidade que exigem ao mesmo tempo nossa participação e a reflexão sobre as consequências de nosso fazer. É também no próprio jogo que a criança se expressa e se cura.

A dificuldade de se manter um espaço propício, onde estejam presentes as condições para que uma análise possa advir, é um ponto levantado com frequência por aqueles que questionam a legitimidade do campo. Conhecer os riscos e saber enfrentá-los é essencial para que nossa tarefa prática não fracasse. Tal tarefa, a meu ver, começa pela avaliação da complexidade da transferência múltipla.

Em um texto de 1920, "Sobre a psicogênese de um caso de homossexualidade feminina", um dos poucos em que se faz referência direta ao trabalho com crianças, Freud já alerta sobre essas complexidades. Afirma que "o tipo ideal de situação analítica se constitui quando um indivíduo, dependente só de sua própria vontade, se vê tomado por um conflito interno que não pode resolver, e procura o analista pedindo ajuda" (p. 144). Não é esse o caso de uma análise de criança. Mais adiante, no mesmo texto ele afirma que

às vezes são os pais que demandam a cura de um filho que se mostra nervoso e rebelde. Para eles uma criança sadia é uma criança que não cria dificuldades e só provê satisfações. Quando o médico consegue o restabelecimento da criança, depois da cura, esta segue seus próprios caminhos, mais decididamente que antes, e os pais ficam mais descontentes.

Como vemos, Freud foi bastante clarividente quanto a alguns dos problemas que encontraríamos em nosso fazer.

Se os pais não se modificam, verão a cura como fracasso. Portanto, nesse caso sua inclusão é imprescindível, visando a que acompanhem e compartilhem das mudanças na criança e que, por sua vez, se modifiquem. Incluídos no contexto da análise, os pais se oferecem na transferência, e recriam-se no encontro fantasias primitivas sobre estes pais atuais que são e não são os originários.[3]

A figura do psicanalista se oferece também a ambos para que se revele algo do passado. O velho pode encontrar novos destinos, propiciando articulações inéditas, criadoras de algo que anteriormente não existia; aqui, há neogêneses, não apenas repetição.

Nesse sentido, como bem sabemos, não só os pais simbólicos ou imaginários circulam pelo recinto da cuba;[4] também os pais

---

[3] Vale a pena rever a discussão entre Anna Freud e Melanie Klein no artigo "Psicanálise de crianças", do ano de 1927, publicado em *Contribuciones al psicoanálisis*. Nele, Anna Freud discute a possibilidade de se analisar crianças pequenas, pois os pais, ao serem atuantes e tão próximos, impediriam a transferência. Melanie Klein rejeita tal posição, explicitando que os pais da realidade nunca são os pais do fantasma.

[4] Tina ou cuba é um conceito utilizado por Laplanche para pensar as condições do espaço analítico onde circula a transferência. Consultar "La cubeta. Trascendencia de la transferencia". *Problematicas V.*

reais aceleram as partículas desse recinto, o que nos obriga a trafegar, por momentos, na fronteira entre a realidade e o fantasma. Não se trata de ignorá-los e menos ainda expulsá-los. A ideia é poder incluí-los para que trabalhem em favor dessa análise, que os implica.

Sobre as resistências

A teoria kleiniana foi de grande importância na construção dos alicerces da psicanálise com crianças. Em relação ao tema que hoje nos preocupa em particular, criou também certas resistências que subsistem atualmente e que constituem frequentes motivos de questionamento e polêmica, gerando uma insistente recusa em se trabalhar os pais.

De fato, essa teoria opta por priorizar o mundo interno e o inatismo na formação da subjetividade, decorrendo daí um relativo abandono da importância da alteridade na formação do aparelho psíquico e na fundação do inconsciente. Sua consequência clínica imediata foi, entre outras, a falta de atenção dada aos pais nos tratamentos conduzidos por tais analistas. Sem dúvida, a técnica responde a questões metapsicológicas. Em primeiro lugar, ela preconiza *muito trabalho com o mundo fantasmático* onde, na relação dual, o outro encontra sua maior importância como receptáculo das projeções dos objetos desse mundo pulsional. Em seguida, ela se apoia na máxima "*pouco pais*"; para confirmar, é só dar uma olhada no livro *Psicanálise de uma criança* (1961), trabalho no qual Melanie Klein relata um caso clínico, acompanhando o mundo fantasmático de Richard, sem considerar necessário o trabalho com seus pais. Ainda hoje o pensamento kleiniano concebe o trabalho com os pais e seu inconsciente como uma invasão ao espaço psíquico da criança, uma violação do sigilo, um incremento das ansiedades paranoides. Pensando que alguns analistas kleinianos aceitem hoje fazer entrevistas com os pais, não é para interpretá-los.

Arminda Aberastury, grande analista de crianças de orientação kleiniana, a quem, entre muitas outras contribuições, devemos o reconhecimento da importância do trabalho com os pais, é uma das pioneiras nessa área.

Essa autora reconhece a importância dos encontros com os pais na condução da cura, caso se deseje obter sucesso no tratamento. Sua inquietação decorria das dificuldades que esses impunham ao andamento da terapia, e suas intervenções com os pais tinham como objetivo escutá-los para evitar sua intromissão no tratamento; era uma estratégia para impedir que invadissem o espaço analítico. Suas primeiras tentativas (1958) foram no sentido de orientar com conselhos a educação da criança, técnica que ela mesma rejeitou por perceber que os benefícios funcionavam somente enquanto durava sua influência; como bem sabemos, todo conselho é eficaz apenas transitoriamente, já que todo conselho tem um limite, que é o da própria neurose.

Aberastury (1962) descobriu o risco decorrente desse tipo de relação com os pais: a criação de uma extrema dependência, propiciando a frustração da mãe, que se sentia insegura de atuar sem a anuência da analista, o que, por sua vez, levava-a a se sentir perseguida pela terapeuta (p. 231). Foi a partir daí que ela reconheceu a importância de se trabalhar com grupos de mães, onde fosse possível interpretar e usar a transferência e analisar os conflitos em vez de dar conselhos. Esse trabalho se fazia em grupo, *fora do espaço do tratamento da criança.* Tais grupos, vale ainda lembrar, eram formados por mães que tinham filhos em tratamento, e o terapeuta não era necessariamente o analista dos filhos. Nessa proposta eram trabalhadas as implicações de se ocupar o lugar de mãe: eram grupos terapêuticos de adultos com uma problemática comum. Comparando-a com nossa própria proposta, teremos como grande diferença o fato de que ali não se trabalhava, no espaço do tratamento da criança, a intersecção dos campos desejantes entre pais e filhos.

Durante muitos anos trabalhei com esse referencial, e à medida que minha prática aumentava, também a insatisfação crescia. Havia um corte marcante entre o trabalho com a criança e as novas articulações que se operavam na realidade familiar. As mudanças ocorridas em seu mundo psíquico chocavam-se com dificuldades muitas vezes insuperáveis quando ela tentava transferi-las para o campo da realidade familiar. Essa nova *historicização simbolizante,* que se processava como produto da análise (entendida como nova versão que o sujeito faz de sua história, que muda sem ter mudado a realidade, mas sim os nexos entre as diferentes representações e as relações dessas com os afetos), encontrava resistência no novo momento de reencontro com os pais. Os resultados eram negativos, porque quando a criança – a partir de suas mudanças – propunha-se como agente de transformação na família, isso provocava uma resistência de tal magnitude por parte dos pais que a criança acabava se confrontando com as novas aquisições sem poder incorporá-las e concretizá-las. Tais dificuldades redundavam muitas vezes na interrupção do trabalho analítico. Os pais entravam em crise, sem espaço para processá-la. Algo que neles deveria ser trabalhado não encontrava espaço para tal. Lembremos das funestas consequências para o casal e para a mãe do pequeno Hans decorrentes das intervenções de Freud em relação à sexualidade do pequeno, e que nunca foram processadas por ela.[5]

Na abordagem lacaniana também encontramos objeções ao trabalho com o inconsciente nesse espaço transicional criado entre os pais e filhos. Ao compreender a fundação do inconsciente como decorrente do campo do outro, através de seu desejo, e ao entender o sintoma na criança como uma formação metonímica dos conflitos parentais (produto de uma formação deslocada de seu inconsciente na relação com sua sexualidade reprimida), ou seja, quando, em detrimento do pulsional, o desejo do desejo do outro assume um caráter que inaugura o inconsciente, prioriza-se o trabalho com os pais, chegando-se por vezes a se considerar a criança uma cristalização sintomática que deve esperar muito tempo para

---

[5] Em relação a essa temática vale a pena consultar o livro de Manonni *A criança, sua doença e os outros*.

começar a ser tratada. Em um interessante trabalho, Durval Checchinato, tomando Maud Mannoni como referência, analisa com precisão alguns motivos pelos quais, afirma, se corre o risco de, ao se atender uma criança, provocar-se uma "psicologização" ou "psiquiatrização". Propõe então o trabalho com os pais, afirmando que tudo em uma criança ou em um adolescente irá mudar no momento em que os pais tomarem uma posição ordenadora da pulsão. Insiste, assim, na importância de se trabalhar unicamente com o discurso dos pais. De minha parte, acho fundamental introduzir a função da alteridade na formação da subjetividade, desde que isso não traga resultados, na prática, exatamente opostos aos obtidos pelo referencial kleiniano: antes só crianças, agora só pais. Se for essa a proposta, não existe psicanálise com crianças.

Tentando superar essa opção entre duas alternativas, venho nos últimos quinze anos desenvolvendo a seguinte linha de trabalho na condução da cura da criança:

> Nos momentos em que a viscosidade prevalece sobre o fluxo, e algo na possibilidade de se operar mudanças encontra-se impedido, proponho, sempre que necessário, a inclusão dos pais como parte do tratamento da criança, como uma forma de flexibilizar o recalque e facilitar a criação de novas condições de subjetividade. (Sigal, 1994)

A proposta é que os pais circulem, se necessário, no espaço analítico da criança. Os pais são convocados para serem interpretados aí, no ponto exato de intersecção em que seu desejo aprisiona a criança em uma sintomatologia que se cristaliza, impedindo-a de realizar os movimentos necessários para encontrar seu próprio desejo.

Winnicott afirma que, em momentos de grave regressão na transferência, o terapeuta é convocado como sujeito no real. Entendo que é mais proveitoso, nessas situações, convocar os pais que, com a ajuda do terapeuta, oferecem-se em um real em transferência, o que possibilita a superação de momentos de graves crises e deixa o terapeuta liberado para atuar como suporte tanto na transferência com os pais quanto com a criança.

Essa proposta surgiu de minha própria experiência como terapeuta e como supervisora de diversas situações onde o analista encontrava-se em sérias dificuldades; pois, pelas características singulares das análises em que as crianças nos convocam no real, vemo-nos forçados a abandonar exatamente o lugar de analista. Se convocássemos os pais para atuarem dentro do espaço analítico, isso liberaria o analista para interpretar a dificuldade existente entre ambos e os aspectos imaginários deflagrados. Lembro o caso de uma criança de três anos que, na hora da análise, fazia grandes deposições fecais, às vezes no chão, pedindo ao analista que as limpasse. Nessa hora a criança dizia: "limpa bem, toca bem". O analista entrava em um conflito por se ver dividido entre expor a criança a sair suja à sala de espera – deixando, em sua fantasia, o consultório inundado com suas fezes – ou limpá-la, realizando dessa forma o desejo da criança, e pondo em risco a abstinência. Somava-se a isso seu próprio asco frente à situação, o que mobilizava fortes sentimentos contratransferenciais, que redundavam por vezes em paralisia e por outras em submissão. O fato de ter convocado a mãe na sessão para dar conta dessa situação fez que o terapeuta pudesse manter seu lugar, e ao mesmo tempo ampliar, com a riqueza das nuanças que aconteciam entre mãe e filho, a compreensão desse vínculo. Logo ficou evidente que a mãe erotizava fortemente a criança nas situações de analidade, o que, por sua vez, tinha ligação com o sintoma. De seu lado, o analista teve de trabalhar as situações onde a mãe convocava-o ao banheiro "para ajudar", tentando colocá-lo em uma posição voyeurista. Insisto que não teria sido impossível trabalhar essa situação só com a criança. Afinal de contas, foi assim que procedi durante muitos anos. Mas não tenho dúvida de que, desse modo, certas situações se escancaram com grande rapidez, e que o efeito produzido pela interpretação dirigida a ambos opera de forma mais efetiva.

Gostaria de esclarecer que minhas diretrizes para qualquer tipo de intervenção técnica na cura decorrem fundamentalmente da singularidade do caso que me demanda. Portanto, tal procedimento não é uma constante nem a única opção. Determinadas situações exigem longas intervenções com os pais antes de se ver a criança, ao passo que em outras é indicado começar um trabalho com o sujeito infantil, sem inicialmente implicar ou convocar os pais. Não existem manuais de instrução indicando cada tipo de intervenção. Tudo dependerá, como no caso da interpretação, de uma escuta adequada.

Uma opção teórica: uma proposta clínica

No decorrer de um tratamento, confrontamo-nos com momentos em que a resistência acentua-se de tal modo que as associações são impedidas, a repetição exacerba-se, a possibilidade de elaboração fracassa e a angústia aumenta tanto que em vez de impulsionar a busca, de propiciar novas ligações, novos agenciamentos, acaba por paralisar o processo. Nesse tipo de situação, nossos modos habituais de conduta não favorecem a continuação do trabalho, já que nem a interpretação nem a reconstrução operam como seria de se esperar. Pensamos que, em tais momentos, os pais podem funcionar como reemissores *in situ* de enigmas em relação aos quais eles próprios permaneceram estrangeiros, permitindo que essas mensagens encontrem destinos inéditos, que facilitem a circulação e a perlaboração. Foi esse um dos pressupostos teóricos que nos orientou. O encontro permite que a criança agencie novas vias de retradução, já que as mensagens a serem reenviadas não terão o mesmo efeito traumatizante; podendo assim operar sobre os processos mnésicos, permitindo reordenamentos segundo nexos diferentes, produzindo novas retranscrições e abrindo novos caminhos de associação, antes impedidos. Por efeito do *après-coup* facilita-se o caminho da perlaboração. Os pais presentes em uma sessão – seja ambos, seja apenas um deles, segundo o que for previamente determinado – podem, através de uma palavra, de sua presença, de um gesto, da emissão de um som, colocar em circulação algo que estava elidido e que, ao ressignificar uma cena anterior, facilita o encontro de um novo destino para a representação.

Portanto, o convite aos pais para participar das sessões é pontual e realiza-se nos momentos em que é preciso fazer circular algo que está impedido de entrar na rede associativa. Sabemos que aspectos parciais das representações-coisa podem ser recapturados em um novo tecido e ser retranscritos, ao modo do processo secundário, na sua relação com a representação-palavra. Sabemos que a lembrança mesma não retorna, mas sim algum traço ligado à lembrança infantil que a evoca. Sabemos também que, mesmo intraduzíveis, algumas mensagens podem recircular em busca de um estatuto menos traumático. Sabemos que, quando essas mensagens começam a circular, algo do outro transita na transferência, porque elas se fazem presentes como pertencentes a seu emissor. A função intrínseca do analista em transferência é disparar enigmas. No caso de uma análise de adultos é na dupla analista-analisado que se resolve a transferência. Na análise de crianças, devido às circunstâncias já citadas em relação à dificuldade do campo, devido à multiplicidade das transferências, à proximidade existente entre os pais da realidade e do fantasma – que transforma eles próprios em objeto de transferência –, é possível e conveniente convocar os emissores originais e retrabalhar os enigmas.

A ideia de introduzir os pais deve-se ao fato de que eles mesmos são objeto de transferência, como era para Hans o seu pai, e de que ambos se encontram em transferência com o analista.

É justamente esse dizer em transferência com o analista que lhes oferece elementos para articular as simbolizações faltantes. É no estranho-familiar (*das Unheimlich*) do discurso dos pais, como suportes de transferência, que o enigma – recirculando – pode ter outros destinos (Freud, 1919a). O familiar, que chega dos pais da realidade, desses pais do contato cotidiano, e o estranho, que chega dos próprios pais na relação com o desconhecido de seu inconsciente, dos pais como sedutores-traumatizantes. Como diz Freud, nesse novo reencontro, *"algo que estava oculto veio à luz"*: o contato com os pais nessa dupla função que provoca estranheza e familiaridade, que revela e oculta, atua como disparador de associações e propulsor de movimento.

Nesse aparelho em constituição, em que as fronteiras e os lugares estão se constituindo, os pais aparecem como figuras fronteiriças entre a realidade e o fantasma e, ao incluí-los, facilita-se um encontro que nada tem a ver com a interação, sendo mais próximo *de uma circulação onde as velhas mensagens enigmáticas transformam-se em novas, possibilitando mudanças que operam em ambas as direções* (as transformações ocorrendo tanto na criança quanto nos pais). É por essa razão que insistia no fato de que uma modificação na clínica produz efeitos de mão dupla, acabando por criar mudanças na família, que passa a escutar a criança de um modo diferente, porque os próprios pais se desalienaram de seu recalcado. Como já afirmei, ambos os pais, ou só um deles, pode ser convocado a uma sessão. Do mesmo modo, o analista pode trabalhar com um dos pais ou com ambos fora da sessão da criança, para referi-los a seu próprio enigma, já que por alguma razão restou algo não traduzido para eles. Algo que para os próprios pais ficou desligado e recalcado, reaparecendo agora de modo inconsciente e sendo atuado na relação com o filho; o conflito que os aprisionava pode ser desvendado nesse novo momento, do qual não há razão para que a criança participe.

É interessante destacar que, participando da produção lúdica da criança que brinca, os pais participam de uma atividade que em seu desenrolar atualiza e/ou gera marcas e ocorrências que podem ser matéria-prima na construção de novos sentidos. O espaço do jogo é separado e diferente do espaço cotidiano. Nele se renasce e se morre, o tempo é reversível e cria-se um espaço transicional de ilusão e ensonhação, sobre o qual Freud dizia: "A criança que joga, como o poeta, cria no cotidiano um espaço singular". É exatamente nesse espaço que circulará, entre os pais e a criança, um novo encontro.

Vinheta clínica

Uma criança de seis anos entra no consultório da analista e ordena à mãe, autoritariamente, que entre com ela. A terapeuta presencia essa cena, permanece como testemunha, e em vez de insistir que a criança entre sozinha, convida a mãe para participar da sessão.

Começa a desenrolar-se um jogo em que a criança, trazida à consulta por tricotilomania (arranca os cabelos), monta uma cena com a família, em que há um pai despótico, que maltrata os diferentes personagens. Depois de observar o jogo durante um tempo, o analista faz uma intervenção dizendo: "Não é só o pai quem gosta de mandar nessa família".

A criança e a mãe olham-na com estranheza e perguntam: "Não? Quem mais gosta?".

A terapeuta diz: "Laisa também gosta de mandar e de maltratar sua mãe e seus cabelos". Faz-se um silêncio. A mãe diz, dirigindo-se à analista: "Você sabe, Elisa, nunca tinha percebido como ela me maltrata e manda em mim. Às vezes sinto algo que não sei como definir, talvez muita raiva, não sabia por quê, mas agora que percebo, me dá vontade de puxar os cabelos dela".

Ao dizer isso surpreende-se, em um dizer que deveria ficar oculto, recalcado. Desculpa-se, diz que não era isso que queria dizer. Fica completamente perturbada, enquanto a criança olha para ela, surpresa e desnorteada. Essa situação de tensão agressiva entre ambas estava recalcada. Foi possível revelar-se diante da terapeuta em transferência. Caso tivéssemos trabalhado tal situação só com a criança, não se teria produzido o efeito desencadeado, em ambas, pela presença da mãe. Podemos destacar que a presença da criança convoca o infantil desse adulto.

Na sessão, a própria mãe não é a mãe da realidade, emissora da mensagem originária, é uma mãe que reemite, *in situ*, uma mensagem que agora pode ser decifrada e encarada devido à transferência da criança na mãe e de ambas com a terapeuta. Algo novo começa a circular.

É preciso esclarecer que esse era apenas um determinante na multiplicidade de fatores que encapsulava o sintoma, que demorou muito para desaparecer.

Na modalidade de trabalho que estamos propondo não é necessário convocar essa mãe novamente, na sessão da criança, porque já se abriu uma brecha, já se desdobrou, tanto para a criança quanto para a mãe, uma prega requisitando espaços separados de trabalho.

Em um encontro posterior com a mãe trabalhou-se a razão que a levou, por tanto tempo, a não se incomodar com essa submissão à sua filha e a negar o ódio. Para avançar em nossa compreensão é necessário levar em conta que, na sessão de Laisa, vemos uma clara identificação entre a criança e seu pai, ambos despóticos. Na situação com a filha está deslocada uma submissão ao marido, a quem a mãe teme enfrentar. As razões últimas dessa submissão serão trabalhadas pela mãe na sua análise; caso esta não estivesse em tratamento, aí sim trabalharíamos com ela, na tentativa de mostrar-lhe como, enquanto mãe, ela faz parte da rede sintomática, dada a relação de submissão recalcada que mantém com o pai da menina. Um dos objetivos de tal trabalho seria favorecer associações que conduzissem a um encontro com o inconsciente e possibilitassem deflagrar a demanda de análise; outro, seria possibilitar a manifestação e a circulação de situações recalcadas, para facilitar a entrada dessas representações em novas redes associativas que visem à elaboração. Até aqui poderíamos avançar. Nossa proposta não é analisar a mãe, mas mobilizar nela e na criança aqueles conteúdos que se ressignificam em cada história individual desde o campo do outro. O lance nomeado "roque" no jogo de xadrez poderia servir de metáfora para esse movimento.

Embora seja difícil decidir até onde avançar e sobre o momento de parar na intervenção com os pais, tal dificuldade não deve ser tomada como justificativa para se privar a análise da preciosa contribuição que significam esses encontros. A meu ver, sem eles, a análise da criança teria ficado dando voltas sobre si, sem que tal situação se escancarasse para nenhuma das duas.

Gostaria de ressaltar, então, que esta proposta nada tem a ver com a ideia de trabalhar com os desejos dos outros originários como relação de extensão ao inconsciente do *infans*, nem como lugar de origem do sintoma na criança. O sintoma aparece como produto da metabolização, da apropriação singular que o *infans* faz dos desejos inconscientes paternos na colocação em jogo de suas próprias instâncias psíquicas. Não estamos propondo um trabalho com as resistências que possam aparecer no adulto em relação à análise da criança. Esta não é uma proposta interacionista, e tampouco uma proposta de terapia familiar. É *durante* o tratamento da criança, e no tratamento da criança que os pais podem ser convocados. Certas questões podem surgir no espaço comum, e serem trabalhadas em espaços separados da criança, uma vez que tocam situações puramente individuais. Nossa proposta refere-se ao trabalho possível com o inconsciente de cada um em sua singularidade, fundado e fundante na interioridade de um aparelho psíquico que tomou como próprio o que lhe foi oferecido como alheio.

É inimaginável pensar no tempo que um pai ou uma mãe levariam para trabalhar, em uma análise pessoal, questões que dizem respeito ao lugar dos filhos, de modo que isso começasse a se refletir na própria criança. A indicação de terapia de casal ou família propõe que essas questões sejam trabalhadas em outro âmbito, que não o das transferências múltiplas, conduzido pelo analista da criança, produzindo outros efeitos. Entendemos que a terapia de casal ou de família são indicações precisas, que devem ser feitas e, quando bem realizadas, dão os resultados desejados.

Tanto na instituição como no consultório, essa mudança acarreta grandes transformações, porque permite remover resistências que empobrecem o conjunto, propiciando também a cada um dos participantes a elaboração ou a tradução de importantes passagens de suas representações fantasmáticas que ficaram ilhadas. Em suma, integram-se, expandem-se, criam-se novos laços, novos vínculos, novas subjetividades, em pais e filhos.

Pensamos em uma psicanálise que não congela os processos, cuja função não se resumiria em rever o passado, mas que seja permanentemente geradora e criadora de novas subjetividades.[6]

---

[6] Agradeço a meus colegas do Grupo de Trabalho de Psicanálise com Crianças, do Departamento de Psicanálise do Instituto Sedes Sapientiae, pelas fecundas discussões, pelo material clínico aportado e pela companhia nessa árdua e solitária tarefa de fazer psicanálise.

14.
MEDICALIZAÇÃO NA INFÂNCIA: UM ESTUDO SOBRE A SÍNDROME DE DESATENÇÃO (ADD)[1]

A clínica com crianças continua exigindo nossa atenção e promovendo novos campos de pesquisa. Precisamos estar atentos para que nossa prática não fique estagnada. Nossa tarefa é manter o espírito aberto a novas intervenções e surpreender tanto pelo que se repete quanto pelo que aparece de novo nessa clínica.

Hoje, mais do que nunca, faz-se necessário identificar e diferenciar as chamadas novas patologias – se é que coincidimos nessa classificação, quando somos invadidos por uma sobrecodificação que, com aparência de novo, apenas renomeia velhas questões. Sem dúvida, essas renomeações têm um objetivo: não são feitas ingenuamente e se devem a questões de poder econômico e corporativo, pois a psiquiatria e a neurobiologia tentam recuperar um poder que, durante o século XX, certamente disputaram com a psicanálise.

---

[1] Publicado originalmente na revista *Prismas*, da Sociedade Brasileira de Estudos e Pesquisa da Infância, v. II, no 2, p. 85-98, 2004; reproduzido em *O sintoma e suas faces*, organizado por Lucía Barbero Fuks & Flávio Carvalho Ferraz (São Paulo: Escuta/Fapesp, 2006, p. 89-100).

Nas décadas de 1960 e 1970, tudo aquilo que não se sabia como classificar nos diagnósticos infantis e que era da ordem de pequenos distúrbios (agressividade, desatenção, hipercinesia, transtornos de aprendizado etc.) acabava classificado em uma síndrome inespecífica, que não apresentava alterações eletroencefalográficas e denominava-se Disfunção Cerebral Mínima (DCM),[2] diagnóstico que caiu em absoluto desuso há mais de vinte anos. Num cotejo com os índices classificatórios que aparecem em numerosos textos atuais, poderíamos dizer que aquele quadro corresponderia hoje à Síndrome de Déficit de Atenção/Desatenção com ou sem hiperatividade (ADD/ADHD). Aqui, pretendemos demonstrar a pouca utilidade de um diagnóstico que, ao descrever uma unidade fenomênica aparente, não aponta a multiplicidade de condições causais subjacentes. Nos procedimentos diagnósticos, já faz tempo que a medicina abandonou como elementos classificatórios indícios exteriores, como palidez, cansaço, tosse e tontura, passando a centrar-se na fisiologia e nos processos metabólicos que ocasionam os distúrbios. A psiquiatria, porém, volta a classificar as doenças partindo do exterior, criando uma limitação no próprio diagnóstico.

Apresentarei agora alguns dos elementos utilizados para, com base na tentativa classificatória, diagnosticar o Déficit de Desatenção com ou sem Hiperatividade, a fim de demonstrar

---

2 Foi S. D. Clements (1966) quem introduziu a denominação DCM, considerando a hiperatividade o sintoma principal. O termo foi aos poucos abandonado, porque se concluiu ser incorreto inferir danos cerebrais em crianças que só apresentavam distúrbios de conduta.

como os índices nos dizem muito pouco. A tabela diagnóstica é bem mais complexa e pode ser consultada no DSM IV.[3]

Segundo a tabela, esses indícios são válidos para diagnosticar o ADD nos casos em que não aparecem durante: o curso de um transtorno generalizado do desenvolvimento, esquizofrenia ou transtorno psicótico, assim como naqueles que não podem ser explicados por outra desordem mental ou afetiva, por desordens ou distúrbios cuja causa é a ansiedade ou por transtorno dissociativo ou da personalidade, ou seja, os tais índices são válidos em quase nenhuma situação. Eis alguns desses indícios, entre os quais seis devem estar presentes para configurar o transtorno:

- não presta atenção a detalhes;
- comete erros nas tarefas de escola;
- tem dificuldade para se concentrar em tarefas e jogos;
- parece não escutar quando lhe falam;
- deixa tarefas incompletas e não cumpre ordens e instruções;
- rechaça ou evita atividades que requerem esforço mental;
- distrai-se com estímulos alheios à tarefa;
- mostra-se distraído nas tarefas diárias;
- pés ou mãos denotam irrequietação;
- corre ou se mexe em situações impróprias;

---

[3] American Psychiatric Association, 1994.

- não permanece sentado em classe;
- tem dificuldade em brincar calado; e
- fala excessivamente.

Vemos que a descrição é genérica e só indica fenômenos superficiais.

Conclui-se que essas tabelas querem nos dizer tudo e acabam não dizendo nada. Na verdade, os indícios ou condutas descritos no DSM IV (tabela 1)[4] para síndrome de hipercinesia e desatenção não diferem em quase nada dos numerosos sintomas que podemos encontrar em crianças neuróticas, *border* ou psicóticas, como produto de defesas maníacas, elementos depressivos, atitudes de dissociação, histerias, condutas regressivas ou falhas no recalque primário. O único elemento que a classificação da problemática acrescenta é a possibilidade de enclausurar nosso sintoma com o nome de um quadro específico, o que nos tranquiliza e cria a ilusão de um saber inexistente. A consequência, grave, é que, classificado o problema, esse supostamente deve desaparecer, sendo a medicação a indicação adequada. Aqui, encaramos dura batalha, produto da proliferação dos psicofármacos. Dessa forma, apaga-se de uma só vez qualquer especulação possível sobre a origem do sintoma.

Transtornos de sono, enurese, dificuldades escolares, fobias e transtornos alimentares são quadros que sempre acompanharam nosso trabalho com crianças. A antiga disfunção cerebral

---

[4] Esses critérios diagnósticos da conduta da criança estão delineados no *Diagnostic and Statistical Manual* (DSM), da American Psychiatric Association.

ESCRITOS METAPSICOLÓGICOS E CLÍNICOS   311

mínima reaparece hoje como síndrome de hipercinesia e de-satenção; os rituais obsessivos, que já na primeira metade do século XX Melanie Klein descrevia em Rita (uma menina de dois anos), hoje se têm transformado em TOC; e não estranha-ríamos ver o pequeno Hans diagnosticado com síndrome do pânico. As consequências dessas redenominações surpreendem, porque estão fadadas a eliminar a subjetividade e transformar os conflitos psíquicos em simples processos neurobioquímicos, que se tratam com a consequente hipermedicalização das crianças. O trabalho do "Outro-analista" se desqualifica em favor do "No Outro: Ritalina".

A neurobiologia não se interessa em pensar as patologias como produto de transtornos devidos à falta ou ao excesso do Outro primordial, a conflitos na resolução edípica ou a dificuldades na identificação.

Então, a serviço do que está a tal redenominação?

Em parte, ela segue o critério geral que a neurobiologia e a biopsiquiatria vêm adotando, ao descrever índices de conduta em vez de conflitos inseridos em uma história. Tais conflitos (produto de uma dinâmica metapsicólogica inter e intras-subjetiva que evidencia conflitos entre instâncias) terminam inseridos no registro biológico-neuronal.

Em lugar de analisar a história e pensar na repetição de elementos traumáticos, medica-se. Em lugar de descobrir o que não foi metabolizado na relação com o Outro (para assim, através de um encontro *em* transferência, ajudar a criar os ne-xos necessários que faltaram), medica-se. Em lugar de deixar entrar novamente em ação um Outro-analista (o qual pode pôr em movimento os elementos isolados e fixados no arcaico infantil que ficaram sem tramitação), medica-se. Em lugar de apelar para a análise e a descoberta, a elaboração e a construção, pretende-se encontrar atalhos para o apaziguamento da angústia. Colocando o remédio no lugar do Outro, impedem-se a análise e os conflitos nas trocas simbólicas. Por conseguinte, a questão parece ser esta: Ritalina, Prozac e Zoloft? Ou a importância do Outro? Rompe-se com a senda que Freud abriu ao priorizar o inconsciente e anula-se a ruptura epistemológica inaugurada pela psicanálise.

Esse movimento, que tritura a subjetividade, ocorre em detrimento de aprofundar e avançar pesquisas que permitiriam desenvolver a metapsicologia e a psicopatologia e, assim, abrir novos horizontes na compreensão da alma humana. Ele também reforça excessivamente pesquisas financiadas pelos laboratórios, as quais darão polpudos rendimentos às multinacionais.

Quando se descreve uma série de signos ou índices que configuram uma síndrome (em vez de ampliar o conhecimento da subjetividade e de sua dinâmica), o que interessa é fazer desaparecer o sintoma e impedir que o sujeito recupere aspectos dos quais ficou alienado. A questão é que, na produção tanto de saúde quanto de patologia, entendida como produto biológico, nega-se e renega-se o Outro e o social. Calam-se as angústias dos sujeitos, produto dos intercâmbios com o exterior; negam-se tanto as condições da realidade que denunciam o fracasso da organização social falida e globalizada quanto a fundação da subjetividade no referente à implantação traumática da sexualidade por meio dos enigmas do Outro.

Apagar rapidamente o que incomoda é domesticar as crianças que são hiperativas e se mostram refratárias às nossas exigências.

O Outro está nas origens da formação do sujeito. Quando implanta a sexualidade ou apresenta a realidade de forma que já tenha sido elaborada por si (adulto), permite à criança imaginar, fantasiar, criar, podendo associar e conceber cenários para seu mundo desejante. Quando essas funções falham, estamos diante das patologias do arcaico que, no meu entender, são produtos da impossibilidade de dar destino a tudo aquilo que chega em quantidades impossíveis de serem metabolizadas.

Veremos agora dois caminhos em que se devem desenvolver as pesquisas para abrir o leque da compreensão das patologias da modernidade. Primeiro, trataremos da incidência da realidade social sobre as formações do inconsciente. Em seguida, referir-nos-emos aos transtornos da instalação do recalque primário, os quais produzem falhas na simbolização e fazem o sujeito retornar à condição de puro organismo. Violências reais e violências simbólicas nos acossam em ambos os casos.

De uma realidade social que perturba

As inumeráveis transformações históricas, políticas e econômicas da atualidade confrontam os sujeitos com a necessidade de precisar dar conta de uma realidade que exacerba o desamparo e os coloca como algo supérfluo, intercambiável. Esses fenômenos operam no mundo fantasmático, e dificilmente serão as drogas-remédios o que dará destino mais bem-sucedido à maneira pela qual a realidade opera no registro simbólico.

Patologias do excesso ou da paralisação do sujeito em face do mundo... Patologia do vazio, do sem-sentido, do pânico, da compulsão, da hiperatividade, da falta de atenção ao Outro e ao objeto... Essas coisas dificilmente serão elaboradas com remédios.

O consumo desenfreado... A aceleração vertiginosa do tempo, que faz que não seja possível suportar nem sustentar projetos de longo prazo... O imediatismo, que transforma a satisfação sem demora no *leitmotiv* do prazer cotidiano... A falta de solidariedade e de projeto utópico... A política de esgotamento rápido do objeto, que consequentemente não deixa marcas e impede que o mundo interior seja povoado de conteúdos próprios... A constante intervenção de uma mídia que paralisa e promove a passividade, transformando o sujeito em objeto e atacando os processos criativos e intelectuais... A corrupção social e o desemprego, que aprofundam o sentimento de desamparo e ruína e colocam o eu em posição de falência, desatenção e hiperatividade... Todos esses elementos parecem decorrência lógica da organização social atual. O que nos leva a concluir isso é o fato de que não se trata de casos isolados, produto de uma organização familiar pontual. Ao contrário: sendo crescente o número de consultas, assim como a preocupação dos profissionais em atender à demanda dessas patologias, podemos asseverar que elas constituem mesmo um mal da época.

Mas, por que nos vemos na necessidade de reiterar um discurso que já foi bastante trabalhado? O que há de novo que chama nossa atenção?

A resposta é o grau de penetração que a medicalização vem tendo na sociedade, já que nunca se viu crença tão desmedida no poder de cura dos remédios, mesmo entre os próprios psicanalistas.

Não chama nossa atenção que uma psiquiatria organicista promova esse movimento – afinal, cada um defende seu peixe. O que nos assusta é o número sempre crescente de educadores, médicos e psicanalistas que ficam seduzidos pelas supostas facilidade e felicidade proporcionadas pelos medicamentos e tendem a indicá-los. Preocupa-nos ver a conivência, ingênua ou nem tanto, com medicações que prometem sucesso rápido na prática clínica.

Com maior grau de sofisticação, o discurso dos laboratórios usa a isca da medicação para arregimentar o analista como colaborador necessário. Em nosso meio, vemos aumentar a complacência para com a medicação infantil, criando um exército de dependentes químicos que não é denunciado por infringir as leis impostas pela sociedade – esta, ao contrário, os induz a drogarem-se, para evitar o descontentamento que os sintomas deles denunciam. As estatísticas mostram que, nos últimos quatro anos, duplicou o número de crianças medicadas com Ritalina; essa substância estimulante evitaria a desatenção e a hipercinesia, sintomas que, todavia, podem ser mais bem compreendidos à luz dos efeitos que uma sociedade midiática produz, transformando a subjetividade e nela operando.

O corolário disso é que se faz necessário pensar a própria realidade como produtora de patologias.[5]

Do Outro que implanta a sexualidade

Essas patologias contemporâneas que nos afligem têm algo em comum. Ao que parece, estamos diante de modalidades com exigência de satisfação pulsional imediata, dotadas de características autoeróticas difíceis de simbolizar. É possível que o arsenal teórico de que dispomos seja insuficiente. Talvez só o trabalho interpretativo não dê conta das complicações que tal clínica nos impõe.

Precisamos aprofundar a visão dos fenômenos segundo conceitos metapsicológicos mais amplos e mais precisos, em

---

[5] Pais e mães ausentes na vida dos filhos por estarem imersos em um sistema que deles tudo exige. Nas classes mais abastadas, trata-se de pais e mães *workaholics* que são substituídos por inúmeras figuras que criam vínculos instáveis e fluidificados, os quais não contêm a angústia nem possibilitam criar pela constância traços identitários que deem consistência ao Eu (são motoristas, babás, enfermeiras, *personal trainers* e outros profissionais que se ocupam das crianças). Nas classes sociais mais desfavorecidas, a ameaça de situações traumáticas provocadas pelo desemprego induzem os adultos ao abandono, ao descuido das rotinas básicas (como nos diria Winnicott) que ajudam na estruturação do self; assim, crianças sem escola, trancadas ou abusadas pelo trabalho infantil, aparecem no panorama de nossas instituições.

um trabalho de escuta que exigirá pôr o corpo e a palavra para tratar não só do recalcado secundário, mas também do que precisa de nova inscrição ou ligação para poder tramitar no aparelho psíquico.

Estamos em um ponto de inflexão, e é possível que, como psicanalistas, ainda nos falte consolidar ferramentas teóricas que nos ajudem a compreender as novas problemáticas e intervir nelas de modo diferente. Talvez estejamos cedendo à medicalização para acalmar nossa própria angústia diante da dificuldade de dar conta das questões que nossos pacientes nos trazem.

Não podemos mais dizer que os fracassos são sempre dos pacientes. Também nós, os analistas, fracassamos. Nessa realidade, cada vez mais, poderemos ter tanto pacientes como analistas em crise, igualmente medicados. É superficial dizer que não estamos aqui para ajudar a nossos pacientes com seus sintomas – temos, sim, um compromisso ético com o sofrimento e a dor de quem nos consulta.

Se não encontrarmos formas de processar e mobilizar estruturas estagnadas, estaremos cedendo espaço à medicalização. Se não ajudarmos o paciente a criar laços onde estes não existirem, palavra onde houver ato, simbolização onde houver descarga, tramitação de afetos onde houver impedimentos que criam efeitos destrutivos, não conseguiremos fazer frente a essas novas patologias, e as crianças serão medicadas. Nosso trabalho não se limita a levantar o recalque secundário: cada vez mais, impõe-se trabalhar com o recalque primário e com o inscrito como signo de percepção, representação-coisa, para que encontre escoamento no simbólico. Caso contrário o não ligado insistirá. Mantendo os conceitos de inconsciente, sexualidade infantil, Édipo e transferência como elementos fundamentais da clínica psicanalítica, precisamos encontrar novos recursos teóricos e técnicos – pesquisando mais aprofundadamente como se faz interno o externo, como se processa, se inscreve, se associa e tramita no aparelho psíquico aquilo que vem tanto do outro como do social. Para melhor compreensão dos fenômenos atuais, é preciso aprofundar a metapsicologia. Ao estudar mais o arcaico, podemos pensar de que modo se operacionalizou a prioridade do outro na instauração do mundo pulsional, entendendo, caso a caso, de que maneira o traumático do adulto inaugurou a passagem da necessidade ao desejo.

Nessa linha de pensamento, se nas neuroses dirigíamos o olhar para as questões edípicas e seus destinos identificatórios (considerando o papel fundamental do recalque secundário, com a produção de sintomas resultantes do conflito entre instâncias intrassistêmicas), hoje, para compreender melhor essas patologias, faz-se necessário dirigir a atenção para elementos mais arcaicos, ou seja, para os quais, por impossibilidade de tradução, não se conseguiu estabelecer uma ligação que lhes desse sentido.

As patologias nas quais encontramos transtornos na forma de instauração do recalque primário são aquelas em que o pulsional encontra sérias dificuldades para escoar-se ou tramitar, quer por meio da palavra, quer por meio da fantasia.

Anorexias, bulimias, perturbações psicossomáticas, pânico, toxicomania, hipercinesia podem ser perturbações em que a simbolização fracassa, comprometendo o corpo, a ação e até o nível de atuação no campo social.

São perturbações em que se pode situar na gênese e na fundação das instâncias psíquicas o impedimento à simbolização. Esta pressupõe deslocamento, união para criar algo novo (fundamentalmente ligação, seja de duas representações, seja de uma representação com um afeto). A simbolização pressupõe também substituição e permite elaboração e equivalência. Quando a simbolização falha, algo que deveria ter sido transformado, derivado, reaparece no estado arcaico, primitivo, puro.

Assim, emergem elementos da representação-coisa que deveriam ter ficado sepultados por meio do recalque primário, invadindo o eu sem mediação da representação-palavra. Eles, desligados, se incrustam no eu como elementos bizarros que não encontram seu destino em um fantasma, porque não puderam ser metabolizados. A origem de tais impedimentos, intimamente ligados ao trauma, encontra-se nos alicerces da formação do aparelho psíquico.

Há um assédio permanente da vivência traumática (entendendo-se por traumático a forma com que se implantou a sexualidade). Esses significantes, inscritos por intromissão, se caracterizam pela impossibilidade de fixar-se a algum sistema pelo recalcamento, ainda que este opere para outros elementos no aparelho psíquico. Pela violência com que a sexualidade foi implantada, impede-se a formação de vias de derivação, e deixam-se as janelas pelas quais essas representações avançam de forma desligada. Os significantes internalizados se transformam em fontes autônomas de excitação.

Os impulsos sexuais arcaicos próprios da primeira infância adquirem dimensão vertiginosa e aterrorizante – o corpo e o ser da criança foram suporte de um investimento abusivo que se torna impossível de metabolizar e simbolizar. Há uma acumulação de energia que não encontra representação que lhe sirva de lastro. Aquilo que não foi suficientemente traduzido, decomposto e recomposto pela mãe em outras configurações passíveis de apreender, se vê impossibilitado de derivar para o campo do fantasma.

Quando entramos em contato com a angústia catastrófica do não ligado, surge a isca da medicação, que se apresenta como aliado para apagar a angústia. Os psicanalistas de crianças não podem titubear: se as antigas ferramentas não funcionam, é necessário modificar o *setting*, às vezes abandonando o estilo interpretativo e pensando em um aparelho psíquico aberto ao qual o analista se propõe para ajudar a construir o que não existe. É na relação com o outro primordial que se origina a patologia do arcaico e a fundação do sujeito psíquico. É a mãe que, por uma falha na própria sexualidade, de elementos que nela resistiram ao processo de elaboração, transmite esses mesmos elementos à criança, sem nenhuma mediação, provocando uma tendência à repetição como ato do não elaborado.

Se a ligação com a palavra já houvesse ocorrido, seria possível fazer, com êxito, uma derivação dessa pulsão – um deslocamento por meio de movimento metonímico ou metafórico, constituindo sintoma.

Muitos autores têm feito esse esforço teórico de repensar a metapsicologia, dando-nos ferramentas para encontrar o nível de efetividade da cura perante condutas que não configuram verdadeiros sintomas, pois não substituem nada. São, isso sim, a presença atual da angústia. É por isso que consideramos restaurar a situação originária na cura, para, como sugere Laplanche (1988), reenfrentarmos os primeiros enigmas da sedução originária, abrindo caminho à possibilidade de realizar novas ligações e, na verdade, criar algo novo lá onde faltou palavra.

Em face desses pacientes, portanto, parece infrutífera a tarefa de querer interpretar sentidos reprimidos existentes, como seria a tarefa habitual nas neuroses. É necessário que o terapeuta ofereça um aspecto vinculador de sustentação. É necessário ainda que se possibilite uma recomposição, até que se possa encontrar sua ligação com a representação-palavra que outorgue a essa um sentido que talvez nunca tenha tido. Tudo isso enquadrado e sustentado pela força da transferência.

Modificando a condução da cura

A inclusão dos pais no processo analítico da criança (modalidade de trabalho que venho propondo há mais de quinze anos) é mais uma das modificações na condução da cura que, a meu ver, são fundamentais para sustentar a angústia, recolocar a prioridade do outro e permitir que novas mensagens enigmáticas circulem e possam encontrar melhor destino.

Penso que os pais, incluídos *quando necessário* na sessão da criança, podem funcionar como reemissores *in situ* de enigmas aos quais eles próprios ficaram alheios permitindo que essas mensagens tenham outros destinos que facilitariam a circulação e a perlaboração. O encontro permite que a criança agencie novas vias de tradução, já que as mensagens, ao serem reenviadas, em transferência, com a presença do analista, não terão o mesmo efeito traumatizante. Pode-se assim operar sobre os processos mnêmicos, o que, por sua vez, torna possível reordenamentos segundo nexos diferentes, integrando o não integrado, produzindo novas transcrições e abrindo novos caminhos de associação, antes impedidos. O novo consiste em que os pais estão presentes para serem também interpretados. No contrato terapêutico se esclarece que eles podem vir a ser convocados nas sessões, pois pode ser que neles esteja a origem de algo que não pode ser elaborado pela criança.

A implicação dos pais no tratamento revaloriza a prioridade do outro no próprio processo analítico, impedindo que o cuidado da criança seja uma delegação. Ao mesmo tempo, desmascara a falsa ideia de que o sintoma é algo que começa e termina na criança, ideia que os pais podem trazer, comprometendo a participação deles no trabalho com seus próprios conflitos. Precisamos de pais implicados.

Somos conscientes da crescente exigência dos adultos, das escolas e da sociedade para que se eliminem certos sintomas com uma solução messiânica, rápida e efetiva. Ao trabalhar com os pais ajudamos a suportar os sintomas e a angústia que eles provocam. Caso contrário, aceitarão as sugestões de dar medicação para resolver aquilo de que o remédio não dá conta: os desentendimentos, as violências e os silêncios que, durante anos, frequentaram os encontros e desencontros com a alteridade.

O que manterá viva a nossa prática é a confiança em um trabalho psicanalítico que repense a teoria e abra novos caminhos de intervenção e escuta. Denunciar a hipermedicalização das crianças é um compromisso ético.

IV.
SOBRE A FORMAÇÃO
DO ANALISTA

15.
CONSIDERAÇÕES SOBRE A REGULAMENTAÇÃO DA PROFISSÃO DE PSICANALISTA[1]

É um prazer participar deste encontro que propõe o Departamento. Entendo que é um bom momento para promover uma discussão pública e aberta, com todos os membros, que nos permita elaborar uma política em relação a certas questões que agitam o campo psicanalítico. O fato de não termos um fórum de debates permanentes para analisar as posições ético-político-teóricas com as que estamos comprometidos nos dificulta tomar decisões e ter uma possibilidade de ação operativa quando somos convocados. Estes encontros e as discussões aqui processadas permitem recolher o pensamento que circula no coletivo, o qual pode servir de subsídio ao Conselho de Direção na sua tomada de decisões.

A discussão que nos dispomos a enfrentar hoje é complexa e nos confronta com problemas essenciais de nossa prática. Nossa instituição ocupa um espaço importante de reconhecimento no que se refere à transmissão e à formação de analista em

---

[1] Palestra proferida no colóquio interno *Psicanálise: uma titulação, uma especialização, uma profissão*, do Departamento de Psicanálise do Instituto Sedes Sapientiae, em 2004.

nosso meio, e em nosso Departamento, como uma associação de analistas, deverá definir posições que terão muito a ver com nosso futuro.

Faz-se necessário delimitar quais ordens de questões são as que devemos analisar, em função das demandas pelas quais temos sido convocados nos últimos tempos.

Como vocês sabem, um setor do Departamento, o Curso de Psicanálise, está discutindo a questão referente a pedir ou não a especialização ao Conselho Regional como Curso de Especialização em Psicologia Clínica.

Também temos sido convocados, assim como todos os setores da comunidade analítica, a tomar partido perante a Sociedade Psicanalítica Ortodoxa Brasileira (SPOB), tanto nos critérios de formação quanto de regulamentar a profissão de psicanalista. Ao mesmo tempo, o Instituto Sedes Sapientiae está estudando a possibilidade de criar uma pós-graduação *stricto senso* ligada à psicanálise (o que tem seu interesse, mas que, no entanto, não deixa de merecer uma análise).

Portanto, três questões demandam nossa particular atenção:

1) a regulamentação da profissão de psicanalista;
2) a psicanálise como especialidade; e
3) a psicanálise e a universidade.

Reconhecidas essas áreas e considerando que cada uma delas tem pontos que lhe são específicos, é preciso dizer que todas se tecem em uma rede perpassada pelo mesmo fio, o qual se define pelas questões da ética, da transmissão, da formação e do exercício da clínica. É preciso avançar nas análises dessas questões, que nos impõem demandas diversas em função do momento histórico, sem deturpar nem descaracterizar o que é essencial a nosso fazer.

Existem regras enunciadas dentro do campo da própria psicanálise que dizem respeito a como se entende a formação de um psicanalista. Mas no próprio campo há grandes divergências entre as diferentes escolas e instituições. Em cada instituição encontramos formas de reconhecimento e de autorização que lhe são próprias e que divergem entre si, seja por motivos propriamente institucionais, seja por razões teóricas. Mas um enunciado é comum: a psicanálise não é um saber teórico, desengajado da prática, e se funda essencialmente na análise pessoal, condição de conhecimento do próprio inconsciente.

Isso leva a um mínimo acordo no qual se define que, para formar um psicanalista, é preciso análise pessoal, prática clínica supervisionada e conhecimento teórico.

De que modo cada instituição caracteriza a análise pessoal já é motivo de divergências. Desde Freud, que considerava necessária pelo menos uma autoanálise, até as instituições que exigem uma análise didática (com todos os vícios que sabemos que essa situação de análise qualificada propõe), existe um leque quase infindável. De que modo se organiza a supervisão, se supervisão e análise têm um espaço de coincidência, se se valida a supervisão grupal, se a prática na instituição é análise, que teoria se prioriza em cada instituição, são questões que deverão ser discutidas para pensar critérios de reconhecimento e autorização interinstituições. É necessário também pensar que muitos analistas optam por uma formação fora de qualquer instituição, fazendo assim um percurso próprio. O que faz que alguém seja ou não reconhecido como psicanalista? Como enunciar intramuros as questões que delimitam nossa prática? Será necessário algum código de ética e prática enunciado e compartilhado pelos diferentes profissionais que se reconheçam como psicanalistas?

Se a psicanálise vem sobrevivendo há tantos anos sem nenhuma lei que a regulamente, o que mudou na atualidade que seria necessária a criação de um conselho para garantir sua sobrevivência? Algumas dessas questões serão abordadas ao nos referirmos às tentativas feitas para criar uma instância ordinal para a psicanálise.

Revisitando a obra freudiana, encontramos enunciada grande parte das questões que atualmente nos propomos a analisar. Nela, Freud vai definindo posições e caminhos para esse novo saber, discutindo desde a relação da formação prévia necessária para ser psicanalista até a constituição da International Psychoanalytic Association (IPA) como instituição de formação que não deixa de se "autoconsiderar" reguladora e autorizadora, mesmo que não seja juridicamente reconhecida pelo Estado.

Existem questões *fora do campo* que nos obrigam a pensar a relação da psicanálise com a lei jurídica, assim como a relação com os interesses de classes e corporações junto com os convênios médicos e os planos de saúde e laboratórios multinacionais que pressionaram para que a psicanálise ficasse fora do *DSM-IV*, trocando a categoria de neuroses pela de transtornos ou síndromes que consideram os fenômenos de conduta com base em indicadores externos cuja origem é orgânica, produto do comprometimento dos neurotransmissores, sem considerar os mecanismos psíquicos subjacentes que determinam certas patologias, desconsiderando a subjetividade.

Se, por um lado, a psicanálise é um saber subversivo que pretende manter-se fora de uma regulação externa a ela própria, por outro, quando determinadas situações extramuros atingem os psicanalistas, estes devem se pronunciar. Ato médico, contratos não reconhecidos por concursos públicos, honorários não pagos por falta de inscrição em algum conselho regional ou órgão regulador, formações espúrias, como a que surgiu há pouco tempo pela Sociedade Psicanalítica Ortodoxa Brasileira, mobilizam o conjunto dos psicanalistas.

Faz-se necessário, portanto, reconhecer que tanto *no dentro como no fora* há interesses políticos, institucionais e econômicos que mudam a configuração dos problemas em função do momento histórico.

O fato de nos encontrarmos com tamanha dificuldade e diversidade não deve ser motivo para nos eximirmos de participar e tomar posições, que até poderão ir mudando à medida que a história também transcorrer.

No meu entender é necessários abordar três momentos para levar adiante uma posição institucional:

1) o da informação;
2) o da análise dos dados, discussão e decisão; e
3) o da implementação de medidas e luta para conseguir levar adiante uma política definida.

Sobre a história recente

Considero que precisamos encarar o primeiro momento, o da informação, embora tenhamos de ir tomando decisões à medida que se processam as questões.

Durante o ano passado fui convocada – pessoalmente, e não como representante da instituição – a discutir as questões de uma possível regulamentação da profissão com um grupo que se reunia na Sociedade de Psicanálise, com o presidente da Sociedade e alguns colegas da universidade e de sociedades lacanianas. Esses encontros me levaram a procurar informação e é parte dessa informação que pretendo transmitir para o coletivo. É bom dizer também que esse grupo foi se esvaecendo porque, a meu ver, não havia alianças suficientemente fortes para levar em frente uma posição. Entendi naquela época que um grupo da Sociedade Psicanalítica estava com um interesse quiçá mais definido de avançar na linha da regulamentação, na própria Sociedade de Psicanálise, ao passo que outros grupos da própria Sociedade não concordavam com essa posição. Os lacanianos presentes não se mostraram muito interessados em fazer alianças, faltaram frequentemente e entendo que sua preocupação naquele momento tinha mais a ver com o que acontecia no próprio movimento. O pessoal ligado à universidade não estava tão diretamente implicado no assunto, dado o papel que esta tem na transmissão da psicanálise, pois na universidade essa transmissão passa mais pela titulação da pós-graduação, e não está ligada ao exercício de uma prática. Nós, enquanto isso, como instituição, ainda não tínhamos sequer abordado essa problemática.

Meu interesse era mapear o que os diversos grupos estavam pensando, conhecer tendências, pôr em manifesto as dificuldades para detectar a possibilidade de acordos e entender o que levava a um reconhecimento entre instituições. Era, em meu entender, um primeiro momento de informação e troca que possibilitaria *a posteriori* um trabalho intrainstitucional formal.

Ao mesmo tempo, estava articulando-se no Hotel Glória, no Rio de Janeiro, um grupo para levar adiante um posicionamento coletivo contra a lei Eber Silva. Nosso contato com esse grupo era o representante do Departamento no Núcleo de Departamentos, o qual, por sua vez, tem contatos com a Diretoria.

Para situar essa problemática da regulamentação na história recente, tomarei alguns antecedentes no movimento nacional e internacional. Como nós que estamos aqui desde o começo sabemos, a própria criação do nosso curso implicou uma árdua batalha para se implantar como um curso de formação de analistas – só a história de seu nome dá conta dela. Em sua criação denominou-se "Curso de formação de psicoterapia de orientação analítica" para não haver conflito com a Sociedade Brasileira de

Psicanálise, até se transformar em "Curso de Psicanálise", depois de várias cisões. Vários artigos na revista *Percurso* e na revista dos vinte anos do Sedes dão conta dessa história.

Mas, para nos referirmos a situações mais recentes, lembraremos como a questão da regulamentação tomou o panorama de nosso fazer a partir de um Projeto de Lei (n. 3944, de 2000) que apresentou o sr. Eber Silva, pastor evangélico, ao Congresso Nacional, no qual a Sociedade Psicanalítica Ortodoxa Brasileira requeria o direito de ministrar cursos de formação profissional em psicanálise, os quais permitiriam a seus formandos exercer e praticar a psicanálise em todo o território nacional. A proposta desses cursos era lançar milhares de psicanalistas no mercado (aproximadamente 2 mil por ano), cuja formação exigia um tempo ínfimo (um ano) sem contemplar nenhuma das variáveis que mencionei anteriormente como questões necessárias e internas à formação de um analista. O Projeto de Lei n. 3944 de 2000 faz referência não só à área de formação, mas também à regulamentação da profissão de psicanalista. Essa proposta vem ocupar um lugar em aberto deixado pelos psicanalistas em relação à psicanálise e à lei jurídica que poderia dizer quem é psicanalista.

De fato, em nosso país, assim como em muitos outros, a psicanálise não é considerada uma profissão, o que ocorre na Itália, na Suécia, na Alemanha e na Dinamarca (países que, de uma ou outra forma, têm a profissão regulamentada).

Nesse espaço sem fronteira que a psicanálise tem defendido se instala esse ousado comerciante dono de uma universidade, propondo a necessidade de disciplinar e fiscalizar o processo de formação e exercício da profissão em nome de "proteger a população que se vê exposta a riscos de ser tratada por psicanalistas não competentes" (Eber Silva, Lei n. 3944 de 2000).

A análise do texto do projeto de lei desmascara vergonhosamente o desejo corporativista, tentando incorporar todas as correntes já existentes como modo de não criar resistência.

Ao mesmo tempo, subordina a atividade de psicanalista ao Conselho Federal de Medicina e ao Ministério da Educação, e propõe outorgar o título de especialista a todos os membros de instituições formadoras já existentes.

Sem entrar no mérito de que a formação em psicanálise não pode estar ligada a nenhuma entidade confessional, qual não será a surpresa ao ler que Deus e o diabo fazem parte dos textos veiculados nas apostilas nas quais se difunde um pretenso conhecimento psicanalítico. Os cursos de curtíssima duração são ministrados por pastores evangélicos que misturam ideário religioso a preceitos freudianos. Fala-se de possessão demoníaca e se conjugam dogmas religiosos com teoria psicanalítica.

Não entrarei nos detalhes do acontecido porque essa questão foi amplamente debatida na sociedade, mas graças a uma firme resposta de luta de diversas instituições ligadas à psicanálise, e a deputados como Paulo Delgado e Sérgio Miranda, conseguiu-se que o projeto não fosse aprovado na Câmara.

O pedido de praticar e ensinar psicanálise foi negado à SPOB também pela Justiça Federal. A juíza Colete de Oliveira, da 9ª Vara da Seção Judiciária do Distrito Federal, considerou que a lei brasileira ao mesmo tempo que garante a liberdade de ensino à iniciativa privada, confere ao poder público o dever de fiscalizar e controlar a qualidade de ensino e, conferindo que tal instituição não está devidamente habilitada com registro e autorização de funcionamento para essa atividade profissional, como dispõe o art. 209 da Constituição, julgou-a improcedente.

Se bem que esse parecer beneficiou a todos, cabe nos perguntar que instituições formadoras reconhecidas podem comprovar uma regulamentação ou credenciamento frente ao poder público.

É interessante destacar que na luta foram feitas as alianças entre os grupos mais variados. Houve manifestações até mesmo de associações psicanalíticas formadas por apenas quatro membros. Todos participaram do manifesto de Entidades Brasileiras de Psicanálise (ao qual já me referi). Nessa oportunidade, a diretoria do Instituto Sedes Sapientiae publicou uma carta de repúdio na qual se posicionava dizendo que a lei Eber Silva não corresponde aos propósitos dos psicanalistas, que são os que devem se pronunciar em última instância.

O Conselho Federal de Psicologia (CFP) se manifesta em um documento assinado por J.C. Tourinho da Silva, emitido em Brasília, 2000, contra a proposta da SPOB e contra a proposta de um conselho de fiscalização profissional da psicanálise, alegando que esta, quando utilizada para objetivos clínicos, se constitui em área da saúde, mais especificamente da saúde mental, compreendendo o diagnóstico e a intervenção em processos subjetivos. E é por essa mesma razão que, segundo o documento, deve ser utilizada apenas por psicólogos e médicos psiquiatras, profissionais com formação adequada para esse fim: "Psicólogos porque a profissão foi regulamentada pela Lei n. 4119/62 e implica, entre outras possibilidades, fazer diagnóstico e solução de problemas"; não usa a palavra "terapia" porque, como sabemos, entra em contato com o ato médico.

É importante destacar que essa determinação não deixa de ter seus vícios corporativistas e nos envolve de perto, já que não abre espaço para a legalização de quem exerce a psicanálise sem essas titulações específicas. Sabemos que pode trazer dificuldades à clínica do Instituto Sedes o fato de legalizar o atendimento a colegas que fazem o curso de psicanálise, mas não têm titulação de médico ou psicólogo, condição não exigida por nós, fiéis à ideia de que a formação médica ou psicológica não necessariamente dá elementos para atender em psicanálise, argumento bem desenvolvido já em 1926 por Freud em *A psicanálise é leiga*. O Conselho Federal de Medicina apoia e está por trás de uma lei que sanciona o ato médico como exclusividade de sua classe, portanto deixando os psicólogos de fora. Cada categoria defende seus interesses excluindo as demais, mas quais delas têm a ver com a problemática específica da psicanálise?

Antecedentes internacionais para a criação de um órgão regulador

Ao final da década de 1980, Serge Leclaire, Lucien Israel, Daniel Levy, Phillippe Gérard e Jackes Sedat publicaram um documento intitulado "Por uma instância ordinal de psicanalistas".

A convocatória surge devido a uma conjuntura política e econômica particular na França, prestes a entrar na Comunidade Europeia, onde países como Alemanha, Suécia e Dinamarca já tinham alguma instância reguladora. Foi um momento também em que, por um lado, os convênios médicos tinham cercado total e definitivamente os profissionais que eles credenciavam para o atendimento terapêutico, dos quais os psicanalistas tinham assim ficado de fora, credenciando somente os psiquiatras, ao passo que, por outro lado, a universidade vinha investindo pesadamente na apropriação e na transmissão da psicanálise.

O documento propõe a criação de um conselho de classe de psicanalistas e está endereçado a todos os que exercem a profissão na França. Como podemos observar, de fato está considerando a psicanálise uma profissão, enquanto nós, até aqui, temos preferido considerá-la uma prática.

O documento começa dizendo:

> O tempo em que a psicanálise podia prevalecer e se beneficiar de uma certa extraterritorialidade social e jurídica

está acabando. Com a legalização da União Europeia que acontecerá em 1993, é incontornável a necessidade para os psicanalistas de delimitar um campo e os modos de eficácia para sua ação e de enunciar publicamente os princípios de formação que possibilitam seu exercício. A isto os psicanalistas devem responder sob pena de que sejam impostas soluções resultantes de lógicas heterogêneas com as quais o poder social se satisfaz, mas a psicanálise não se reconhece.

O documento mapeia algumas características essenciais à nossa prática e formação. Define a psicanálise como uma prática que consiste em uma escuta visando ao reconhecimento das determinações inconscientes que regem, sem saber, tanto as escolhas e as condutas como os modos de pensar do sujeito.

Define a interpretação e o dispositivo (associação livre) como uma operação de desligamento dos elementos imaginários, pulsionais e de linguagem que especificam a vida psíquica do sujeito. Situa a transferência e o princípio ético que se impõe na exigência radical de não colocar limite à palavra, como o elemento que está no princípio da situação.

Em relação ao praticante, coloca a análise pessoal como aquilo que será a viga mestra de seu saber, a partir da qual deverá desfazer as armadilhas incessantes da trama da transferência e da contratransferência, e insiste na singularidade das determinações inconscientes.

O fundamento da formação deverá ter duas exigências:

1) tornar o praticante sensível às raízes irracionais, à diferença dos processos que acontecem nas construções lógicas; e

2) formar o praticante para reconhecer a natureza conflitante da vida psíquica e analisar o conflito sem fechá-lo, nunca sustentando uma solução como adquirida.

Situa a supervisão como segundo momento em toda formação. É a maneira de ouvir as livres associações de um outro do qual o praticante terá de falar. Isso implica a inclusão do terceiro supervisor, que permite a descoberta do não sabido sem ocupar a posição de mestre, atendo-se mais à sua função de psicanalista.

Quanto ao reconhecimento e à habilitação, propõe se afastar dos conhecidos métodos de titulação, tais como os da maioria das instituições de ensino, e privilegiar o reconhecimento partindo de uma capacidade de invenção, bem como da aptidão para ouvir o inusitado e desvelar o não sabido, o que é passível de acontecer se nos posicionarmos em relação ao outro de maneira distinta da que ocorre no laço social, priorizando o reconhecimento desse "outro" como diferente. Assim, a ética da psicanálise se demarca absolutamente na diferença da ética moralista e se opõe a ela.

Seria necessário encontrar o talento que possibilitasse a instauração de uma instância psicanalítica terceira que teria por vocação testemunhar a ética da psicanálise e sustentá-la em seu caráter subversivo. Nem uma organização de tipo iniciática, nem a honorabilidade de uma escola de ensino superior, lugar por vocação de formação de agentes de poder, dariam conta dessa tarefa.

A instância não teria de dar conta de nenhuma tarefa de formação. Teria por princípio que tratar da ética da psicanálise e mediar com as poderosas exigências estatais e administrativas, cuja lógica, impondo-se por si só, pode levar a psicanálise a desvios que conduziriam a seu fim.

A escolha do nome "Instância ordinal" é porque é a esta que o Estado delega certos poderes deixando aos membros da profissão o cuidado de elaborar suas regras no quadro institucional e jurídico existente. O papel fundamental dessa instância seria afirmar os princípios de sua ação em relação à hegemonia crescente das neurociências, da psiquiatria molecular, bem como marcar sua oposição ao formalismo informatizado do tipo *DSM-III* e *IV* e especificar a diferença entre ato médico e ato psicanalítico. Terá por vocação ser o sustentáculo maior de todas as instituições psicanalíticas assim como o de todas as pessoas que praticam o ato psicanalítico como profissão. Dessa instância formariam parte todas as pessoas em exercício, e deveria refletir uma imagem real e fiel do estado atual de todas as tendências psicanalíticas.

O documento termina propondo uma forma de organização, com a criação de um conselho do qual fariam parte de vinte a trinta pessoas concernentes, eficazes e disponíveis para elaborar um projeto de estatuto.

Sem dúvida essa convocatória provocou as esperadas respostas e reações. C. Melman e Clavreul são os que justificaram sua radical discordância com a proposta, da seguinte maneira: Melman envia uma carta em tom benevolente e até gozador criticando a empreitada. Começa por parabenizá-lo pela sua preocupação em relação à legislação da comunidade europeia. Diz que os psicanalistas, como cidadãos, não escapam da confrontação com a justiça; e que se a tarefa da cidade é regular as trocas entre cidadãos, o lugar onde o analista questiona seus contratos, incluindo seu analista, é no tratamento cujo contrato fundamental é com seu desejo.

Uma legislação feita pelos próprios analistas não teria porque ser melhor que qualquer outra. Critica que o texto levaria a dizer o que seria a verdade da psicanálise – transferência, formação etc. –, coisa que ninguém poderia dizer. Ressalta uma frase de Lacan, que, segundo Melman, foi mais modesto e preciso ao dizer "psicanálise é o que se espera de um analista". E vai criticando parágrafo por parágrafo do texto, dizendo que com a depuração que se pretende fazer se corre o risco de tornar obsceno "o pão que se amassa a cada dia". Relembra a legislação da Sociedade de Psicanálise que propiciou a saída de Lacan e Dolto e de um "tal Leclaire". Critica no texto como chocante um a-historicismo radical que desconsidera as questões históricas da psicanálise, atendo-se exclusivamente às circunstâncias atuais, e entende o desejo de uma participação ampla entre escolas, na qual cada analista compartilhasse um clima de tolerância habilitada pela própria formação.

Jean Clavreul, em um outro texto denominado "Os analistas gostam da ordem",[2] critica também a tentativa de Leclaire. Diz que uma ordem de psicanalistas quer gerenciar a moral profissional sob o nome de ética quando, na verdade, é uma deontologia (conjunto de regras que se dá a uma profissão para garantir sua respeitabilidade e a relação entre os profissionais). Critica Leclaire dizendo que o documento enuncia regras padronizadas pensando encontrar consenso, mas que o psicanalista é mais do que um funcionário da psicanálise, mais que um assalariado da cena das neuroses, mais que um membro de uma corporação inserido em uma ordem social, que é o que se perfila no quadro de Leclaire.

Segundo Clavreul, o longo trajeto percorrido pela psicanálise deve ser feito por cada analista pessoalmente. Ele cita os antecedentes da IPA, uma instância ordinal ancorada no prestígio de saber e respeitabilidade. Afirma que o diploma de psicanalista por ela fornecido é um chocalho cujos primeiros crédulos são os psicanalistas não médicos e não psicólogos. Diz ainda que, para se exercer a psicanálise, mais do que se ter um diploma deve-se ter clientes, e que durante muito tempo esses se dirigiram mais aos médicos. Faz uma dura crítica à classe médica que é reembolsada pelos convênios e pela prescrição de neurolépticos.

Termina o trabalho, dizendo: "Leclaire, pare de sonhar e pare de fazer sonhar aos analistas e candidatos. Você sabe que é

---

[2] Artigo publicado no jornal *Libération*, seção *Idée*, de janeiro de 1990, como resposta a Serge Leclaire.

porque Lacan acordou os analistas que você foi expulso da IPA. Acredita que chegou o momento de dormir novamente?".

Valabraga e outros analistas também respondem o documento, o qual provocou uma parada no projeto que ele mesmo propunha. Mas, esse projeto, por sua vez, reaparece no ano 2000, dessa vez sem a firma de Leclaire e Israel, e muito mais tímido. Intitula-se "Projeto por uma carta de psicanalistas", e diz que o movimento anterior mostrou que as questões concernentes à transmissão, "formação e prática não podiam ser reguladas de uma vez por todas e que se faz necessário não negligenciar as bordas". Essa carta vem reafirmar o núcleo comum sobre o qual, segundo ele, convém não ceder. Depois de analisar a situação dos analistas na França, em relação à saúde pública, ao fisco e à transmissão, e de definir mais as questões sobre método, prática, formação e supervisão, essa nova versão reconhece a existência de um tempo que tem a ver com o reconhecimento da "invenção" cuja dificuldade fundamental é que não há forma de codificar a aptidão para entender o inesperado ou o outro em sua originalidade singular. As diversas sociedades terão, por fim, um modo interno, segundo seus critérios, que serão objeto de reexame contínuo.

O documento reitera ainda que a ética regule sobre um espaço de enunciação onde o sujeito possa advir a seu desejo e sua verdade. Esse espaço de reconhecimento do outro como diferente é o lugar onde se desdobra a palavra. Por fim, esse terceiro documento propõe o recentramento do analista sobre o que constitui o essencial e uma abertura para acolher as

ESCRITOS METAPSICOLÓGICOS E CLÍNICOS

novidades – ou seja, paralisa em parte o documento anterior, ao mesmo tempo que conserva o movimento em *stand by*.

Poderíamos continuar mostrando ainda outros movimentos. Christopher Bollas[3] diz que é difícil regulamentar uma profissão que não existe. Por exemplo, o psicanalista não dá relatório, o que é exigido pelo CRP.

A psicanálise é um estado da mente, nunca uma profissão. Em certos estados americanos, como New Jersey e Vermont, a profissão é regulamentada. Diz-se que tanto a psiquiatria quanto a psicologia são ambivalentes em relação à psicanálise, portanto não se deve repousar sobre essas para a sobrevivência.

Também na Argentina, mais precisamente em Buenos Aires, houve uma declaração em resposta à promulgação da lei básica de saúde mental da cidade, na qual os psicanalistas representados por diversas instituições e escolas de formação se posicionaram pedindo que a história legítima fosse reconhecida e fizeram propícia a ocasião para que a psicanálise viesse a ter seu reconhecimento que por história, ações, rigorosidade e eficácia clínica lhe corresponde. Os que assinam a carta pedem que a psicanálise fique inscrita com suas particularidades no campo da saúde mental e que, dada a especificidade da psicanálise em sua prática e transmissão, seja determinado claramente e de forma ordenada sob quais condições se nomeia um psicanalista. Esclarece ainda que a prática da psicanálise não se submete a nenhuma especialidade da medicina nem da

---

[3] Em apostila de circulação interna da Sociedade Brasileira de Psicanálise de São Paulo, de 25 de maio de 2001.

psicologia porque seu objeto de estudo é o inconsciente, o qual se aborda partindo da análise do analista.

O próprio Freud deixa claro que não é uma especialização nem da medicina nem da psicologia. A formação em psicanálise pode ser realizada por qualquer profissional de nível superior que se disponha a fazer análise pessoal, estudar teoria psicanalítica e supervisionar a clínica. Mas, ao criar a IPA, propõe uma instância reguladora.

Entendo que ao apresentar esses variados argumentos, que sem dúvida mostram um recorte e uma leitura pessoal, encontramos um mapeamento bastante completo dos prós e contras da criação de uma instância ordinal, ao mesmo tempo que não podemos deixar de nos perguntar por quanto tempo a psicanálise poderá se manter sem definir a interface do Estado com a profissão e até onde poderá escapar ao direito do Estado. Os elementos apresentados incluem grande parte dos argumentos que nos são impostos analisar diante de tais circunstâncias, e acredito que desta discussão começarão a aparecer as linhas e as tendências que se perfilam na nossa instituição, o que nos permitirá um posicionamento diante da comunidade psicanalítica.

16.

A ORDEM QUE DESORDENA[1]

Há cinco anos represento o Departamento de Psicanálise no movimento "Articulação das Entidades Psicanalíticas Brasileiras".[2] Minha participação nesta mesa tem por objetivo dar elementos para entender por que temos tomado partido pela "Não Regulamentação da Psicanálise", assim como poder dar conta perante o coletivo sobre como esse movimento funciona e das questões políticas que nele estão em jogo.

A primeira reunião desse movimento foi realizada no Rio de Janeiro em 2000, já com o objetivo de lutar contra a regulamentação da psicanálise. Nessa oportunidade, um grupo evangélico, denominado Sociedade Psicanalítica Ortodoxa Brasileira (SPOB), apresentou ao Congresso Nacional um pedido para regulamentação, com a justificativa de que era necessário ordenar o campo. A SPOB tem um curso de formação de psicanalistas no Rio de Janeiro e em algumas cidades brasileiras

---

[1] Trabalho apresentado na Jornada *Psicanálise hoje: caminhos da formação e da transmissão*", promovida pelo Departamento de Psicanálise do Instituto Sedes Sapientiae, em 27 de abril de 2008.

[2] Fui acompanhada por Sandra Navarro e Heidi Tabacof, escolhidas como eu, em Assembleia, para representar o Instituto Sedes Sapientiae na Articulação.

que lança 2 mil analistas por ano no mercado. Sem dúvida transformava a nova profissão, que estava criando com a lei, em um grande negócio educacional que exploraria o prestígio que a psicanálise acumulou em mais de 100 anos de história.

A regulamentação proposta, levada adiante pelo deputado José Sessim, dos evangélicos, apoiava-se na argumentação de que a psicanálise não é uma profissão e não existem regras que digam como se forma um psicanalista.

É interessante destacar que a formação se baseia no tripé – análise pessoal, estudo teórico e clínica supervisionada –, que eles interpretam à sua maneira. Criam esquemas rápidos de formação e publicam apostilas que misturam conhecimentos religiosos com erros na interpretação da teoria psicanalítica.

Para impedir o avanço dessa situação inaceitável reuniram-se na Articulação diversas instituições formativas (na época mais de sessenta) que realizaram um trabalho frutífero na Câmara de Deputados, impedindo que essa legislação fosse apresentada ao plenário.

A política em jogo não é simples, mas cria um antecedente único, no sentido de reunir instituições formadoras de analistas das mais diversas escolas, que se dispõem a pagar o preço de trabalhar com uma orientação mínima, ancorando-se nela para abrigar a diferença e a alteridade, renunciando à Unidade Ideal.

Uma política dura e delicada para tentar permanecer unidos nos acordos básicos, e que é preciso fortificar, porque novos embates e outras ideias ordenadoras aparecerão.

A questão que se coloca não decorre apenas do acontecido no Brasil com os evangélicos. A elaboração da lei de saúde pública na França, em que um dos apartados é a saúde mental, começa a discutir quem é autorizado e reconhecido para exercer a condução de um tratamento psicanalítico e marca as semelhanças e diferenças com as psicoterapias. Essa polêmica se reproduz entre nós com a fundação da Associação Brasileira de Psicoterapias (Abrap), *com o desejo de incluir a psicanálise dentro das psicoterapias*; a Articulação se manifestou desfavoravelmente.

Na emenda apresentada pelo parlamentar Accoyer, na França, pretendia-se regulamentar a psicanálise e as psicoterapias (autorizando o exercício dessas só a médicos e psicólogos), para pôr uma ordem em relação ao campo e aos planos de saúde e controlar os ditos charlatães. Mas nós sabemos os milhões que essa legislação movimenta e os interesses econômicos que estão em jogo.[3] Diversas emendas se apresentaram complicando demais as coisas.

---

[3] Marcela Lacub e Patrice Maniglier publicam um artigo no *Le monde*, que começa dizendo:

"Deixem a nós nossos charlatães!

Nós, que estamos engajados na psicoterapia ou na psicanálise, que já fizemos ou poderemos fazê-la, pedimos às "autoridades sanitárias" que façam o favor de parar de proteger-nos dos charlatães. Com efeito, não estando ainda sob tutela, pensamos ser capazes de escolher, sob nosso próprio risco, nossos psicanalistas ou nossos psicoterapeutas e os de nossos filhos. Exigimos a retirada imediata da "emenda Accoyer", que pretende, com o pretexto de proteger-nos de nós mesmos e de nossos demônios inconscientes, impor a nossos psis, que estão às vezes no exercício há muitos anos, uma formação de psiquiatra ou de psicólogo.

Opomo-nos a que o legislador reduza, desta forma, nosso sofrimento a uma doença, e assimile nossas psicoterapias a um tratamento médico-psicológico mais ou menos rápido, sem, por outro lado, pronunciar-se sobre o seu reembolso".

Tal situação assustou os analistas que frente aos perigos de uma regulamentação de Estado se propuseram a criar comissões de estudo a fim de elaborar *uma regulação* do campo, sendo os próprios analistas, através de organizações dirigidas por eles, que dariam conta do reconhecimento e da autorização a partir de uma ética inerente à psicanálise.

Na França, criaram-se situações de extrema violência entre os analistas e suas instituições, o que levou ao fracasso dessa tentativa de regulamentar a psicanálise. Finalmente se retirou do Senado a proposta de criar uma legislação oficial. No entanto, continuaram as discussões e os processamentos nas instituições. Hoje em dia, só na Alemanha e na Itália a psicanálise está regulamentada e tem ingerência do Estado.

Na Bélgica, resolveu-se criar uma instância que regula a prática, formada pelos próprios psicanalistas.

A Articulação luta pela *não regulamentação* em sua carta de princípios. Há discussões internas em diversas instituições que estão considerando, assim como aconteceu na Bélgica, o possível benefício de trabalhar a favor de que os próprios analistas se reúnam em uma organização que regule o campo. Hoje tenho a certeza das dificuldades inerentes de se criar uma regulação. Na última reunião da Articulação, a Febrapsi apresentou um projeto de regulação, mostrando que apesar do desejo de entendimento resulta muito difícil abrir mão de privilégios. Na proposta, escrita por um advogado, não se contemplam as questões teóricas e éticas da psicanálise e se propõe um colegiado no qual a sociedade teria 50% de representantes e o conjunto de todas as outras instituições, 40%, contemplando dois lugares a mais, um para o Conselho Federal de Medicina e outro para o Conselho Federal de Psicologia, acabando dessa forma com a história da análise leiga, tese defendida por Freud em 1926.

Em reunião posterior, membros da Febrapsi vieram a discutir conosco essa proposta e, em face dos argumentos levantados referentes à dificuldade de regulamentar, resolveram deixar em suspenso esse projeto e participar mais ativamente das discussões, se comprometendo a não fazer movimentos de regulação ou regulamentação sem acordos com o movimento Articulação. Confirmou-se, assim, a importância da existência desse grupo de instituições reunidas, que opera de forma interessada. Apresentados alguns elementos do panorama político, gostaria de falar sobre algumas razões internas à psicanálise que invocamos para não regulamentar.

No século XIX, o critério de cientificidade se apoiava no controle dos fenômenos. O que fazia parte do ideal científico era banir toda imprecisão; o objetivo das ciências era abolir o indeterminado, o complexo, o aleatório. O acaso não fazia parte do que a ciência almejava e é nesse panorama que surge a psicanálise.

Trabalhar com o inconsciente como objeto de estudo pressupõe usar uma metodologia diferente daquela que usufruía de prestígio no *establishment* da época. Tanto o inconsciente quanto sua forma de abordagem, a associação livre, são resistentes a uma ordem de causalidade linear, a fenômenos controlados, à experimentação e à medição que eram as ferramentas privilegiadas da ciência.

Com a chegada do estudo das ciências humanas transforma-se o panorama epistemológico e reorganiza-se o campo científico, o que facilita a consolidação da psicanálise como um saber legitimado. Inaugura-se, assim, como um conhecimento que mantém uma ordem que responde a leis próprias, sendo essa ordem diversa da lógica cartesiana que rege o conhecimento da época.

Freud precisou, em diversas oportunidades, lutar contra a denúncia de charlatanismo, como o faz no texto *A psicanálise é leiga*. E luta novamente, defendendo-se, quando um colega se refere à psicanálise como uma arte.

Ele achava que o brilho científico ou a entrada na universidade o tirariam desse terreno movediço, mas nunca acreditou verdadeiramente nessas opções.

Produções como teoria do caos e dos sistemas complexos, desenvolvidos posteriormente no campo científico, propiciaram novos modos de se produzir conhecimento.

A teoria da complexidade nos ensina que, perante perturbações aleatórias, o sistema, em vez de ser destruído ou desorganizado, reage com um aumento de complexidade, autorregulando-se.

As condições que regem o inconsciente e a trama pulsional têm muito a ver com a lógica dos sistemas abertos. Esses sistemas combinam o acaso, as flutuações, com a necessidade das leis próprias, engendrando novos modos de funcionamento.

Para a ciência atual, quando se descreve a complexidade do mundo, o azar e as leis não se contradizem, mas colaboram.

O discurso analítico também se organiza por princípios nos quais a complexidade, a singularidade e a tendência à autor-regulação se manifestam.

Podemos ver que na constituição do corpo de ideias da psicanálise já se prenunciam as noções modernas de sistemas complexos. Sobredeterminação, ressignificação, deslocamento, encadeamentos casuais e substituição são alguns dos conceitos que correspondem a estas novas leis de funcionamento. Uma nova ordem em uma aparente desordem.

Se desejamos ajustar essa aparente desordem à ordem conhecida, tudo desmorona.

Não é difícil pensar o que acontece se pedimos a um analista, em uma supervisão, que ordene sua sessão por temas, que organize o pensamento do paciente, que agrupe as defesas e nos explique o que foi antes e depois nesse sonho que o paciente relata, porque dessa forma parece incompreensível. De fato, desmorona a possibilidade de utilizar esse material como material analítico, já que está na associação livre, na sobredeterminação, em uma desordem aparente, a ordem estabelecida no inconsciente. É necessário escutar e se abrir a essa nova forma na qual a ordem não é progresso. Pelo contrário, a ordem limita, enclausura, torna rígidos elementos que são valiosos na sua fluidez, no desequilíbrio. No trabalho analítico é necessário abrir-se ao imprevisível, ao infortúnio, à desordem.

Esta introdução nos traz elementos para pensar, tanto na transmissão desse saber, diferente de outros saberes, como para pensar na formação de analistas e nas instituições que os agrupam. Parece que os sistemas organizacionais conhecidos não dão conta da multiplicidade de fenômenos que devem ser contemplados quando falamos de psicanálise. Há em cada instituição uma ordem única e singular. Cada formação implica um equilíbrio complexo que descansa no conhecimento do inconsciente e, na transferência, experiência no transmissível que constitui redes pessoais que estão fora de toda regulamentação. Não há Estado, universidade ou Instituição que seja capaz de sistematizar, organizar ou legislar, do exterior, as condições para que essa exigência se realize.

Não há uma verdade última apreensível que se deva alcançar, um regimento ou uma ordem que permita dizer o que se deve fazer para ser um analista.

É no deslocamento, no que foge e desliza, no que se liga de diversas formas e se repete na diferença, na leitura dos textos que sempre se abrem a novas significações, que encontramos o caminho da formação.

A estabilidade e a coerência se dão fora da ordem estabelecida, mas dentro da lei, de uma lei inerente ao saber em questão que não necessariamente está presa a uma lei jurídica.

Em face desse tipo de saber, com as características dessa formação, frente a essa prática da clínica, como seria possível estabelecer normas e regras que ditem os caminhos que designem com certeza o "in-designável", que nos diga o que se deve ou como se deve fazer para ter certeza de que estamos diante de um analista?

No texto *A psicanálise selvagem* (*Die Wilde Psychoanalyse*) Freud indica que esse novo campo de saber está longe de ser imune a regulações e verificações. No entanto, essas últimas devem ser tomadas como uma extensão dos princípios fundamentais da psicanálise.

Também no texto *A psicanálise é leiga*, Freud defende a ideia de uma formação e uma transmissão que deve ser inventada, e diz que o que se transmite é um saber regulado pela resistência interna e produzido no tempo da transferência.

Vemos, assim, que o problema que nos ocupa quando pensamos em regulamentar o impossível nos remete às origens da história da psicanálise, até mesmo à origem do nosso curso, na qual o que estava em jogo era a possibilidade de que se criasse um espaço que formasse analistas fora dos parâmetros da instituição oficial. O fato de a psicanálise não estar regulamentada foi o que permitiu que nosso curso se desenvolvesse sem nenhum tipo de impedimento. Éramos um grupo que se permitia pensar a formação de um modo diferente daquele que a instituição oficial determinava, discordávamos dos regulamentos internos, da análise didática, das supervisões administradas segundo normas estrangeiras ao próprio material, ao que se entendia por psicanálise e às exigências de um *setting* imposto que deturpava a própria alma do analítico. Não queríamos submeter nosso saber a uma ordem exigida e preestabelecida.

A ruptura de Lacan e seus discípulos, a existência do grupo Plataforma na Argentina (1971) que rompeu com a Internacional, e outras tantas fraturas, deram mostras da impossibilidade de manter a hegemonia e enclausurar a formação nas mãos de um grupo ou de um mestre.

Nosso curso com 32 anos de existência, e inúmeros analistas que fizeram parte de seu percurso conosco, também o demonstram.

Nossa pretensão não é formar analistas porque não acreditamos em uma instituição que autoriza. Pretendemos oferecer um espaço onde parte dessa formação seja acolhida e ofereça elementos de interesse para aqueles que em transferência com a instituição encontrem aqui acolhida.

Para nós, a formação começa nas análises que não regulamos nem regulamentamos, e compreende os trabalhos de clínica supervisionada feitos conosco, e os que vieram antes e virão depois, assim como seminários teóricos que privilegiando o pensamento de Freud se abrem também para outras escolas.

Em verdade, o campo psicanalítico mantém uma autorregulação que vem desde a época de sua fundação. Em 100 anos de existência, tanto a teoria como a prática têm avançado, novos pensadores fundaram escolas, instituições se desdobraram e fraturaram, tentativas e investidas múltiplas de que o saber seja absorvido pela psiquiatria ou pelo Estado foram feitas, e a psicanálise se mantém em pé e demonstra um excelente progresso.

Vemos como Freud transita por ambiguidades, entre criar uma instituição oficial que regule a prática, dirigida por ele e os por ele autorizados, e até discordar dessa posição. De tanto querer o campo da ciência e da universidade para a psicanálise até demonstra-nos a pobreza em que esta se subjugaria, se não se abrisse a outros saberes e mantivesse sua autonomia.

Assim como a posição do analista na condução de um tratamento difere da função da maestria que o colocaria em um lugar de poder sobre o outro, no campo institucional é também necessário renunciar a um lugar de poder de quem autoriza e sabe o que é bom para outro ou sabe como se faz um psicanalista.

As tentativas de ordenar hierarquizam e transformam a iniciativa em algo que desordena o campo. Muitos outros argumentos podem se desenvolver para insistir na impossibilidade de regulamentar ou uniformizar os elementos que definem a formação. Assim aparecerá, sem dúvida, em diversos escritos que se apresentarão.

Cada instituição e cada escola, de acordo com sua proposta metapsicológica decorrente da leitura que faz dos textos freudianos, tem uma concepção particular de transferência, de clínica, de inconsciente.

Concordamos que uma instituição, para que se considere idônea e respeitada pelos seus pares para transmitir a psicanálise, não pode pertencer a uma instituição religiosa ou partidária que se utilize da psicanálise para difundir sua doutrina, assim como que a associação de analista formadora seja gerida pelos seus associados, que não tenha fins lucrativos, que não pertença a donos que lucram com a formação de analistas como se fosse um objeto de consumo.

Um elemento que ajuda no reconhecimento entre pares e instituições é a circulação das ideias, a produção de textos, a participação em encontros coletivos com trabalhos clínicos e científicos, nunca um trabalho burocrático que se dedica fundamentalmente ao modo de administração de uma organização.

Em uma *tentativa* de regulação, o Círculo Brasileiro de Psicanálise propõe que se reconheçam instituições que sejam:

- sociedades sem fins lucrativos e de propriedade dos próprios sócios ou membros;
- não subordinadas a entidades não psicanalíticas, inclusive universidades;
- geridas internamente de forma democrática;
- seguidoras dos princípios do campo do saber psicanalítico;
- promotoras do saber inacabado;
- que reconheçam os processos psíquicos inconscientes;
- que reconheçam os da *resistência*, do *recalque* e da *transferência*;
- que reconheçam a sexualidade infantil e o complexo de Édipo; e
- que reconheçam o sujeito dividido.

Apesar da clareza dos critérios, *corre-se o risco de se criar uma situação de fiscalização*. Entendo, *portanto*, que deve ser no esclarecimento, nas discussões teóricas, na participação institucional, que se deva, *por enquanto*, regular o campo e não em uma caça às bruxas. Cada analista deve zelar pela psicanálise desde seu lugar de formação e de trabalho. Aqui, no Departamento, assim como nos Estados Gerais, não se aceitaram trabalhos ou se convalidaram currículos que tinham a marca de instituições que por sua origem ou falta de seriedade não fossem reconhecidas *pelos seus pares*. Isso se faz analisando os currículos de formação, as publicações, a forma de veicular suas ideias, decidindo em cada caso em relação a cada instituição, analisando as singularidades de modo individual e não apelando a uma instituição reguladora. Houve tentativa dos evangélicos de inserção em ambos os espaços e seus trabalhos não foram aceitos. Inútil parece que essa validação se faça por um Estado policial. Depende de nossa participação, conhecimento e reconhecimento que a psicanálise continue seu caminho sem intervenções alheias a seu campo. Vamos acompanhar a história criando história, e a cada momento estaremos atentos para novas modalidades e formas de permitir que a psicanálise se expanda, respeitando a singularidade que a caracteriza e as variáveis históricas que a determinam.

17.
ENTRE ENSINAR PSICANÁLISE
E FORMAR PSICANALISTAS[1]

Toda postura frente à formação, assim como as modalidades na condução da cura, depende dos conceitos metapsicológicos que estão em jogo. As diversas escolas se debruçam sobre o texto freudiano fazendo uma leitura, uma releitura ou um retorno ao texto. Seja priorizando épocas da produção freudiana, hierarquizando conceitos presentes no texto original ou rearticulando-os segundo uma nova modalidade que possibilita um novo sentido, as diversas escolas produzem mudanças teóricas, das quais decorrem efeitos transformadores na prática e na forma em que seus membros tornaram-se analistas.

O tema da transmissão, do ensino e da formação tem sido, na história da psicanálise, um dos pivôs das rupturas nos diferentes grupos, institutos e escolas, já que remete invariavelmente ao problema do exercício, tema esse intimamente ligado ao problema da regulamentação.

Podemos atribuir essas rupturas a elementos ligados fundamentalmente ao tipo de produção teórica, assim como a

---

[1] Publicado no livro *Ofício do psicanalista: formação vs. regulamentação*, organizado por Sônia Alberti (São Paulo: Casa do Psicólogo, 2009, p. 137-145).

disputas de poder dentro dos estratos hierárquicos das instituições. Na maioria dos casos, ambos se complementam e se retroalimentam. Jung e Adler separaram-se de Freud por questões teóricas, mas não cabe dúvida quanto ao fato de que houve, ao mesmo tempo, uma tentativa de redefinir os lugares de poder. Em "A história do movimento psicanalítico" (1914), bem como no "Estudo autobiográfico" (1925), encontramos vestígios das lutas e rupturas que agitaram o movimento, mas, no decorrer da história, como afirma Valabrega (1983, p. 9), o móvel central dessas polêmicas, rupturas e dissidências é e continua sendo o mesmo desde a origem: "o que é ou continua sendo da psicanálise, tanto na teoria como na prática, e o que já não é, ou seja, quem é ou continua sendo psicanalista ou quem já não é. Onde começa o abandono, a desnaturação, a falsificação e a traição?".

Boa pergunta para inserir a questão que nos preocupa. Ensinar psicanálise na universidade desvirtua e trai aquilo que a psicanálise tem de essencial?

Pensamos em cenários diferentes, em objetos de estudo diversos. Para responder a essa questão, optamos por pensar na diferenciação entre um espaço de transmissão de conhecimento e outro com características diferentes, que é o do percurso de uma formação.

A formação psicanalítica, certamente, não tem a ver com a pedagogia; a experiência de mergulhar no inconsciente em transferência nos defronta com um saber a ser construído: ele é, em si, um projeto e um processo constituinte, mas podemos pensar que a psicanálise conta também com um sistema de relações objetivas que constituem um corpo de ideias enunciado como disciplina, que transmite um conhecimento constituído, mesmo que ele se encontre em permanente questionamento e ebulição. A psicanálise, tanto como prática, quanto como teoria, se concebe como um movimento de retorno, de reflexão e de redescobrimento.

Freud (1923c) nos fala das pedras angulares da teoria psicanalítica e confere três sentidos ao termo "psicanálise":

- um procedimento para a investigação de processos mentais que são quase inacessíveis por qualquer outro modo;
- um método (baseado nessa investigação) para o tratamento de distúrbios neuróticos; e
- uma coleção de informações psicológicas obtidas ao longo dessas linhas que gradualmente se acumulam em uma disciplina científica.

Os dois primeiros itens correspondem ao espaço puramente formativo que se processa no interior de uma análise e da supervisão. O que fica em questão é: por que retirar de seu corpo doutrinário e teórico uma autonomia que lhe permitiria circular por diversos espaços?

Havelock Ellis elogia, em uma oportunidade (Jones, 1979, p. 587), as qualidades artísticas da produção freudiana. Freud, indignado, mostra seu aborrecimento e interpreta essa posição como "a forma mais refinada e amistosa de resistência. Chama-me de grande artista a fim de prejudicar a validade das nossas pretensões científicas", diz.

A pergunta que continuamos nos fazendo é: será que por se ensinar o corpo teórico da psicanálise na universidade, a um auditório que não é necessariamente de psicanalistas, e promover-se o trabalho de pesquisa teórica, se está participando de uma institucionalização da psicanálise? Será que esse perde sua atopia, enquanto saber não-institucionalizado, por entrar na universidade? Ou, como se pergunta Laplanche (1978, p. 26), não se encontra nessa recusa o desejo de se manter como uma sociedade secreta, sendo essa outro tipo de institucionalização?

Duas experiências na França[2] mostram a forma como a psicanálise se inseriu na universidade com sucesso, sem desvirtuar o que para nós é essencial do processo formativo de um psicanalista, que não cabe de forma alguma nessa instituição.

Laplanche retomou a questão da relação entre formação de psicanálise e inserção na instituição universitária com um posicionamento bastante coerente com o que teve no instituto de formação de psicanalistas ao qual esteve ligado, a Association Psychanalytique de France (APF). Como se sabe, na APF Laplanche sempre desvinculou totalmente a organização institucional da própria análise pessoal de cada candidato. Na universidade, Laplanche sempre foi muito explícito em

---

[2] Nelson da Silva Jr. colaborou com essas ideias.

desvincular a formação universitária, o doutorado em psicanálise e o exercício da psicanálise, isto é, o exercício da atividade
clínica. O doutorado em psicanálise deveria ser compreendido
como uma atividade explicitamente acadêmica e voltada para
a academia. Assim, a grande coerência de Laplanche nesses
dois âmbitos muito diferentes da psicanálise foi a de manter-se
extremamente atento para conservar o processo analítico em
situação de máxima independência da lógica e das questões
administrativas próprias a qualquer instituição, seja ela universitária, seja ela uma associação de psicanalistas com a função
de promover a formação em psicanálise.

A outra experiência francesa diz respeito a Vincennes
(Paris VIII). Foi uma experiência basicamente liderada
por Serge Leclaire, que trabalhou muito para a inserção da
psicanálise na universidade, mas movido por questões até
certo ponto diferentes das de Laplanche, ainda que existam
concordâncias de fundo.

A psicanálise, segundo Leclaire, corria um sério risco de
fechamento de seu discurso em uma espécie de oligarquia de
teóricos. Diante de tal ameaça de encerramento em torno de si
própria, Leclaire via na entrada da psicanálise na universidade
uma estratégia de abertura desse enclausuramento discursi-
vo. O espaço acadêmico pode funcionar como um lugar de
alteridade para as instituições de formação, alteridade que,
ao garantir a expansão da psicanálise para outros domínios
da cultura, leva-a para uma arena de diálogo e discussão sem
a qual essa ciência pereceria por autofagia e sufocamento.

Do mesmo modo, resgata a dívida conceitual com os saberes que contribuíram para sua fundação.

Dito isto, apontaremos algumas coordenadas que demarcam o caminho possível de uma formação.

A experiência de se tornar analista está marcada pela singularidade; pensamos que o caminho a percorrer será particular e original, em um difícil e longo percurso guiado pelo nosso desejo de ser analistas.

O sentido dessa senda será reencontrado *après-coup*. Será em um caminho de ressignificação que poderemos encontrar a razão de nossos movimentos. Será em um mirar para trás que reconheceremos as pegadas e os rastros marcados no caminho, e então identificaremos as filiações que nos deram sustento, as transferências acabadas ou inacabadas que propulsaram nosso ideal. É, portanto, a partir do presente que poderemos reconhecer quais as leituras fundamentais que cartografam nossa geografia. É difícil saber por onde se começa a viagem; é impossível pensar que ela tem um fim. Nesse itinerário, como já tínhamos dito, o tratamento não faz parte de um saber constituído, ele é constituinte. A psicanálise não é o discurso científico que dela fala: ela é a experiência do sujeito com seu inconsciente. Preferimos pensar na necessidade de considerar a análise do analista como a pedra fundamental sobre a qual se constituirá o saber sobre o inconsciente, e é esse saber que possibilitará ao analista colocar-se no lugar de escuta, o que nos leva a discordar da ideia de análise didática.

Partimos da ideia de que a estrutura relacional da transferência não pode ser capturada pelas estruturas institucionais que lhe oferecem albergue na universidade. Não temos uma titulação, e nem há formas de intervenção do Estado que possam regulamentar esse saber. Tampouco a universidade poderia nos autorizar a chamarmo-nos "psicanalistas", visto que nossa formação não depende de um currículo acadêmico. Na universidade busca-se aprender profissões, tornar-se habilitado a exercê-las, ter uma titulação. Ora, tal anseio se desencontra da ideia de formação de um psicanalista. Portanto, entendemos que a questão não é como subtrair a psicanálise da universidade, mas como incluí-la sem atacar seus fundamentos e sua ética.

Todo trabalho universitário que, travestido de ensino de uma disciplina, proponha-se como um processo formativo, de fato está se apropriando de um campo – e nele penetrando – que não lhe é pertinente; é contra isso que nos posicionamos. Dura discussão essa que nos interessa processar, tomando o cuidado de não trairmos a psicanálise e nem a privarmos da troca com outras disciplinas que possibilita um enriquecimento mútuo.

A universidade pode favorecer o estudo teórico em uma perspectiva epistemológica e crítica, mas ela não forma analistas. E nem está em sua competência pretender fazê-lo.

Freud, no texto de 1919, "Deve ensinar-se a psicanálise na Universidade?", posiciona-se e diz esperar que um dia a psicanálise possa fazer parte das disciplinas que compõem a formação do médico. Porém, ele mesmo sempre alertou para a impropriedade de se pretender formar analistas nesse espaço. Nessa perspectiva, ensino e formação não são efetivamente a mesma coisa.

O discurso analítico está marcado pela castração, isto é, marcado pela incidência de um corte que se coloca no meio do caminho da relação do homem com a verdade. Na prática e no discurso analítico, o pensamento se vê atingido por uma lógica diferente, que desmonta a racionalidade e a lógica cartesiana, oferecendo outra forma de legitimar o conhecimento.

A formação de um psicanalista baseia-se, fundamental-mente, no conhecimento de seu inconsciente, atualizado na transferência, no estudo teórico e na clínica supervisionada, conformando o conhecido tripé da formação.

A associação livre, a atenção flutuante e o processo primário são os modos de produção de saber que interessam para a escuta analítica. A lógica que rege o espaço analítico é a lógica do desejo inconsciente. Portanto, a análise do analista se transforma no alicerce sobre o qual se apoia todo o processo formativo.

É na transferência, ferramenta principal do encontro analíti-co, que se atualiza a realidade do inconsciente, como uma nova modalidade, uma repetição relativa a seu funcionamento.

Do manejo da transferência ao longo do processo psica-nalítico dependerá o sucesso ou o fracasso do tratamento. Isto é o que traz a dimensão viva desse processo, no qual as questões não dependem de racionalizações ou das intelectua-lizações na quais se aninham frequentemente as resistências.

Será também dos destinos tomados pela transferência – e pela fecundidade com que esta possibilitou um acesso do sujeito a seu desejo – que poderá advir, desse processo, um analista. Isso significa um sujeito fisgado por um desejo absolutamente singular, que é o desejo do analista. É o fato de experimentar a lógica do inconsciente, na qual se desvelam as mais potentes determinações, e o reconhecimento em si mesmo da natureza intrinsecamente conflituosa do psiquismo, que possibilitam ao futuro analista um acesso ao exercício dessa função. Isso é rigorosamente impossível de se regulamentar. É isso também que revela a impossibilidade radical da universidade pretender formar analistas.

Mas não criemos ilusões, pensando que só a universidade pode ser uma ameaça ou traição ao espírito da psicanálise. É para as próprias instituições formadoras que devemos também estar atentos uma vez que, sob o risco de se instituírem como autoridade que é lei, e não como portadoras desta, podem determinar o percurso, exigir uma análise por encomenda e determinar os requisitos que devem ser burocraticamente preenchidos para outorgar uma autorização para se dizer analista.

É de submetermo-nos à palavra de um mestre como único possuidor da verdade que devemos escapar, para conservarmos o espírito libertador da psicanálise. É até mesmo perigoso não poder pôr em questão a palavra freudiana, porque podemos ficar presos a um dogmatismo que não responde a seu espírito. Não são regras, exigências ou deveres o que determina a condução de uma cura, e sim uma ética.

Nem as formas constituídas dos sistemas teóricos, nem as modalidades formadoras podem se apresentar como totalidades que encarnam a verdade e oferecem ao analista em formação a miragem de uma completitude inexistente. É no próprio questionamento e na incerteza que a instituição se oferece como verdadeira rede, através da qual, na procura do desejo de ser analista, percorrer-se-á esse espaço de formação.

18.
O Departamento de Psicanálise do Instituto Sedes Sapientiae e a Formação de Psicanalistas

Buscarei sublinhar um horizonte ético de reconhecimento das diferenças no campo psicanalítico e das instituições de formação.

Escolhi tomar como questão norteadora de minha exposição a pergunta sobre o que motiva a pertinência de nosso curso e do departamento de psicanálise no Instituto Sedes Sapientiae. Será que a inserção em uma instituição que briga pela democracia e por uma sociedade mais justa não tem relação com o fato de esse Curso de Psicanálise se desenvolver nesse espaço? Entendo que esse é um elemento importante para definir alguns eixos da formação, assim como considero importante situar essas ideias no tempo, já que em cada momento histórico priorizamos as circunstâncias nas quais estamos imersos e tanto a política interinstitucional quanto o contexto histórico nacional definem alguns parâmetros: estamos em São Paulo, em 1994.

Por que caracterizar a instituição à qual pertencemos?

Todo processo de transmissão e formação se produz em um contexto. É importante destacar que, segundo nossos parâmetros, não é possível manter-se alheio aos problemas históricos, políticos e sociais nos quais essa formação se inscreve. Algumas instituições acreditam que a psicanálise, por suas características teóricas e pelo método que desenvolve para a cura, deve manter uma assepsia que a descontextualize de sua época. Sabemos que isso não é possível nem desejamos que assim seja.

A história nos tem mostrado que existem três eixos fundamentais para analisar os conflitos, as rupturas e as dissidências.

O primeiro eixo se refere à relação da instituição formadora com a política nacional e internacional que determina cada período histórico. Como exemplos, podemos pensar nos conflitos que a instalação do nazismo na Alemanha e na Áustria acarretaram à psicanálise, que culmina com o exílio de Freud na Inglaterra. Nessa linha, podemos pensar também em eventos, como o acontecido na Sociedade Psicanalítica do Rio de Janeiro (SBPRJ), na década de 1970, em que um membro em formação nessa Sociedade foi denunciado como colaborador do governo militar, porque utilizava seus conhecimentos médicos e psicanalíticos para acompanhar a tortura.

Esse candidato, chamado Amílcar Lobo, estava em análise com Leão Cabernite, Membro Didata e presidente da SBPRJ.

O presidente entra em contato com a instituição brasileira e acontecem fenômenos escandalosos, contados por Helena Besserman Viana (1994) – candidata da Sociedade –, que sofreu inusitada perseguição na própria instituição de formação.

Também Helio Pellegrino e Eduardo Mascarenhas foram dois analistas expulsos da instituição por questões políticas.

Devemos recordar que, nessa época, o Sedes funcionava como uma organização contrária à ditadura militar, e foi aqui que se começou a estruturar o Curso de Psicanálise.

Um segundo eixo é a política intrainstitucional, na qual fenômenos de poder interno determinam os conflitos. A ruptura de Adler, Jung e tantos outros é mostra disso; também a ruptura de Lacan tem motivos políticos internos. Inicia-se uma luta de poder, que começa com um questionamento tanto em relação à formação de didatas quanto à psicanálise leiga, exigindo uma modalidade mais acorde com a teoria freudiana, começando-se, assim, o retorno a Freud (Rudinesco, 1986, p. 244). Essas primeiras lutas políticas transformaram-se depois em verdadeiras mudanças teóricas.

A história da psicanálise está povoada de situações que colocam em destaque os problemas de política institucional.

Como terceiro eixo, temos as dissidências puramente teóricas, nas quais as rupturas ou expulsões têm a ver com questionamentos às formulações internas à teoria. Wilhelm Reich funda sua própria escola fora dos moldes da Internacional, elaborando um corpo teórico que tem raízes também no político como relação com o pensamento marxista.

Masud Khan foi expulso da Sociedade Inglesa, porque esta rejeitava suas ideias e não reconhecia sua prática clínica como pertencente ao campo da psicanálise. Outros autores fundam escolas, mas se mantêm dentro da sociedade oficial, como é o caso de Melanie Klein e Winnicott.

Como vemos, é impossível falar das instituições de formação pensando que essas podem ser imunes às condições históricas, políticas e sociais nas quais se inscrevem; não só estarão atravessadas como constituídas e estruturadas em função dos determinantes inconscientes das ideologias, e conscientes dos ideais que as condicionam.

Diferenciar o ego ideal do ideal do ego, e situar a ética na metapsicologia são tarefas que nos competem, como também delinear as aspirações do ideal do ego e dos projetos como parte constitutiva do ego em relação aos processos sublimatórios.

O Sedes, como tal, inscreve-se nessas coordenadas como uma instituição democrática, preocupada com uma luta política de desenvolvimento e justiça social. Entretanto, por vezes isso é esquecido, por outras negado ou recusado, o que acaba por criar um vínculo de inserção perversa com a instituição. Fotos, cartazes, faixas, encontro de trabalhadores que, com frequência, estão no nosso espaço físico, nos presentificam a marca da instituição. Isso não pode ser alheio à forma pela qual nos constituímos e escolhemos a cada momento.

Tais marcas vão se alterando com o decorrer do tempo: nossas questões não poderão ser hoje as mesmas de dezoito anos atrás, no momento da nossa fundação. É preciso que se faça uma análise das condições atuais, para que seja possível entender melhor o que nos determina. Grandes mudanças no panorama histórico, social e mundial têm afetado a produção de conhecimento e a política institucional no campo da psicanálise.

Somos questionados: *formação alternativa ou alternativa de formação?*

Atualmente, somos uma alternativa de formação em um vasto campo de ofertas. Ainda assim, a meu ver, conservamos marcas que nos colocam como uma formação alternativa. Alternativa em relação a quê? Àquelas instituições que se autoconsideram como "formação oficial".

É importante lembrar que nosso curso foi criado em 1976, como um espaço alternativo à Sociedade de Psicanálise, a qual exigiu que alguns de seus membros desistissem do ensino no Sedes. Naquele momento, o Sedes tinha uma dupla marca: ser alternativa à Sociedade de Psicanálise por oferecer outro modo de fazer a formação e ser um espaço democrático no qual era possível exercer a cidadania. Por vezes, criticou-se isso, afirmando que se assemelhava a um espaço de militância, e o foi, no sentido de dar a possibilidade de exercer a liberdade e o pensamento criativo em uma fase obscura. Foi um entre os tantos espaços micropolíticos nos quais proliferou o pensamento intelectual atacado pela ditadura. Como analistas devemos recuperar a história, com ela caminhar e transformá-la através do processo per-elaborativo. Com o passar do tempo, poderemos ressignificar os acontecimentos e tecer novas articulações.

Hoje estamos em outro momento, diferente daquele do de nossa fundação, mas tão atravessados quanto antes pela filiação e pela história da qual somos atores. Se não assumirmos a responsabilidade e o compromisso da nossa formação, corremos riscos significativos.

Considero que quando alguém se aproxima do Sedes, o faz em razão de uma certa caracterização de formação que essa instituição oferece no meio psicanalítico.

Os candidatos que se aproximam da instituição nos escolhem como lugar de formação e, ao mesmo tempo, nos delegam a função de selecioná-los.

Esses encontros são acontecimentos que singularizam o devir e se fundamentam em algumas proposições que fazemos para fundamentar nossa ideia de formação oferecida a nossos candidatos.

Vamos fazer um mapeamento das marcas que nos singularizam.

a) Nossos programas permitem perceber que o interesse fundamental em nossa transmissão está centrado na reflexão sobre a clínica. Pela forma que se organizam nossas leituras e programas, destacamos ser impossível uma transmissão de conhecimentos pretensamente objetivos; não temos intenção enciclopedista com acúmulo de informação, nem academicista. Temos, porém, o interesse de refletir e integrar um conhecimento que deve ser processado a partir do exercício da clínica e da experiência da própria análise.

ESCRITOS METAPSICOLÓGICOS E CLÍNICOS

b) Escolhemos a obra de Freud como viga mestra de nossa leitura, denotando que quaisquer conhecimentos dos pós-freudianos – seja Lacan, Melanie Klein ou Bion – aprendidos sem sua relação com Freud, se tornam apenas repetição de um discurso ecolálico de um pensamento sem origem.

c) Propomos um estudo crítico e criativo, no qual cada um escolhe seu estilo. Com isso, não atribuímos caráter de "oficialidade" ou "legitimidade", tampouco outorgamos caráter de "verdade única" a nenhuma linha teórica ou discurso que nos represente dogmaticamente. Assumir uma postura única leva a uma exigência de submissão à instituição e nossa única exigência é ética.

Partindo dessa posição pretendemos promover laços autônomos, porém não menos engajados, nos quais a diferença e a singularidade se manifestam como característica e condição do psicanalítico. O fato de serem singulares não implica que sejam solitários; o fato de pertencer a uma instituição permite percorrer o difícil caminho da formação com outros analistas, com um referente terceiro que nos remete ao Édipo e à castração.

d) Temos desacordo total e absoluto com o controle das análises pela instituição formadora. Pensamos que toda análise que receba uma adjetivação tem um objetivo outro que não o da própria análise. Há ainda o perigo de que, sob o peso da transferência, o analista didata se oferéça (ou à instituição) como modelo ideal, provocando um desvirtuamento ético presente em toda análise.

e) Pensamos e discutimos, com frequência, como fazer para não deslocar os efeitos de uma análise didática para uma supervisão, que viria a ocupar o mesmo lugar. O analista em formação escolhe livremente seu supervisor fora da instituição, e deve fazer outra supervisão – uma grupal e uma individual – no decorrer do tempo de sua formação na instituição. Essa posição de não controle tem vários riscos decorrentes, mas ainda assim preferimos repensar a cada momento as possíveis opções, do que impor uma supervisão que não seja escolha livre do próprio analista. Em conversa com Laplanche, em relação à APF, vimos que, às vezes, a supervisão obrigatória controlada ocupa o lugar da análise didática.

f) O trabalho com os convênios que fazemos com a Secretaria de Saúde nos permite pensar nas questões levantadas em uma análise atravessada por dificuldades inerentes ao serviço público. Temos de teorizar e exercer uma clínica não formalizada com base no exterior de uma técnica, mas pensada a partir dos princípios fundadores que a determinam.

Ter um departamento que permite um espaço de reconhecimento de produção e formação permanente em quaisquer um de seus setores é outra marca que determina nossa inscrição. A leitura de textos para a *Revista*, as discussões sobre a clínica institucional, o trabalho na clínica do Sedes e outras atividades do departamento, como grupos de estudo, colóquios, jornadas e conferências dão conta da formação permanente.

Um pouco de história

Por que escolhi o Sedes para desenvolver meu trabalho de analista?

Na verdade, o engajamento nessa instituição se deu por uma escolha, produto de um mútuo reconhecimento.

A dimensão histórica determinou-nos como seres humanos inseridos na sociedade e não como meros administradores da loucura. Com sua tradição ética e política, Regina Schneiderman e Madre Cristina – representantes do Sedes – ofereceram-me, além de um acolhimento humano, uma visão da psicanálise e da formação que permitiam continuar uma inserção e uma pesquisa já percorridas na Argentina.

Além de concordâncias ideológicas e políticas, trazíamos uma longa experiência como analistas que poderia ser aproveitada por uma instituição que começava a se formar fora da Sociedade de Psicanálise e precisava de professores e de subsídios para desenvolver um projeto formativo. Acabava de ocorrer, na Argentina, a cisão da Sociedade de Psicanálise com um grupo de analistas didatas, que se retiraram da Internacional de Psicanálise para formar o grupo "Plataforma", ao qual estávamos ligados. Emilio Rodrigué, Gilou Garcia-Reinoso, Marie Langer, Fernando Ulloa eram minhas referências. Suas ideias apoiavam uma formação independente; com elas chegamos no Brasil.

Joel Birman, na "Agenda de Psicanálise", publicada no Rio de Janeiro, no ano de 1991, diz: "a inclusão dos analistas argentinos, na década de setenta, inscreveu definitivamente entre nós a possibilidade de ser legitimados como analistas fora do território da Associação Internacional de Psicanálise". Isso foi, a meu ver, um bom encontro.

O que avaliamos para aceitar um candidato

Difícil trabalho o das entrevistas de seleção. Apresentam-nos diversos problemas. Tentamos lidar com as diferenças individuais de cada entrevistador, oferecendo dois encontros para serem escutados por pessoas diferentes, o que permite, dentro do possível, diminuir o risco de escolhas narcísicas ou por identificação, aceitando ao máximo a diversidade das pequenas diferenças. O *das Ding* faz a grande diferença.

Sem dúvida, seria mais fácil lidar com uma instituição na qual os membros clônicos tivessem a mesma formação, os mesmos analistas, a mesma clínica e o mesmo discurso. Mas, nem os analistas que se encarregam da formação, nem os candidatos que nos procuram aprovam ou desejam qualquer homogeneidade; formamo-nos na singularidade.

O que tentamos escutar, quando alguém se propõe a fazer uma formação, é se o desejo inconsciente pulsa com força suficiente para investir em um longo e difícil processo que lhe possibilitará colocar-se no lugar de quem sustenta a transferência.

Essas marcas se farão presentes no caminho percorrido. O *curriculum* não pode ser lido por nós como um conjunto de atividades acumuladas, mas como as pegadas deixadas pelo desejo. Também veremos isso refletido no relato da clínica e no investimento e na elaboração da própria análise. Não é importante o nome do analista, já que este não dá garantias de que o processo se realize. Não há lista de autorizados ou didatas que "escutem" sobre o trabalho que o candidato pode elaborar.

Continuamos pensando com Freud que a psicanálise é leiga, e que podem se aventurar nesse processo aqueles que, com formação universitária, se debrucem nesse longo caminho da formação interminável. Não é condição ser médico ou psicólogo para entrar na formação. Afirmar essa tradição tem seus custos, mas define uma posição: colocar a formação em psicanálise como uma modalidade original do saber, com seu próprio território.[1]

A análise do analista é para nós um elemento central, porque é nela que se dá uma constante re-historicização, um construir e reconstruir a história, uma condição melhor para lidar com os pontos cegos e com os preconceitos.

Trabalhar sobre nosso mundo conflitante e transformá-lo alarga a escuta, opera sobre o impulso epistemofílico livre,

---

[1] Ver artigos sobre formação neste livro.

segundo a definição de Freud no texto de Leonardo (1910b), o que é condição necessária para se aventurar pelos difíceis caminhos da sexualidade.

Pensamos que o que instiga esse caminho é o desejo de saber sobre o inconsciente. O conhecimento, a cultura, o engajamento no processo histórico em que lhe toca viver, são fundamentais para que o analista possa trabalhar melhor.

Nossa proposta é diminuir a burocratização e a normatização do saber; organizarmo-nos perante uma lei para nos formarmos e não para nos conformarmos em relação a um ego ideal que se oferece como identificação imaginária. As diferenças atuam como terceiros que "desespecularizam".

Aspira-se a dissolução da transferência para não constituir um vínculo hipnótico com o analista ou com a instituição, que se ofereça como uma prótese identitária.

Em relação ao alinhamento teórico do analista pensamos que o problema não está nas diferenças e, sim, no vínculo dogmático ou religioso que se institui com as análises, as instituições, as supervisões e na teoria. O poder da transferência narcisizante cria sujeitos submetidos e incapazes de questionamento em virtude de uma fusão que produz sistemas de crenças e emblemas. Estes, ao serem imaginarizados, criam uma falsa ideia de completitude que impossibilita a apropriação de novos conhecimentos.

É necessário confrontarmo-nos com uma constante falta, que nos remete a uma formação que nunca fecha, uma formação interminável como o deslocamento simbolizante, no sentido de sempre incompleta, no qual o Outro institui a diferença. Não concordamos com a supervisão, o estudo teórico e a análise que se processam em referência a UM, que não têm restrições e abrangem todos os modos de ser. Na formação, entendemos ser fundamental poder ter várias referências, várias escutas possíveis sobre o que pensamos, como clinicamos, o que lemos e analisamos. Nesse sentido, o Sedes oferece, no decorrer da formação, a possibilidade desse percurso aberto. Rompemos com quaisquer ideias que nos levem a pensar em uma verdade única. Não tratamos de expulsar o estrangeiro em nós; queremos fazer da dúvida e do questionamento ferramentas do aprendizado.

V.
OUTROS TEXTOS

19.
O PSICODIAGNÓSTICO E A PSICANÁLISE[1]

A questão do diagnóstico é uma problemática que tem levantado sérias polêmicas nos últimos anos. E, uma vez que entendemos que nada atenta mais contra o futuro de nosso trabalho que a atitude de ignorar críticas e recusar a percepção de certas evidências, torna-se necessário fazer trabalhar nossas ideias e refazer objetivos com a intenção de garantir o lugar de uma atividade que traz, sim, subsídios significativos para a clínica psicológica. É importante, portanto, repensar o lugar do psicodiagnóstico e dos materiais projetivos utilizados da psicologia clínica.

É necessário, então, pesquisar os novos contextos nos quais nossa prática se desenvolve, e poder refazer caminhos. Uma ideia tão aceita, já há vinte anos, como a de psicodiagnóstico, atualmente está sendo questionada e deve ser reanalisada à luz dos novos desdobramentos da ciência e do conhecimento.

---

[1] Conferência proferida na *I Jornada de Diagnóstico Psicológico: Dimensões Atuais*, promovida pelo Instituto de Psicologia da Universidade de São Paulo no dia 25 de setembro de 1999; publicado originalmente em *Psicanálise e Universidade* (no 12-13, p. 27-43, 2000).

A história existe porque nós a construímos; nesse sentido, faz-se necessário expor nossa prática e confrontarmo-nos com o pensamento crítico da modernidade.

Não somos indiferentes à necessidade de abordar os processos que vão tecendo a malha dinâmica da complexidade do indivíduo. Pelo contrário, à medida que o leque de possibilidades de indicações terapêuticas se amplia — terapias focais, terapias breves, de crises, de grupo, psicoterapias de orientação analítica, de família, de casal —, à medida que o trabalho multidisciplinar cresce e outras técnicas colaboram com os processos terapêuticos, torna-se ainda mais importante a necessidade de mapear as diferentes articulações que constroem a subjetividade.

É necessário, assim, explicitar o conceito de diagnóstico que utilizamos, assim como desfazer os equívocos que vêm tanto das ciências médicas como da psicanálise. As disciplinas mais clássicas, como a medicina e o direito, pedem mais certezas, maior rigor, do diagnóstico. Esperam do psicólogo clínico, por meio de um psicodiagnóstico, respostas que orientem profissionais na tomada de decisões. É possível responder a essa demanda?

Os psicanalistas consideram o psicodiagnóstico desnecessário, uma vez que se utilizam das primeiras entrevistas para elaborar as hipóteses diagnósticas que, em caráter provisório, orientam seu fazer. Essas hipóteses, pela natureza do trabalho analítico, são colocadas em suspenso e sua confirmação sempre relegada a um devir. No campo da clínica é necessário, então, distinguir entre *elaborar hipóteses diagnósticas* e elaborar um *psi-codiagnóstico*, incluindo neste a utilização de técnicas auxiliares. Recusa-se, por vezes, um valor significativo ao psicodiagnóstico porque parece que este carrega em si a pretensão de dar um veredicto, enunciar uma verdade sobre o saber do sujeito. Se não esclarecermos os conceitos, se não questionarmos os preconceitos, se não tomarmos posições, se permanecermos em uma atitude de autossuficiência ou desconhecimento, estaremos fadados a perder o trem da história.

Nos últimos anos, não tenho acompanhado, por meio de supervisões, pedidos de psicodiagnósticos de adultos, a não ser pela justiça, como no caso de abuso sexual, situações de adoção e disputa pela guarda dos filhos, e na área de recursos humanos, áreas nas quais o psicodiagnóstico ainda parece manter um lugar privilegiado. As crianças continuam, no entanto, sendo o alvo preferido no que se refere aos pedidos de psicodiagnóstico. Os pedidos são requisitados pelas escolas, pelos pediatras e pelos próprios psicanalistas que trabalham no campo da infância, uma vez que se defrontam com uma subjetividade em formação, em que o diagnóstico diferencial pode orientar os encaminhamentos de forma mais precisa. É importante observar, entretanto, que o tema do diagnóstico foi para Freud, desde "Psicoterapia da histeria" (1893-1895), uma preocupação. Como diz Jöel Dor (1991, p. 13),

> Freud tinha perfeitamente apontado, desde o início de sua obra, a ambiguidade em torno da qual se coloca o

problema do diagnóstico no campo da clínica psicanalítica: estabelecer precocemente um diagnóstico para decidir quanto à condução da cura, enquanto a pertinência deste diagnóstico só receberá confirmação após um certo tempo de tratamento.

E esse diagnóstico está também sujeito a permanentes modificações.

Mas não podemos negar que, em face dsse panorama, o psicodiagnóstico esteja sofrendo um questionamento no campo da psicologia clínica, e é por essa razão que nos parece importante tecer algumas considerações a respeito de quais seriam os elementos que determinariam tais conflitos, para que possamos nos reposicionar diante desse panorama e lhe restituir o estatuto.

Assim, elegeremos três variáveis, as quais precisariam ser revisitadas ao se elaborar um psicodiagnóstico, uma vez que, por vezes, são em parte responsáveis pelas dificuldades que indicam a existência da crise:

1. certa esquematização que percorreu esse campo: durante longo tempo trabalhou-se com uma ideia estereotipada do que deveria ser feito para abordar o sujeito psíquico — os *kits* preformados aplicados sem sentido crítico. As chamadas baterias de testes, aplicadas sistematicamente e de forma indiscriminada a todos os pacientes, sem que fosse feito um estudo prévio, com base nas

entrevistas, em relação às necessidades e às questões a serem pesquisadas, burocratizaram essa prática.

No entanto, é importante destacar que, tanto na escolha de materiais quanto na condução do processo, deve-se manter o critério de singularidade que nos é tão caro quando abordamos a subjetividade. Para cada paciente, deve-se pensar uma estratégia diagnóstica, que até poderá ser modificada no decorrer do percurso. Se com duas entrevistas e uma hora lúdica obtemos os dados que procuramos, é inútil e insano submeter uma criança a um processo mais longo;

2. a falta de novas produções na área de testes projetivos nos leva a usar figuras anacrônicas, o que, por vezes, provoca resistências ao invés de convocar a fala, assim como é o caso do TAT. Também a interpretação estereotipada ou a atribuição de sentido às produções colocou as técnicas projetivas em uma posição suspeita. Por exemplo, dizer que uma produção feita à esquerda da folha fala da ligação materna e uma produção feita à direita fala do pai invalida todo critério de uma pesquisa séria. Os elementos só poderão ser lidos como textos onde as partes adquirirão sentido em sua relação de inclusão em uma cadeia significante;

3. a elaboração de diagnósticos nosográficos, classificatórios, enunciados com caráter de certezas.

Trabalharemos algumas dessas questões expondo-as como uma rede de pensamento onde as ideias se entremeiam. Inicialmente, analisaremos o sentido que a palavra "diagnóstico" acarreta em si e que merece considerações, uma vez que está carregada de conotações que entram em conflito com a especificidade de nossa formação como psicólogos clínicos e psicanalistas, pelo caráter de certeza que lhe perpassa.

O diagnóstico/O diagnosticar

O dicionário *Aurélio* define a palavra "diagnóstico" como "conhecimento ou determinação duma doença pelo(s) sintoma(s) e/ou mediante exames diversos" (p. 584); o que significa que na clínica psicológica diagnosticar é determinar uma *doença*.

A palavra "doença" vem da medicina e está tingida por todas as dificuldades que acarreta o peso da ordem médica. A medicina elabora um saber, mas este é mais do que aquilo que a própria ciência elabora. Esse saber está, como em todas as ciências, permeado por conotações que a tradição e as relações de poder atribuem a quem enuncia esse discurso. A ordem médica, nesse sentido, tem uma função social particular, como profissão organizada e influente. Sua palavra tem o peso do poder de quem a enuncia, tem a força de um veredito. Trabalha com os conceitos de "são" e de "doente", dicotomia essa que não é oriunda da tradição psicológica.

No campo do diagnóstico psicológico e da saúde mental, as coisas têm se complicado muito nos últimos anos. A ordem médica se impõe tentando assumir funções de regulação e de controle sobre os conceitos de saúde e de doença, apontando cada vez mais para uma medicalização da saúde mental. Se observarmos o que vem acontecendo com o *DSM IV*, veremos que os diversos índices classificatórios que os organismos internacionais nos oferecem estão em oposição a uma proposta de racionalização destes compreendida em suas dimensões de complexidade e conflito. Não é por acaso que as diferentes categorias de neuroses vêm desaparecendo, gradativamente, nas últimas classificações, enquanto a descrição de sintomas e síndromes tem progredido. Esses índices classificatórios propiciam a generalização, a linearidade e a causalidade em contraposição ao heterogêneo, ao diverso e ao diferente. "Síndrome do pânico" e "síndrome obsessivo-compulsivo" são as novas classificações que vêm ocupar o lugar de quadros que se agrupavam mais em torno de um tipo de funcionamento peculiar do que em torno de uma série de índices fenomenológicos determinados.

Assim, se não definirmos de que tipo de diagnóstico se trata e para que o fazemos, entraremos em um campo escorregadio, correndo o risco de nos tornarmos mais um elemento que contribua para aumentar a medicalização como forma de desaparição dos sintomas, e menos como forma de compreensão das causas e dinâmicas das perturbações. Medicar um paciente pode ser necessário. Entretanto, a medicalização como conduta clínica visa a conter o sujeito e o conflito, atentando contra a liberdade do indivíduo. Medica-se como antes se internava, na tentativa de fazer calar a doença.

O diagnóstico, entendido como nosografia, não se dirige à compreensão do paciente, à abordagem de sua subjetividade. Nomeia-se como forma de cristalizar o sofrimento em uma enfermidade mental classificável, com a óbvia consequência de fazer que a singularidade do paciente desapareça, possibilitando assim uma burocratização de nossa prática.

No campo da medicina, o trabalho diagnóstico baseia-se em variáveis observáveis nas quais a regularidade, a repetição, a fixidez das ocorrências determinam o tipo de intervenção, na tentativa de estabelecer uma relação de causa e efeito. No entanto, temos de evitar o risco de partilhar de uma visão positivista, a-histórica e mecanicista acerca da origem, que determinaria as causas das condutas humanas. No nosso entender, a doença orgânica também pertence ao campo das condutas humanas, da conduta de um corpo que adoece. Portanto, mesmo no campo da medicina é preferível falar de sujeitos que sofrem e não de doenças desencarnadas da subje-tividade. Também é preciso, em medicina, rever o critério de diagnóstico. Nessa medida, o que significa para um psicólogo clínico diagnosticar?

Diagnosticar significa reunir uma série de indícios que nos permitam abordar o modo de funcionamento e a origem de certas manifestações clínicas. Diagnosticar é, nesse sentido, interpretar, construir hipóteses que nos permitam dar conta do trabalho simbólico junto aos conflitos que se estruturam no caminho de construção da subjetividade, assim como, também, abordar as formações imaginárias que se apresentam como armadilhas do desejo para sua satisfação.

Como o nosso referencial teórico é a psicanálise, será necessário debruçarmo-nos sobre o desenvolvimento da subjetividade para entender se o sujeito se encontra detido ou silenciado pela inibição, estereotipado pelo sintoma ou regredido, se se vê obrigado a percorrer velhos percursos de elaboração quando frente à impossibilidade de encontrar novos caminhos que lhe permitam avançar.

A psicanálise pressupõe um psiquismo que funciona segundo moções pulsionais e seus representantes psíquicos que, por sua vez, pressupõem um *quantum* de afeto envolvido. Pensar psicanaliticamente implica pensar no caráter sexual do inconsciente, com sua categoria psíquica de desejo, resultante da inscrição da pulsão no fantasma. Para os psicanalistas e os psicólogos clínicos que trabalham com a teoria psicanalítica, o caráter imprevisível dos efeitos inconscientes está sempre presente. Como afirma Joël Dor (1991, p. 18), devemos "constatar não haver inferências estáveis entre as causas psíquicas e os efeitos sintomáticos na determinação de um diagnóstico".

A psicanálise como disciplina abre um panorama amplo a partir do momento em que rompe com a linha divisória entre saúde e doença. Freud confronta-nos com tal evidência ao apontar os mecanismos semelhantes que operam tanto na formação da subjetividade quanto na patologia. Justamente entre os elementos fundadores do pensamento freudiano, encontramos o papel central do conflito como o de uma ordem de experiência que, tanto na vida social quanto na cura e na cultura, produz movimentos de abertura. Por meio da metapsicologia revalorizamos o conflito como um elemento que cria movimento e gera subjetividade. Descentrando-o do campo da patologia, podemos pensar uma clínica no campo da pulsão. Qual é a importância disso?

Perceber o caráter positivo das moções pulsionais em conflito. Os sintomas deixariam de ser índices que configurariam uma patologia para se destacar como discursos que abririam caminho em direção à verdade do sujeito, em sua dimensão inconsciente. Não podemos opor a esse movimento um sistema encapsulador, restritivo e cristalizante como o é uma nosografia classificatória.

A manutenção da palavra "diagnóstico" é, portanto, conflitante, uma vez que sabemos que a linguagem não tem um estatuto trans-histórico e nem é fácil fazê-la funcionar fora de um contexto que o predetermine. Muitas vezes, seu uso cotidiano acaba nos aprisionando no universo semântico dos sentidos e intenções previamente conhecidos. Preferimos, portanto, pensar em "processo de estudo das dinâmicas psíquicas" e ao retomarmos o termo diagnóstico, nós o faremos estritamente com essa conotação. Vejamos quais são os desdobramentos que pensar em "processos" implica.

O sentido de processualidade acentua a importância de uma estrutura em movimento. Nessa medida, o psiquismo tem a característica de ser uma estrutura em movimento em permanente criação (*autopoético*) e encontro com a alteridade, no qual a formação da subjetividade está em um permanente devir. Já não pensamos mais a formação do sujeito como uma série de extratos que vão sendo adicionados por somatória. O tempo da ressignificação faz que haja um reordenamento permanente das relações do sujeito com suas fantasias, lembranças encobridoras, precipitados identificatórios que geram nova subjetividade. A ideia de determinismo psíquico, mesmo entendida como sobredeterminação, começa a ser revista em favor das mudanças teóricas que a física atual nos tem oferecido. As teorias do caos e da complexidade, a partir das quais se pode falar de incerteza no seio de organismos ricamente organizados (Morin, s/d; Lima, 1998, p. 56-64; Prigogine, 1977), podem ser repensadas para encontrar sua nova forma de organização nas ciências humanas. O conceito de estruturas dissipativas expressa a possibilidade que os materiais e os sistemas têm de adquirir novas formas organizativas por meio de uma capacidade de "autocriatividade". A mudança de uma variável, por insignificante que seja, pode adquirir um valor transformador. É preciso estarmos abertos a organizações simbólicas novas, disruptivas e inesperadas, as quais mostram a capacidade produtiva de um organismo em permanente movimento, constantemente atravessado pela realidade do presente, do passado e do futuro, mas como um movimento dentro do movimento. Em outras palavras, estamos nos referindo à questão do tempo em um sistema aberto, onde passado, presente e futuro não correspondem a uma linearidade, mas fazem parte de uma mesma realidade.

Os elementos mencionados acima trazem um ar novo e permitem revalorizar o processo de diagnóstico, reencontrando um estatuto que lhe permita ocupar o lugar que merece na clínica. A forma pela qual nos dispomos a fazer um diagnóstico pode colaborar com a desconstrução das categorias psicopatológicas, para que possamos adentrar a gênese da formação dos processos e a dinâmica dos mecanismos. Portanto, entendemos que, dessa perspectiva, o diagnóstico visa a abordar a articulação dos processos, o encadeamento das sequências e as transformações surgidas no decorrer de uma história individual e singular, em que a teoria funcionará como uma baliza que nos propiciará apoio, e nunca como um pensamento esquemático que pretenda dar conta da complexidade própria de nosso objeto de estudo. A metodologia com a qual nos debruçamos sobre o material prioriza sempre a elaboração de hipóteses presumíveis sobre as correlações e modos de funcionamento. Não se trata aqui de descobrir o discurso latente que existiria por trás do discurso manifesto, trata-se de encontrar indícios que nos permitam construir produtivamente hipóteses de um funcionamento ativo e não estanque, já que a própria construção do aparelho psíquico, como diz Freud na "Carta 52" (1896, p. 274), decorre de sucessivas reorganizações e traduções que sofrem um reordenamento segundo novos nexos. Há permanentes retranscrições e, nós agregaríamos, nelas não são necessariamente mantidas a lógica sequencial e linear, mas nas quais reinam, permanentemente, situações de caos e desestabilização dos sistemas que vão criando novas complexidades e, a nosso ver, novas complexidades nas inscrições psíquicas e nos fluxos de investimento. Para que um diagnóstico seja feito, coagula-se a história do sujeito mas, como em um material genético no momento do corte, tanto o presente como o passado e o futuro se apresentam nesse momento. Mesmo parecendo paradoxal, coagula-se a história do sujeito em movimento. Presentifica-se, em um movimento transversal e longitudinal, a sua história. Nessa medida, nossa hipótese não fala de uma arqueologia dos processos psíquicos mas, sim, de um devir que se faz presente projetando-se para o futuro. Assim, o eixo que orienta nosso processo de diagnóstico será dado pelo estudo dos processos que propiciam o funcionamento psíquico.

Da psicanálise à psicologia clínica

Por vezes, o valor e a metodologia com que se faz um diagnóstico são questionados com base na própria psicanálise. Entendemos que essas dificuldades se devem a certas confusões relacionadas ao método e ao objeto de estudo que são, sem dúvida, diferentes na psicologia clínica e na psicanálise. É interessante destacar que o método que a psicanálise propõe, para o conhecimento do inconsciente na psicoterapia psicanalítica, é a associação livre para o paciente e a atenção flutuante para o psicanalista. A abstinência é outra condição para a condução da cura. Essa não deve ser confundida com passividade.

A "atividade" da abstinência está depositada na posição atenta e disponível com a qual se oferece o analista na escuta, única técnica de investigação de que dispõe. Ele tenta ouvir, como afirma Dolto, "aquele que está presente num desejo que a angústia presentifica e oculta ao mesmo tempo" (Mannoni, 1973).

O psicanalista assume a condução da cura sem assumir um projeto para seu paciente em função de seu desejo, sem marcar um objetivo a ser atingido, sem se atribuir o saber sobre o que é bom para o sujeito em análise. Sua atitude ativa está em permitir que o sujeito se desalinhe.

No caso do psicólogo clínico em processo de elaboração de um diagnóstico, a partir de alguns encontros, no qual aborda o estudo da constituição dos processos psíquico e suas dinâmicas, a metodologia utilizada não será a mesma. Não é possível utilizar a associação livre e a atenção flutuante. A atenção é dirigida para a obtenção de informações que são de nosso interesse, por meio de uma conduta ativa com o objetivo de provocar a produção. Por momentos, o sujeito associa livremente, outras vezes, em face de um determinado material ou uma produção gráfica, pedimos associações. Essa diferença é o que legitima, no campo da pesquisa da subjetividade, a introdução de materiais mobilizadores, como testes, hora de ludo em caráter diagnóstico e produções gráficas.

No caso do psicodiagnóstico, a "atividade" significa a condução do entrevistador na direção da procura da produção de determinados materiais que sejam de seu interesse para a elaboração de suas hipóteses. Seu objetivo é outro – não há compromisso com a cura, há um projeto claro de investigação que aponta resultados. Escolhe este ou aquele material para mobilizar produções que lhe permitam investigar a sexualidade, a relação com o mundo, uma defesa determinada contra a depressão. O psicanalista está à espera, à espreita daquilo que o sujeito deixa vir. A psicanálise, por sua natureza, não é um procedimento controlado de produção de conhecimento e observação. No psicodiagnóstico, o psicólogo clínico está em busca de tentar produzir efeitos, obter material que lhe seja útil para o fim que persegue.

Cada um, legitimado em sua ação, trabalha com um *setting* diferente. Ambos, objeto de transferência, priorizam a escuta em sua dimensão de saber. Ambos sabem da distância que separa o dito do não-dito. A partir do lugar daquele que recebe o paciente, há algo a ouvir, além das palavras com que este organiza seu discurso, esse "algo a ouvir" é o "escutar". A função de escuta nos permite estar abertos para fazer os sentidos emergirem. É *a posteriori* que esse material poderá se organizar reconstruindo redes de significância. Tanto para o psicanalista como para o clínico, o que exploramos ou pesquisamos não são estruturas fechadas, mas modos de funcionamento do sujeito em suas várias dimensões. O tempo de que dispomos é diferente para cada um deles.

Sobre o objeto e a interpretação

Em um diagnóstico, tal como o entendemos aqui, o objeto de conhecimento se refere ao aparato psíquico em sua totalidade, ao sujeito incluído no mundo com suas produções sociais e culturais, indo além da pesquisa acerca das produções do inconsciente. Desejamos, no entanto, reafirmar a necessidade de *provocar o inconsciente*, de fazê-lo falar, fazendo falar o texto. *Provocar* e *convocar*, no lugar de atribuir sentido ou outorgar interpretações fechadas que padronizem as respostas. Nossa função é provocar e permitir que emerjam sentidos próprios, os quais o sujeito encontrará a partir do material apresentado. Convocamos a construção de sentidos novos que nos facilitarão a compreensão das possibilidades criativas e reorganizadoras do sujeito. Se a ideia que nos guia é a de que se encontram, nos testes ou nas próprias provas que aplicamos, as respostas que nos permitam o acesso a um aparelho psíquico estruturado, estamos em um caminho falso. As provas em si não têm, no nosso entender, outro valor que o de convocar o sujeito a falar. São as provas que provocam para que um discurso seja enunciado.

Assim, tendo definido que operamos com o referencial teórico psicanalítico e que nossa pesquisa não se dirige unicamente ao inconsciente, o que devemos estudar? O sujeito? A personalidade? As funções conscientes? As habilidades? O sexual? As identificações? Os conflitos? Se pretendemos fazer um estudo dos processos psíquicos partindo da teorização freudiana, vários serão os convidados. Convocaremos o inconsciente e, também, o ego e o superego. Convocaremos a metapsicologia, nossa "bruxa" conhecida, como Freud a denominava em "Análise terminável interminável" (1937, p. 228), e analisaremos os processos psíquicos em termos tópicos, dinâmicos e econômicos. Será preciso abordar os processos primário e secundário e a relação entre instâncias; pensar na constituição edípica e seus desenlaces identificatórios. Analisaremos também as funções do ego, o que abrirá caminho para pesquisar acerca das relações do sujeito com a realidade. Capacidades de síntese, memória, inteligência serão pensadas levando em conta a relação com a dimensão inconsciente que as determina, o que sempre implicará, portanto, uma análise qualitativa dos processos.

Nessa medida, desenharemos uma cartografia ou mapeamento de conceitos que têm sido úteis em nossas pesquisas, sobre os processos de formação da subjetividade, uma vez que podem balizar as nossas procuras. É fundamental que não se perca a ideia da dimensão histórica singular e o aspecto processual com que essas noções podem ser abordadas, e também que estas não sejam aplicadas de forma a forçar a teoria na clínica. Édipo, identificações, sexualidade, sexualidade infantil, defesas, sintomas, inibições, sublimações, simbolizações, atos falhos, sonhos, conflitos, relações objetais, narcisismo, autoerotismo, ego e suas funções, superego, ideal do eu, autocrítica, traços de caráter, compulsão à repetição, imagem corporal, valores, sofrimento, projetos são algumas das províncias que podemos percorrer e conhecer através da escuta e das produções do sujeito (Horstein, 1989, p. 33). E, entre os diversos métodos aos quais recorremos para levar adiante essa pesquisa, a entrevista continua sendo nossa ferramenta principal, uma vez que nos permitirá contextualizar a singularidade na história do sujeito.

No entanto, no caso do psicodiagnóstico, a mesma entrevista que tem caráter de uma produção livre é transformada em "entrevista semi-aberta". Colocam-se questões que permitam ao sujeito discorrer sobre áreas de seu fazer que talvez não fossem abordadas de forma espontânea. O material projetivo *provoca* e *convoca* elementos que põem em jogo diversas produções. Estimula criações que vão desde o modo em que um sujeito se insere no mundo até a forma de organizar seu pensamento em função de uma racionalidade que lhe é própria. *Interpretar* essas produções significa conjecturar, duvidar, já que a dúvida é imanente, inerente e constituinte ao processo de interpretar.

Aqui, estamos no campo das técnicas projetivas e queremos marcar uma diferença fundamental entre *interpretar* e *demonstrar*. A demonstração pretende uma certeza, que se opõe à conjectura proporcionada pela interpretação. Tanto na entrevista quanto nas técnicas projetivas interpretamos, construímos e reconstruímos laços, relações, sentidos. Possibilitamos a historicização e propiciamos um relato que o sujeito nos dirige com a crença de que somos possuidores de um saber que nos permitirá enunciar alguma verdade. É da ética do analista saber que esse saber é suposto e não se confundir na ilusão imaginária

ESCRITOS METAPSICOLÓGICOS E CLÍNICOS

de que possui a verdade, de que possui o tal saber sobre o sujeito e, portanto, é capaz de enunciar um diagnóstico. Dessa forma, corre-se o risco de deixar o sujeito amarrado às suas palavras para sempre, que o refletem em uma imaginarização impossível de ser algum dia simbolizada.

Temos, com frequência, a experiência de receber pais angustiados por um diagnóstico de psicose ou outros que abandonam seus filhos à sua sorte porque lhes foi dito da incapacidade destes para superar certas dificuldades. Já ouvimos pacientes se apresentando como neuróticos ou perversos sem ter muita ideia do significado da terminologia que estão utilizando. Nessa empreitada encontraremos verdades parciais, incompletas, sempre com caráter de hipóteses, que podem nos orientar nas indicações terapêuticas. Todos os itens mencionados acima, como tópicos aos quais nosso interesse poderia se dirigir, não são observáveis, não são fatos, são impossíveis de serem medidos, são construções, construtos teóricos cujo sentido dependerá da forma com a qual se tecem na trama da subjetividade. Assim, nossos enunciados não terão nunca o caráter de certeza.

Talvez valha a pena recordar o alerta que Paul Ricoeur nos faz, ao dizer que a especificidade da interpretação se define contra o positivismo das ciências naturais e da psicologia experimental, e tal especificidade será, nas ciências da cultura, a ferramenta proposta para o lugar da medição. É, portanto, com a interpretação utilizada como instrumento que vamos abordar nosso objeto de estudo. Utilizaremos um processo que nos permita estabelecer nexos que não estão no próprio objeto, mas que possibilitem nos aproximarmos dele. Os nexos que se instauram são nexos subjetivos e dependem também do entrevistador. Tomaremos o exemplo de dois recursos interpretativos, *recorrência* e *convergência*, que são articuladores que nos ajudam a pensar na repetição que insiste.

Por *recorrência*, entendemos a repetição de sequências ou produções, sejam estas verbais, lúdicas ou gráficas, que sob uma mesma forma significante transportam um sentido semelhante. No manifesto há repetição. Por exemplo: uma paciente adulta, sempre que faz referência ao feminino, mostra elementos que conservam uma forma de debilidade, fraqueza, instabilidade etc., recorre ou insiste na forma com que expressa uma temática, seja esta consciente ou inconsciente. Porém, no sentido da *convergência*, podem aparecer sequências significativas cuja forma aparente seja absolutamente diferente, mas que convirjam para o mesmo conflito. Diversos significantes se relacionam de forma latente em uma mesma rede de significância, aparecendo como formações reativas ou transformações no contrário. Continuando com o exemplo anterior, na entrevista aparece uma queixa relacionada ao raciocínio matemático, dificuldades no trabalho com relação aos números. Apurando a escuta, inferimos que, na singularidade da sua história, a matemática está ligada ao feminino e que sua dificuldade decorre da identificação entre a matemática e a impossibilidade das mulheres em aprendê-la, já que seu pai esperava dos filhos homens essa habilidade, o que significava potência. Há uma convergência de elementos cujas fachadas são diferentes. Estamos no campo da interpretação, já que nenhuma dessas relações é intrínseca ao material oferecido. O sentido é criado a partir de uma construção possível. É o entrevistador que permite sua emergência, tomando todos os cuidados para não atribuir sentidos. Estes estão virtualmente contidos na produção.

Ao apresentar um material, podemos encontrar, em uma produção verbal, os elos perdidos que nos facilitem fazer o caminho inverso daquele do recalque, quando separou as representações do afeto. Podemos reconstruir o caminho de operações psíquicas como deslocamentos ou condensações, encontrando os modos habituais de defesa. Pela insistência de uma denegação, podemos compreender a importância de uma figura a qual se insiste em desconhecer, desenhar ou nomear. É preciso ser cauteloso com a obsessão pelo significado, o que costuma ser uma armadilha para nosso interesse em construir as redes por onde se desdobra o psiquismo. Atribuir sentidos é fixar significados, e o contrário do processo que nos permite abordar a singularidade. Dizer que os dentes remetem à agressividade pode ser um erro grave; num paciente em particular, podem ser signos de crescimento e até de lembranças infantis gratificantes, porque associadas à alegria dos pais em acompanhar o desenvolvimento adequado dos filhos.

Associar objetos pungentes à falicidade é obturador e infantilizante, fechando o caminho da escuta para qualquer associação diferente, própria do paciente em razão de sua história. Esse tipo de interpretação opõe-se a todo caminho produtivo e, geralmente, a atribuição de sentidos nos permite falar mais das projeções do entrevistador do que das redes associativas produzidas pelo entrevistado. Cumpre a mesma função que o preconceito na vida social, empobrece, bloqueia e limita.

Nessa medida, devemos tomar a produção do sujeito, seja ela gráfica ou verbal, como um texto onde os significantes adquiram seu valor em função da rede na qual estão imersos. Não há correspondência de identidade e, sim, transporte de sentido que surgira em função dos nexos que o sujeito instaura.

O gráfico como produção

Tais nexos não precisam ser da ordem do verbal, uma vez que estamos tomando o critério do discurso em seu sentido mais amplo. Por essa razão é que a produção gráfica também é importante na execução de um processo diagnóstico; a produção gráfica tem uma autonomia semiótica que não é só entendida à luz do verbal (Sigal, 1998, p. 81-92). O desenho facilita expressões que são da ordem do processo primário, onde tempo e espaço se fundem em traços atemporais, não ordenados em função de uma lógica espaço-temporal. Como diz Freud, no VII de "A interpretação dos sonhos", de 1900, "na lógica do processo primário o tempo advém espaço e os sistemas têm um ordenamento por simultaneidade que constitui espacialidade". Essas manifestações são facilitadas pelos desenhos onde, às vezes, aparecem as marcas primevas em um registro quase ideográfico que, sem contar histórias, nos pôem em contato com elementos recalcados primitivos. Não é difícil estabelecer uma conexão entre os materiais projetivos e os restos diurnos dos quais Freud nos fala na interpretação dos sonhos. Esses materiais projetivos, ou cenas provocadoras de associações, se oferecem ao sujeito como iscas as quais podem ser utilizadas pelo desejo inconsciente.

Por que razão os materiais projetivos são de utilidade nesses casos? Porque se torna mais fácil desarmar a censura uma vez que se servem de elementos aparentemente insignificantes. Mais que as recordações carregadas, as quais oferecem resistência, facilitam as associações e prestam-se a entrar em contato com o desejo infantil. Os materiais projetivos não só vão buscar algo no inconsciente, como se oferecem ao inconsciente como um engate necessário para uma transferência.

Até aqui nos referimos às dificuldades intrínsecas ao próprio processo e às problemáticas com as quais nos defrontam as palavras utilizadas e a necessidade de definir sentidos. Concluindo, abordaremos mais uma dificuldade relacionada com a demanda, ou seja, quem nos pede e para que nos pedem um estudo dos processos psíquicos que determinam as condutas do sujeito.

Sabemos que não podemos falar de uma investigação única, padronizada, que será feita em todos os casos do mesmo modo. É necessário pensar que a demanda determina, em grande parte, a especificação de nosso objeto. Tanto a demanda como o demandante nos determinam. Caso o diagnóstico seja pedido por um psicanalista, um professor, um neurologista, um juiz, ou um médico clínico, tal pedido pode propiciar diferentes buscas.

Saber orientarmo-nos nessa pesquisa, escolher os materiais que achamos de maior interesse, não sobrecarregar o entrevistado com provas inúteis, ter uma atitude ativa e crítica é de fundamental importância.

Alguém pode, também, nos pedir uma avaliação da inteligência de um sujeito. Que conceito de inteligência nós temos? De nossa perspectiva, torna-se impossível pensar em avaliação ou medição da inteligência em si. Podemos pensar, mais uma vez, no funcionamento dos processos intelectivos e suas condições de produção. Faz-se necessária a consideração dos fatores emocionais que determinam as produções intelectuais, assim como também as condições sociais, antropológicas e econômicas. Isso pressupõe uma determinada concepção do objeto de estudo, que, por sua vez, influiria na elaboração das hipóteses que enunciaríamos, assim como nos métodos que utilizaríamos para sua avaliação. A quem o resultado é dirigido, também nos confronta com um problema ético na utilização dos resultados. Não podemos nos omitir em relação ao uso que será feito desse material. A relação entre o público e o privado deve ser questionada, quando se trata de abrir a privacidade de um sujeito para um outro que pode utilizar a informação até contra o próprio sujeito, e mais ainda quando a liberdade enquanto ética do desejo pode ser posta em risco. É interessante destacar que possuímos material o qual nem o próprio sujeito, pelo menos em suas esferas conscientes, possui. Maior ainda é o conflito quando os resultados do diagnóstico serão usados contra ou a favor do sujeito. Insistimos, portanto, na necessidade de que nossa prática seja repensada com todos os seus desdobramentos e assumindo a responsabilidade ética que esta nos coloca, no fazer de nossa atividade. Como nos alerta Ilya Prigogine, prêmio Nobel de Química (1977), compreender uma história não é reduzi-la a regularidades subjacentes, nem a um caos de sucessos arbitrários. É compreender ao mesmo tempo as coerências e os sucessos.

20.
PSICANÁLISE, GRUPOS, INSTITUIÇÃO PÚBLICA[1]

A simples enunciação de um tema como este pressupõe a análise das implicações e das articulações de cada um dos termos que o compõem: psicanálise, grupo, grupo de crianças e instituição pública. A complexidade dessas noções e da trama que, em seu conjunto, eles determinam, sugere quão pretensioso e exaustivo seria propormo-nos a analisá-los. Limitar-me-ei, portanto, a levantar algumas questões, cujo breve exame poderá auxiliar em nossa reflexão.

Começarei pelo final, focalizando algumas das dificuldades que nos são propostas pelo trabalho institucional. Para isso, utilizarei como analogia uma situação de demanda de aprendizado que, a meu ver, reproduz a solicitação a que estão confrontados, em seu cotidiano, os trabalhadores da saúde mental por parte de seus pacientes.

Sou parte integrante de uma equipe docente do Instituto Sedes Sapientiae. No Departamento de Psicanálise dessa instituição, bem como em seu núcleo de formação sistemática

---

[1] Publicado na revista *Percurso* (ano I, n° 2, 1989, p. 40-45).

para psicanalistas, tem sido nossa preocupação constante a pesquisa referente ao alcance da contribuição que a psicanálise pode oferecer no âmbito da saúde pública. Por essa razão, uma entidade pública nos procura para um convênio. A finalidade desse convênio era conseguir que colaborássemos para a formação dos trabalhadores de saúde mental a ele vinculados. Propunham, inicialmente, que oferecêssemos cursos de curta duração (cinco ou seis aulas), consistindo de aulas expositivas para grupos numerosos de "participantes". Tais aulas versariam sobre psicoterapias breves, psicoterapias de família, de grupos, de psicóticos... Esses temas vastíssimos deveriam ser abordados segundo um referencial teórico psicanalítico. Que pensar de semelhante pedido? Suas implicações não eram claras, muito menos o que poderíamos oferecer como resposta. Refletindo, demo-nos conta de que continham duas solicitações: que os cursos fossem curtos, e que se dirigissem a muitos indivíduos, visando a diminuir os *déficits* teóricos e técnicos da formação desses profissionais.

Eis aqui a repetição: estávamos, de fato, colocados na mesma situação em que se encontram os trabalhadores da saúde mental no seu dia a dia – devíamos dar respostas rápidas a problemas extremamente complexos, cuja resolução imediata é quase impossível. O pedido da entidade consistia, em suma, em que instrumentalizássemos em poucas "aulas" esses profissionais, que os capacitássemos no manejo de uma teoria e de uma técnica supostamente adequadas para fundamentar sua prática clínica. Ora, isso significaria que nos imaginássemos em condições de dar resposta aos problemas de saúde mental da população que demanda atendimento, colocando fora do circuito a situação real: tais profissionais não dispõem nem do tempo, nem dos recursos, nem das condições para realizar um trabalho satisfatório para eles mesmos e para seus pacientes. Isso nos conduziu a uma questão: o que pede a instituição de saúde mental do seu trabalhador? Que demanda? Que deseja? E como evitar soluções imaginárias, que aprisionam o desejo e, impedindo mudanças estruturais, possibilitam a repetição?

Em ambos os casos – o pedido dos pacientes à instituição e o pedido da instituição a seus trabalhadores – vemos uma demanda que denota urgência, um vazio que precisa ser de algum modo preenchido. Temos de dar coisas; em nosso caso, coisas sob a forma de receitas técnicas, supostamente apropriadas para acalmar a angústia dos profissionais perante seu não saber. E, dessa forma, escondendo os sintomas reais da instituição, o que nos pediam implicitamente era esconder as causas desses sintomas, materializados nas carências acima mencionadas. Se assim procedêssemos, estaríamos na verdade contribuindo para deslocar esses sintomas que, sem dúvida, reapareceriam em outro lugar, provavelmente no *discurso* sobre as "causas não resolvidas". Em tais cursos breves, "dar" assume a forma de "dar informações". Pouco se escuta; não se processa o conhecimento; não é possível produzir modificações. O que se faz é criar a ilusão de um saber, que alivia a culpa e a angústia, e apenas impossibilita a reflexão sobre um cotidiano dramático.

Vê-se que tal demanda repete conosco – do Departamento de Psicanálise do Sedes – a mesma situação vivenciada pelos trabalhadores na pressão diária do atendimento, pressão que os põem em contato com a precariedade dos recursos de que dispõem. Essas dificuldades são de várias ordens: burocráticas, salariais, ligadas à formação teórica e técnica dos profissionais, se refletem na falta de condições adequadas para trabalhar e, também, nas raras supervisões para acompanhar esse trabalho. Ao invés de disparar o desejo, essas carências o aprisionam e imobilizam, produzindo uma situação bem conhecida, na qual se combinam empobrecimento no exercício das práticas, limitação na busca de desenvolvimento teórico e bloqueio na aplicação de recursos criativos aptos a fornecer novas fórmulas técnicas. Tais fatores costumam conduzir à improvisação e à pressa e, na tentativa, acaba por renegar-se a dimensão desestruturante da realidade, o que, em outras palavras, caracteriza-se como uma prática perversa.

A demanda por resultados eficazes e imediatos, na ausência de condições mínimas de efetivação e de qualquer proporção entre as condições reais e o que se espera conseguir, coloca-nos em uma posição assistencialista e paternalista, cujo componente principal é o *dar*: dar remédios, dar interpretações, dar entrevistas, dar cursos... Dar tem aqui, claramente, o sentido de obturar a carência, e, como finalidade implícita, impedir que o temido possa emergir, buscando proteger-nos do contato intersubjetivo, da dor e do sofrimento do outro. Vivemos um momento em que se verifica uma crise no saber constituído da ordem médica, em que se apagam as barreiras entre o que é saudável e o que é doentio, em que percebemos que os sintomas são tanto dos pacientes quanto nossos e das nossas instituições. É nesse contexto, e por esse motivo, que se procuram respostas rápidas, das quais se espera a recolocação das coisas em seus devidos lugares, isto é, que mantenham disfarçadamente a ordem antiga, e garantam o nosso lugar enquanto profissionais do lado da saúde. *Demanda-se* assim a mudança, mas não será que se *deseja* a não-mudança? Frente a esse panorama, reaparece o *diagnóstico*, não como forma de compreensão do paciente, mas como forma de cristalizar o sofrimento na enfermidade mental classificável, com a óbvia consequência de fazer desaparecer a singularidade do paciente. Nessas condições, a burocratização da formação e da prática encontra o seu espaço, e aparece a supermedicalização, fomentando a instalação de novos manicômios como método de "conter a loucura".

Psicanálise e instituição pública

Queremos romper a ordem manicomial. Queremos abrir mais ambulatórios e mais centros de saúde. Queremos estender as práticas psicoterapêuticas. Mas, que propostas político-técnicas temos a oferecer, a fim de que tais objetivos se materializem? E, sobretudo, o que temos a dizer quanto à possível contribuição da psicanálise a estas instituições?

Sabemos que a relação psicanálise/instituição é sumamente delicada. Com frequência, a psicanálise penetra na segunda como uma nova e sofisticada nosografia, interna à ordem médica; institui-se dessa forma como uma nova variante do saber, cujo uso contribui para a manutenção do poder exatamente onde sempre esteve. Nesse quadro, terapias breves e trabalho com grupos podem se impor como *furor curandi*, administrando interpretações como antigamente se administravam remédios. Corre-se assim o risco de que a psicanálise, em vez de contribuir para o acesso à verdade do sujeito, venha a se converter em pedagogia obscurantista, a serviço de uma adaptação mais eficiente do sujeito a seu meio e contrariando qualquer possibilidade de questionamento. Corre-se um risco, é verdade; mas, por correr esses riscos, a psicanálise não terá nada a contribuir nas instituições?

Em face da dificuldade para pensar a articulação entre psicanálise e instituição, algumas corporações psicanalíticas reafirmam que ambas nada têm a ver entre si, que é impossível a prática psicanalítica em situações institucionais, que essas a descaracterizam enquanto psicanálise; o máximo que se pode fazer é "outra coisa", e essa "outra coisa" recebe com frequência o nome de psicoterapia. Parece-me que aqui há uma confusão e um aproveitamento insidioso dessa confusão. De que psicanálise se fala? Esta é entendida apenas como técnica formalmente determinada? Ou esquece-se, convenientemente, que a psicanálise compreende igualmente um *método* e uma *teoria*?

ESCRITOS METAPSICOLÓGICOS E CLÍNICOS 419

Frente a essa concepção estreita, entendo que a psicanálise pode oferecer um quadro referencial teórico de grande envergadura. Concordo com Gregório Baremblitt (1974), que pensa a psicanálise como

> uma prática social científica composta por uma teoria, com um objeto formal abstrato específico (a estrutura psíquica) e com sua região determinante última (o inconsciente); por um método; por uma técnica; e por uma situação experimental própria – a situação analítica.

Em meu entender, o que varia na prática institucional é a *situação experimental*, onde se põem em jogo a conceituação teórica e a prática clínica dela resultante.

Aqui convém lembrar que, na produção da saúde e da doença, não intervêm apenas as formações do inconsciente organizadas pela história individual, mas ainda fatores históricos, políticos, econômicos e culturais. Em seu livro *O psicanalismo*, Robert Castel afirma que o imaginário como imaginário e o simbólico como simbólico são estruturados também por outro real, não apenas o do desejo e da angústia. O social está longe de ser uma categoria neutra; é porque sofremos formas extremas de violência social que não poderemos colocar entre parênteses as formas objetivas que modelam nossas vidas cotidianas e assinalam nossas urgências. A questão é outra: como compreender o real psíquico atravessado pelo real social, o discurso do desejo atravessado pelo discurso histórico-social. Insisto em que a dimensão da realidade não é exterior à experiência psicanalítica, e se presentifica tanto mais na clínica quanto mais violenta e injusta ela é. Essas observações, necessariamente esquemáticas, parecem-me, no entanto, úteis para situar o alcance de nossa contribuição, enquanto psicanalistas, para o problema da saúde.

Minha hipótese é que a psicanálise não dá e não pode dar conta dos fenômenos que lhe são alheios; não há uma cosmovisão psicanalítica, uma *Weltanschauung*, estendendo seus modelos explicativos a todo o existente. A tentativa de dar conta dos múltiplos conflitos institucionais através de modelos psicanalíticos nos conduz a um reducionismo obscurantista. Contudo, o que podemos fazer em determinados momentos é proceder a certos recortes, que nos permitam uma compreensão do campo e possibilitem algum tipo de intervenção nele.

Grupos ou agrupamentos?

Tendo assim situado brevemente o alcance da contribuição analítica no campo que nos ocupa, vejamos agora como vincular os temas "psicanálise" e "grupos". É muito frequente que os terapeutas de grupo se queixem do fracasso desses nas instituições. Por que eles fracassam? Talvez um dos motivos mais fundamentais para isso seja: tentarmos dar resposta, através de grupos terapêuticos, a problemáticas que não competem nem aos grupos nem à psicanálise. Essa observação nos coloca perante duas questões cruciais: por um lado, o problema da *triagem* (quais os pacientes que podem se beneficiar com o grupo terapêutico), e, por outro, o problema da invenção e da utilização de *recursos de atendimento* diferentes dos que de hábito nos servem de instrumento. Entre esses recursos, podemos contar com o trabalho, com a comunidade, com os agentes de saúde, e todo tipo de ações preventivas que possibilitem a diminuição da afluência aos ambulatórios.

Não é raro observar a tentativa de resolver *esses* problemas com a "mania grupalista", que serve como paliativo e disfarce para as verdadeiras e espinhosas questões que surgem nas instituições de atendimento em saúde mental. Em geral, não se formam grupos terapêuticos: os pacientes são agrupados de modo a ampliar o atendimento. Pouco se reflete acerca da questão básica: o grupo será a melhor indicação, ou apenas um substituto à mão, já que nada mais temos a oferecer? O que se chama "grupo diagnóstico" não passa, no mais das vezes, de uma anamnese coletiva. Nas equipes, é mais comum se discutir *quem deve fazer a triagem* – se o psicólogo, o médico ou o assistente social – do que os *critérios de grupalidade*. Convenhamos que aqui se revela mais uma briga pelo poder e pelo prestígio do que uma preocupação pelo destino dos grupos.

Retornemos à articulação entre psicanálise e grupos. Gostaria de alinhar as considerações teóricas a partir das quais conceituo o trabalho grupal, lembrando que a psicologia social, a teoria da comunicação, a antropologia e outras ciências têm feito importantes contribuições para elucidar esse problema. Direi que o *grupo terapêutico* funciona como um cenário que permite a cada um dos sujeitos se expressar partindo de seu imaginário e, ao mesmo tempo, permite a cada um deles observar os efeitos que suas fantasias produzem no devir grupal. Essas fantasias individuais sustentam as ações, os projetos, as intenções e os desejos do homem, e são o fundamento do que existe em nosso inconsciente. Recuso a ideia de que exista um "inconsciente grupal" – o grupo só existe ali onde se convencionou aceitar um código compartilhado. O inconsciente grupal só se instala onde a individualidade se perdeu, e torna-se necessário que o sujeito possa resgatar desse "grupal comum" aquilo que lhe é próprio e que o determina. Em alguns momentos, constroem-se fantasias grupais, mas a forma pela qual cada membro do grupo se defronta e lida com elas tem a ver com sua própria história. O fato de falar-se em um "inconsciente grupal" e trabalhar com o grupo como se a ele se aplicasse a tópica do aparelho psíquico parece tratar-se de um deslocamento conceptual que pode levar a importantes erros teóricos e técnicos.

O grupo modifica seus integrantes e é por ele modificado; a organização grupal será resultado de um processo estrutural, no qual os sujeitos são sujeitos e objetos da mesma organização. É possível verificar os efeitos que suas fantasias provocam no devir do grupo, e é a partir da intersubjetividade que o sujeito vai reconhecendo *sua* subjetividade, bem como a existência do *outro*. Nesse sentido, o grupo funciona apoiado nas diferenças. Existem, decerto, fantasias comuns universais, porém revestidas da temática particular de cada paciente, e em função de suas séries complementares e suas identificações. No grupo, os pacientes engendram e captam uma *dramática* na qual podem se incluir, transformando-a em um código compartilhado; mas isso é bastante diverso da noção de um 'inconsciente grupal", a ideia que resulta da impossível somatória dos inconscientes dos membros do grupo ou da misteriosa massificação dos inconscientes individuais. No grupo, ao contrário, o que ocorre é uma permanente dialetização da intersubjetividade: cria-se um cenário no qual cada um entra com seu imaginário, enquanto o grupo e seus diferentes membros tentam romper esse imaginário, a fim de o confrontar com uma *situação outra;* é essa situação outra que possibilita ao discurso aceder a novas significações.

Dessa concepção decorre uma modalidade de interpretação. A finalidade desta última é permitir a cada paciente que se situe novamente em função e a partir do papel que ele ocupa na cena, enquanto lugar imaginário do outro; isso o remete à sua própria cena ou à cena inconsciente que é a sua. Assim se verifica que o grupo não é o mesmo que a somatória dos inconscientes individuais; as múltiplas transferências criadas e o lugar em que cada um se coloca e coloca o outro permite restituir, por sua vez, o outro e a si mesmo nas diferentes posições em face do desejo.

Grupo de crianças: características

No grupo de crianças, esse processo adquire uma riqueza inigualável. Da mesma forma que as crianças ocupam um lugar no mundo desejante de seus pais, tratando permanentemente de se colocar nele ou de escapar dele – identificando-se com a posição que lhes é designada como objeto do desejo ou buscando alternativas a essa posição –, dessa mesma forma no grupo irão se reproduzir as diferentes posições pelas quais cada uma delas transite. É possível verificar assim como o sujeito vive com dúvida, sofrimento e agressão (ou, ao contrário, com prazer, alegria, certeza) aqueles momentos em que se assegura a concordância presente entre a "sombra de mãe" que envolve a criança e ela própria (Aulagnier, 1982). É através dos diferentes lugares pelos quais cada criança circula, bem como a partir das interpretações e das transferências relativas a cada uma, que lhe é possível submeter-se, identificar-se ou modificar esse lugar previamente designado na fantasia dos pais. Cria-se, assim, a possibilidade de avaliar em que medida aquilo que a criança é e faz é determinado – ou não – por aquilo que seu desejo inconsciente escolhe como determinação ou, antes, por aquilo que acredita que o outro espera dela, enredando-se, portanto, em uma rede imaginária cada vez mais fechada. O grupo entra assim na função de terceiro, que a ajuda a diferenciar o imaginário e permite a entrada no simbólico como portador da Lei.

Na terapia de crianças, parece-me fundamental o funcionamento de *grupos terapêuticos de pais*, buscando tornar sensível o contraponto do que se observa no grupo das crianças: o pai e a mãe devem poder perceber qual é seu desejo, que lugar nele ocupa seu filho, e por que o tentam capturar desse modo. Muitas vezes, através do trabalho com os pais, conseguimos desvendar o que demandam e o que é que, de fato, desejam.

Por outro lado, é muito comum que os profissionais da instituição pensem ser uma contraindicação para a entrada da criança num grupo o fato de que os pais dela (ou seus responsáveis) não se disponham a "encarregar-se da terapia". Creio, sim, que tal recusa por parte dos pais configura uma resistência à terapia. Mas também vejo uma resistência na atitude dos profissionais quando tomam tal atitude. Entendo como "encarregar-se da terapia" o fazer parte de um grupo de pais, quando isso é considerado necessário do ponto de vista da terapia da criança, ou ainda a disponibilidade para garantir a participação da criança na situação terapêutica com a frequência necessária para que o processo possa ocorrer. Tal situação costuma ser crítica, pois inúmeras crianças – na instituição pública ou no consultório particular – são quase obrigadas a "fazer terapia": isso lhes é imposto como algo externo, como instrumento para a adaptação social ou escolar. Impõe-se que reconheçamos a impossibilidade de analisar quem não quer ser analisado, e, quando nos furtamos a esse reconhecimento, a experiência se encarrega de demonstrar nosso engano, através dos frequentes e rápidos abandonos do tratamento.

Muitas são as dificuldades que surgem quando pretendemos sair das malhas do já conhecido. A psicanálise "extramuros" (fora do âmbito do consultório), sua inserção institucional, seu vínculo com os trabalhos de grupo e com crianças, são algumas dessas dificuldades. E dificuldades sérias, já que para encontrar soluções é necessário pesquisar, investir nos desdobramentos teóricos capazes de conduzir a elas. Em *O futuro da terapia psicanalítica*, Freud deixava como "caminhos em aberto" os destinos da psicanálise. Se é importante pensar o que a psicanálise pode trazer para as instituições públicas, é ainda mais importante pensar o que as instituições como campo de possível experiência clínica – fonte na qual Freud sempre se inspirou para fazer avançar nossa disciplina – podem contribuir para o futuro da psicanálise.

21.
DIALOGANDO COM A PSIQUIATRIA[1]

Quando começou a circular nos meios psiquiátricos a conceitualização de uma nova doença que se convencionou chamar de *síndrome do pânico*, surgiu um especial interesse na procura das características dessa nova constelação sintomática, que tanto se diferenciava da nosografia conhecida.

Tive oportunidade de trabalhar clinicamente com pacientes profundamente afetados por situações de medo, que se manifestava frequente ou esporadicamente, e que, por alguns momentos, acabava por se configurar em pânico. E quanto mais a mídia investia na difusão dessa nova doença, a "síndrome do pânico", mais pacientes se viam no consultório e em supervisões com tal síndrome. Os próprios pacientes se diagnosticavam, de acordo com as características que haviam ouvido sobre a doença. Antes, os pacientes chegavam falando de suas dificuldades, ansiedades e medos, relacionados ou não com as causas existentes. Decorrido certo tempo, já não era mais possível saber o que sentiam ou pensavam; apresentavam-se com um

---

[1] Publicado na revista *Percurso* (ano X, n° 19, 1997, p. 73-82).

diagnóstico já definido: "síndrome do pânico" e o tratamento já estabelecido: medicação.

Simultaneamente, os laboratórios começaram a minar nossa capacidade de reflexão crítica mediante a divulgação de certas drogas que, como uma panaceia, acabariam com a doença. Isso acabou por gerar uma espécie de orgulho nos consumidores dessas drogas que, magicamente, seriam capazes de resolver os indesejáveis sintomas. Os inequívocos e desejáveis avanços na área da farmacoterapia passaram a ser usados como prova de que a dimensão psíquica dos quadros de pânico (e, também, de outras entidades clínicas, como as chamadas doenças obsessivo-compulsivas) apresenta importância secundária na abordagem clínica dos pacientes. Como frequentemente costuma ocorrer na área da saúde mental, radicalizaram-se posições, fecharam-se trincheiras e restringiram-se as comunicações entre os profissionais com diferentes enfoques. Para os organicistas, o controle da intensidade e frequência das crises de pânico por meios químicos demonstrava a fragilidade dos postulados psicanalíticos. Em contraposição, os psicanalistas mais dogmáticos fizeram ouvidos moucos às evidências do sucesso da farmacoterapia.

Independentemente de pesquisarmos e trabalharmos com o referencial psicanalítico, é importante ressaltar que interessantes pesquisas na área biológica vêm sendo desenvolvidas. Essas se direcionam para compreender o componente orgânico de certas doenças, para que se torne possível promover alívio em pacientes que sofrem de grande dor psíquica. É justamente com esses trabalhos que gostaria de dialogar, uma vez que, no caso de certas perturbações, medicação e psicanálise operam em conjunto de forma adequada.

Nós, psicanalistas, já não mais acreditamos que a medicação seja um obstáculo em nosso trabalho. Ao contrário, ao nos defrontarmos com depressões, crises agudas e psicoses graves, a medicação possibilita que se trabalhe o sintoma, o que acaba por fazer que o tratamento psicanalítico opere no nível das causas que o originam. Aliviar o sofrimento ou a angústia não impede que, paralelamente, se desenvolva um processo analítico. A importância de esclarecer esse ponto se deve ao fato de alguns pensarem que a angústia é o motor da cura, quando o que impulsiona a cura é o desejo de saber de si e da sexualidade, saber sonegado pelos pais, como diz Freud, em seu trabalho "Sobre as teorias sexuais infantis". Esse ocultamento impulsiona o desejo de saber, instaurando um processo repressivo e colaborando na clivagem psíquica fundamental do sujeito entre inconsciente, por uma parte, e pré-consciente por outra.

No caso particular a ser abordado, o que ocasiona a polêmica é a diferença de diagnóstico da origem da doença. A chamada "doença do pânico" não seria, segundo a psicanálise, mais do que uma fase aguda de certas modalidades neuróticas largamente estudadas por Freud e seus continuadores. Essa aguda manifestação de angústia se encontra tanto nas histerias de angústia como nas fobias. Ao fazermos uma detalhada pesquisa histórica das causas que originam tais quadros nesses pacientes, encontraremos fundamentalmente, nas histerias e fobias, antecedentes de medos infantis, cujo detonador é deslocado, mas que guardam alguma conexão inconsciente com o objeto fobígeno da infância. Estamos, assim, em presença do que Freud denominou o "campo das psiconeuroses".

Pelo fato de que na síndrome do pânico não se conhece o motivo que gera a crise, insiste-se em dizer que não existe causa alguma que o detone. Entretanto, seguindo o modelo da entrevista psicanalítica, em uma escuta minuciosa, partindo de associações livres e seguindo os modos de operar do inconsciente, começam a se tornar visíveis certas situações fantasmáticas inconscientes; são estas que originam as cadeias associativas que, por sua vez, encobrem a situação de origem. Ao escutarmos um paciente durante uma entrevista dirigida ou anamnese, podemos obter respostas que tornam compreensível a maneira de operar do eu. Esse tipo de questionário, no entanto, nos fornece somente os dados que o paciente sabe sobre si, ou seja, aqueles da ordem do consciente. Se nos ativermos apenas a eles, poderemos deixar escapar informações relevantes, capazes de nos orientar em relação às causas, uma vez que a escuta não está dirigida às formações do inconsciente, atos falhos, lapsos ou significantes que poderiam nos dar indícios do que é da ordem do não saber para o sujeito.

Para caracterizar a hipótese com que trabalho, direi que a chamada síndrome do pânico aparece como a *fase aguda de uma neurose histérica, cujas origens estão na infância*. Esta vai se constituindo e modificando durante a vida, acabando por se apresentar como histeria de angústia ou fobia. Para esse conjunto de sintomas, a medicação atinge apenas as manifestações aparentes, porém sem alcançar as causas. Se esses caracteres fóbicos não forem tratados em suas origens inconscientes, apelando-se apenas à medicação, o paciente corre o risco de se apegar à droga como um acompanhante fóbico que o protegerá de novos ataques. A questão está no fato dessas drogas resolverem o problema atingindo o sintoma, a ponta do iceberg, sem atingirem a origem. Qual será, portanto, o resultado no momento em que se retirar a medicação?

É necessário investigar as causas, buscando atingir modificações estruturais e duradouras, ainda que isso seja mais trabalhoso para o paciente. As terapias cognitivas, usadas frequentemente como acompanhantes dos tratamentos medicamentosos, operam, assim como os remédios, no nível corretivo da conduta; nesses casos, o sintoma não aparece como portador de mensagens, como falas a serem decifradas que nos dizem do desejo e da repressão.

Poder-se-ia caracterizar o pânico, tal como faz a psiquiatria,

> como um medo aliado a manifestações do sistema nervoso autônomo e que pode ocorrer na ausência de qualquer estímulo externo significativo. Aparentemente é um medo proveniente do interior, não havendo, portanto, contra quem lutar ou de quem fugir. Os ataques de pânico, quando crônicos, constituirão a doença do Pânico (Caetano, 1987).

Caracterizado dessa maneira, uma vez que o medo é aqui entendido como de ordem intrapsíquica, com sinais externos que só serão significativos pela sua ressonância intrapsíquica, somos levados a concordar com essa definição.

Onde está, então, a divergência? Talvez na compreensão diferente das causas que desencadeiam o processo, podendo ser elas de ordem biológica ou psíquica. Recordemos que, para a psicanálise, uma representação reprimida pode atuar desencadeando um processo orgânico. Amenorreias ou dificuldades na concepção são frequentemente produzidas por problemas com a identidade feminina; transtornos na ejaculação ou na potência aparecem como resultado de fantasias patógenas. Que valor a psiquiatria atribui a esses fatores, que põem em marcha o sistema nervoso autônomo? O próprio Freud, nos anos 1896-1900, já se debatia com questões ligadas à compreensão de quadros que caracterizava como diferentes: por um lado, as chamadas neuroses atuais, onde entendia haver uma transformação direta de excitação em angústia e que no caso não pressuporia conflito, porque a excitação não encontra via simbólica e representação; e, por outro, as psiconeuroses, nas quais a formação de sintoma se faz por mediação simbólica. O sintoma seria assim uma linguagem a ser decifrada, expressão de uma solução de compromisso que inclui a realização de desejo e a proibição. Freud, mesmo não acabando com as diferenças nosográficas, supera-as, dizendo que há sempre na neurose (qualquer que seja) um elemento atual na deflagração manifesta.

O impacto atual produz ressonâncias diversas em função da história que possibilitará, seja pelas vias de simbolização no nível fantasmático, seja pelas vias de sublimação ou por outras ainda, a descarga. Nossa proposta seria procurar as causas que, mesmo sem relação aparente, põem em marcha a descarga somática (pensando que ambos os elementos estruturais agem de modo complementar). Em diversos momentos, são incompreensíveis aos nossos olhos os signos que desencadeiam um processo associativo que ressignifique alguma constelação psíquica da sexualidade infantil, transformada em angústia. Em inúmeras situações, as reações fóbicas desencadeiam me- dos que reativam *après-coup* situações traumáticas anteriores, sem possibilidade imediata ou aparente de encontrar os elos. Um afeto pode estar falsamente conectado em relação a uma representação que seria seu correlato intencional, sendo esta, na verdade, uma das ideias onde se fundam os alicerces do tratamento psicanalítico. A relação afeto-representação e o destino do afeto estão em jogo nessa problemática.

A clínica fala

A clínica pode ajudar a compreender melhor esta questão. Um paciente sentia pânico em determinadas situações quan- do pegava a estrada. Sem saber por que, já sofrera situações de medo a ponto de ser obrigado a parar no acostamento à noite e ficar ali paralisado, como se estivesse preso a um medo incomensurável diante do qual não conseguia reagir. Isso acabava por submetê-lo a uma situação de maior perigo, uma vez que corria o risco de ser assaltado ou atropelado. Além disso, pelo fato de sua esposa não dirigir, era necessário chamar alguém para que fosse buscá-los. Seu sofrimento era grande, temia tanto a aparição dessa situação, quanto a angústia que lhe produzia os medos. Entretanto, isso não ocorria sempre que viajava; aparentemente, não era possível detectar a causa desse pânico. Mas o medo surgia, também, em outras situações: por exemplo, no cinema ou em uma festa.

Após determinado tempo de tratamento, a partir de situações que aparentemente em nada se relacionavam com as viagens, o paciente se lembrou de certas angústias e suores frios que sentia na infância, quando seus pais saíam à noite e o deixavam preso em casa. A palavra preso me chamou a atenção; por que *preso*, e não *sozinho*, ou *triste*? Por que a saída de seus pais lhe criava a ideia de prisão? Na sequência de uma série de associações, referiu-se ao fato de que, em alguns momentos, quando viajava e o fluxo de carros aumentava, surgia uma sensação semelhante à de sua infância. Tudo funcionava bem, mas, repentinamente, aparecia a angústia de que o trânsito ficasse mais lento, e temia ficar *preso* em um pedágio ou engarrafamento; temia ser assaltado e não ter para onde fugir. A pergunta era assaltado: Por o quê? Por ideias? Por fantasmas? Por representações? Por afetos? Relembra ainda que, em sua infância, tinha medo de ladrões. Recordou, também, que proferia uma série de maldições e insultava seus pais, fundamentalmente seu pai, que lhe roubava a mãe para sair e divertir-se. Durante o tratamento, lembra-se que temia que tais pragas se voltassem contra ele, e que, em um misto de culpa e castigo, pudesse ser preso e maltratado. É interessante destacar que eram justamente os palavrões que dizia quando o trânsito começava a aumentar que o colocavam em contato com o infantil reprimido. O palavrão evocava uma representação que, por sua vez, o religava a um afeto eficazmente desligado. A representação afastada reaparecia "ligada", perdendo o efeito da repressão. Um palavrão que escutava no cinema ou em uma festa desencadeava um processo que poderia assaltá-lo e o deixava *preso* ao temido: sua excitação, seu desejo de matar o pai, e a angústia de castração, operando como pano de fundo que articula o Édipo com a sexualidade infantil. A impossibilidade de fugir e o surgimento de todas as representações secundárias eram a origem do surgimento da angústia.

Quando saía para se divertir em uma viagem, especialmente se esta tinha alguma perspectiva interessante, aparecia o pânico. A angústia de castração e a situação edípica não-resolvida eram reinvestidas por uma situação do presente. O pânico, aparentemente sem explicação, era detonado por algo que estava ressignificando a situação da sexualidade infantil: os palavrões. Era aqui onde ele se identificava com o pai, no perigo de ser atacado e temendo ser assaltado. Quem poderia assaltá-lo era o pai, pelo desejo que teria de ficar com a mãe; desejava atacar o pai e temia ser atacado por ele.

Ao mesmo tempo, se triunfasse em seu desejo, perderia o pai e se encontraria em face ao *desamparo infantil*. O pai era odiado, mas também tinha um caráter protetor. Essas duas forças opostas originam um verdadeiro conflito, com a correspondente emergência da angústia. A paralisia surge como sintoma, e a fuga como forma de evitá-la. Ante o "desejo tua morte", aparece o "se você morrer, ficarei desprotegido para sempre". Esse confronto enquadrava uma série de reações físicas, decorrentes do sistema nervoso autônomo, provocadas pela transformação da angústia que operava desligada das representações.

O corpo e a mente, experiência única

A linha mais organicista da psiquiatria tende a dizer que, ainda que isso não seja totalmente comprovado, o que desencadeia a crise são causas de ordem biológica, provocadas pela descarga de mediadores químicos. Poder-se-ia considerar que a causa é biológica? Existem razões de ordem congênita que modificam a estrutura orgânica? Quais são as bases neurofisiológicas e neuroquímicas da ansiedade? Alguns autores consideram ser a descarga noradrenalínica partindo do estímulo do *Locus Ceruleus* o que origina a crise; outros autores, como Carr e Sheehan (1984, p. 323-330), aderem à tese biologicista de erros metabólicos. Outorgou-se um importante papel também à serotonina (5-HT) (Nutt e Lawson, 1992, p. 160-178). Herbert Chapa (1997) diz, a respeito das considerações biológicas, que existem múltiplos modelos explicativos, não sempre concordantes; em geral, há uma tendência a invalidar a ideia de que exista um único transmissor comprometido. Para Johnson e colaboradores (1995, p. 328-344), a síndrome do pânico poderia ser uma entidade biologicamente heterogênea, na qual existam alterações decorrentes da presença de dois ou mais neurotransmissores. A psicanálise busca, através de processos psíquicos, a explicação do que põe em jogo a descarga dos neurotransmissores. Existe certa convergência entre a psicanálise e algumas escolas psiquiátricas: a terapêutica combinada alivia as fases agudas do transtorno, além de ajudar o organismo a encontrar outras vias de descarga que não comprometam o corpo. É no nível da elaboração e da substituição de representações que se poderá chegar à origem do conflito.

Na experiência da clínica psicanalítica, a inclusão da medicação permite que o paciente encontre um espaço mais confortável para desenvolver o processo da análise. Essa medicação não será administrada, porém, pelo psicanalista, uma vez que isso acabaria por interferir na transferência. O desaparecimento do sintoma, na psicanálise, será consequência de um minucioso trabalho de investigação, que permita ao paciente desconstruir a constelação fantasmática patógena e se "re-historicizar" através de novas simbolizações, que lhe permitam explicar sua existência com menos sofrimento.

Nesse processo, os sintomas se desestruturam, em decorrência da análise, através de uma mudança que compromete toda a subjetividade. Para a psicanálise, um sintoma é muito mais do que uma situação conflitiva, posto que aparece sempre em uma estrutura neurótica que deve ser analisada em sua totalidade.

As terapias cognitivas trabalham exclusivamente no nível do sintoma, o que, segundo nossa compreensão, envolve o risco de que este desapareça, reaparecendo, porém, em outro lugar. Uma criança que tem medo de ser separada de sua mãe e ficar sozinha na escola pode ser condicionada ou pressionada para conseguir isso, podendo até mesmo colocar em ação sua vontade de fazê-lo. Todavia, não nos surpreenderemos se, depois de certo tempo, surgirem problemas de aprendizagem ou uma enurese, revelando a dificuldade dessa criança de crescer e seu desejo de permanecer infantil. É preciso reconhecer que, às vezes, é conveniente possibilitar o deslocamento de um sintoma grave – como uma anorexia ou tricotilomania (compulsão a arrancar os cabelos), que provocam consequências devastadoras –, por outros sintomas mais suportáveis, que nos permitem encontrar o tempo de que precisamos para que a análise aconteça.

Outra questão sobre a qual devemos nos deter se refere à relação entre a angústia e a crise; como as definem tanto a psicanálise como as escolas psiquiátricas que caracterizam essa síndrome como uma entidade autônoma.

Uma das características dos critérios para diagnosticar o transtorno do pânico, segundo o *DSM IV*, é a inquietude frente aos medos de repetição das crises. O medo da própria crise é um fator diagnóstico; esse fenômeno é conhecido como *medo ao medo*.

O paciente que nunca tivera contato com o medo passa, então, a sentir temores. Essa situação, porém, deveria ser caracterizada inversamente: não é a situação traumática atual a que origina o medo, mas medos preexistentes, reprimidos, que emergem ao serem evocados por essa situação. Podemos dizer que, ao ter essas crises, o paciente sente a angústia de que estas voltem a se repetir; porém, tal crise não deve ser entendida como *causa* do medo e, sim, como *consequência* deste. É nas personalidades fóbicas, com estruturas neuróticas prévias, que o pânico pode aparecer como situação aguda. Esse caso é diferente dos que implicam situações de perigo real, a *Realangst freudiana*. O medo que aparece nas situações de ameaça à própria vida ou de desastre, como resposta a uma causa real externa, não tem necessariamente a ver com uma estrutura neurótica, ao passo que o pânico ligado a crises fóbicas, depressões, hipocondrias, alcoolismo e autodepreciação são transtornos próprios do conflito neurótico.

Pânicos e fobias

Passaremos, agora, à caracterização das fobias do ponto de vista psicanalítico, para compreender melhor sua relação com o pânico. Para isso, é necessário situar, ainda que brevemente, os conceitos de *angústia, medo* e de *pânico* ou *susto*. Na obra freudiana, é possível encontrar três termos que estão associados a essa problemática: *Scherck*, traduzido como susto, *Angst*, como angústia e *Furcht*, como medo.

Nas "Conferências introdutórias", Freud se refere à *angústia* como um estado no qual se abstrai o objeto, ao passo que o medo se encontra ligado a este. Por *susto*, Freud designa a ação de um perigo para o qual a pessoa não estava preparada, por um estado de angústia prévio. Freud dirá que o homem se defende do medo com a angústia, sendo, porém, frequente o deslizamento entre essas formas. Não será conservada, neste nosso trabalho, uma rígida diferenciação entre esses termos, já que, muitas vezes, é o aparecimento da angústia-sinal o que promove o medo e, frente a um transbordamento do mesmo, pensando em um enfoque econômico, se produz uma situação de pânico. A diferenciação que toma como eixo o objeto também é frágil: a angústia está intimamente ligada à repressão e ao desligamento da representação do objeto temido. Mas esse desligamento sofre tantos deslizamentos que, em geral, se perde a relação entre o objeto e a angústia. A repressão da representação faz que a angústia apareça sem a referência que origina o medo.

Laplanche nos dirá que a relação com o objeto é abordada de forma indireta; que esse não é um conceito central, é quase um corolário. Supondo que o susto é produto de um efeito-surpresa e de não-preparação, devemos considerar que este não tem objeto conhecido; a angústia pode se produzir tanto como preparação para um perigo conhecido quanto para um perigo vago. Nesse sentido, poder-se-ia dizer que a preparação não provém do conhecimento de um objeto em especial.

Posteriormente, em "Inibição, sintoma e angústia", o termo susto, ainda que conservando seu lugar, apaga-se para dar origem a uma certa oscilação, desdobrando o conceito de angústia-sinal em dois polos: um é o da *preparação* que substitui a angústia-sinal, e, no outro, a angústia passa a ter a conotação que anteriormente dizia respeito ao susto. Tratar-se-ia de uma angústia que provém de um estado de não preparação, que Freud chamará de *"angústia automática"*, e que aparece como reação perante uma situação traumática. Laplanche reforçará a ideia de que o termo *medo* pode ser considerado marginal na teoria freudiana. É ambíguo, porque Freud relaciona o medo com um temor puramente realista; contudo, na maioria das vezes, existem no homem (por trás do medo e subjacente a ele) elementos de angústia e susto que provocam reações inadaptadas à realidade. Poderíamos talvez pensar uma relação de diferença, se considerarmos prioritário o enfoque econômico, no qual a angústia apareceria como o mais vago e o pânico como o mais violento.

Tanto a angústia quanto o medo têm sido caracterizados na literatura psicanalítica como dois momentos da produção de uma fobia. No *Vocabulário*, Laplanche (1986) define as histerias de angústia como "designação introduzida por Freud para isolar uma neurose cujo sintoma central é a fobia, e para sublinhar sua semelhança estrutural com a histeria de conversão". Poder-se-ia dizer que a histeria de angústia é uma fobia na qual a angústia ainda não foi ligada a um objeto que, pela sua condição de despertar o medo, permita evitá-la. Nas fobias, as representações angustiantes já estão amarradas a determinados objetos afastados do original.

Alguns autores consideram os sintomas fóbicos como passíveis de se manifestar em outros quadros, quer na neurose, por exemplo a obsessiva, quer na psicose, sob a forma de esquizofrenias.

Tal forma de neurose, como sabemos, foi estudada no caso do "Pequeno Hans" (1909b), no qual o efeito da repressão separa o afeto da representação. Ao se construir a fobia, a angústia da castração se dirige para um objeto substituto que pode ser evitado. Na histeria de angústia, a libido que se desligou devido à repressão, ao invés de ser convertida, como acontece nas histerias de conversão, foi libertada como angústia. Isso nos permite identificar as semelhanças na estrutura dos dois quadros, sendo a diferença primordial o *destino da angústia*. A formação do sintoma fóbico, em si mesma, já implica um trabalho psíquico de deslocamento e de evitação que, ao lado da repressão, constituem-se como os mecanismos defensivos, por excelência, da fobia.

A transformação de angústia em fobia é, por sua vez, um recurso defensivo que permite evitar o conflito e a angústia, mas origina a doença neurótica. O estado de pânico seria resultado desse fracasso defensivo, a aparição abrupta e transbordada da angústia que invade o Eu, o que provoca toda uma série de sintomas corporais. É possível também encontrar esses sintomas em sujeitos que não apresentam uma neurose estruturada como tal. Nesse caso, a angústia é fruto do desencadeamento de fatores externos, tais como exames, situações de prova, confronto com autoridades, exposição em público etc. A sudorese, o aumento dos batimentos cardíacos e as dores abdominais acabam por ser, dessa maneira, transformados em sinais corporais da aparição da angústia.

No caso das fobias, a causa que desencadeia o sintoma está sempre situada no passado que se reativa no presente, decorrente de um objeto real ou simbólico. É importante ressaltar que esse objeto desencadeante pode passar despercebido tanto aos olhos do paciente como do profissional, uma vez que o laço existente entre a realidade e a fantasia está sob o efeito da repressão e do deslocamento, conforme exemplificamos no caso relatado. Quando o mecanismo falha, ocorre um reencontro com o objeto que desencadeia a angústia; é, então, que surge a síndrome do pânico. Ressalte-se que esta não aparece, portanto, como um quadro isolado e autônomo. Para Freud, uma vez constituído o sintoma, este gera um impedimento atual, real e presente, criando uma nova angústia que se liga a essa representação. Entretanto, esse enlace é contingente, diferenciando-se assim do enlace original. Por essa razão, muitas vezes, após a aparição do primeiro ataque, temem-se os seguintes.

Na teoria freudiana, as fobias originam-se em relação à angústia da castração e aos conflitos tipicamente fálicos com os quais a criança se defronta na elaboração edípica, tendo em conta as formas em que se situa frente a lei. Nesse contexto são produzidos deslocamentos pelos quais se criam objetos fobígenos suficientemente afastados das representações originais, fantasmas que originam a angústia e que funcionam seguindo as leis da contiguidade, por semelhanças ou homofonias que podem contaminar grande número de situações. O trabalho que a terapia psicanalítica nos propõe é reconstruir os sucessivos deslocamentos dos afetos, e percorrer os caminhos que destinam certas representações à repressão para produzir novos enlaces que liberem o sujeito das amarras que o deixam preso à repressão.

A psicanálise preocupa-se em compreender as causas que produzem tal estímulo no sistema nervoso central e no sistema autônomo, e pensa em esquemas de ordem histórica e inconsciente como os determinantes da produção de manifestações do afeto e angústia no nível corporal, sem deixar de considerar que existe uma constituição e uma disposição particular e singular para a instauração de uma neurose. Os sintomas que comprometem o corpo, as descargas neurovegetativas, as sudoreses, as palpitações, podem ser desencadeados por uma palavra, uma lembrança, um cheiro, uma cor, ligados a determinadas representações reprimidas.

É importante relembrar que Freud trabalha com duas teorias da angústia. A primeira é a elaborada entre 1895 a 1900; seu caráter metapsicológico é fundamentalmente econômico. Afirma que a libido estancada, não elaborada e, fundamentalmente, desligada de suas representações, acaba por ser liberada como angústia. Essa teoria corresponderia mais à angústia das neuroses atuais, nas quais os sintomas se formam como decorrência da transformação direta da excitação em angústia; situação essa que dificulta a análise, devido às falhas na representação.

A segunda teoria, de 1926, foi formulada após a elaboração da segunda teoria tópica do aparelho psíquico, interessando-se, portanto, pelos fenômenos do eu. Freud sustenta agora que a angústia funciona como um alarme do eu para o eu, relacionada à situação pulsional que acompanha a angústia de castração. É de acordo com essa segunda teoria de Freud que é conveniente trabalhar a questão das fobias. É a partir desse momento que se prioriza a angústia perante o medo do ataque da pulsão.

A questão da "hereditariedade"

Existem ainda outros elementos capazes de ajudar na constituição de uma fobia e cujos indícios aparecem na própria obra de Freud. Neste caso, façamos referência à "Psicologia das massas e a análise do eu" (1921): aqui poderemos encontrar o motivo para se pensar que haveria hereditariedade nesse campo, quando é abordada a ideia dos sintomas por identificação. Nesses casos, a identificação substitui a escolha do objeto, e Freud afirmará que a escolha do objeto regrediu até a identificação, primeira e mais originária, do laço afetivo. Sob as constelações das formações de sintoma da repressão e dos mecanismos inconscientes, a escolha de objeto retorna à identificação. Ou seja, o eu toma sobre si as propriedades do objeto.

A identificação desempenha um importante papel tanto na pré-história do complexo de Édipo como em sua resolução. A criança pode se identificar com seu pai como um ideal e, com ele, às suas características fóbicas que, nesses casos, podem estar idealizadas. Uma criança dizia orgulhosa em sua primeira entrevista: "Eu sou como o meu pai, não gosto de sair de casa nem falo com estranhos". Essa era claramente sua identificação masculina, uma vez que, para ele, as mulheres são fofoqueiras e gostam de andar pelas ruas. Na realidade, o pai dessa criança não conseguia sair, a ponto de precisar que o terapeuta o atendesse em sua casa, uma vez que deixá-la lhe provocava desmaios.

Outra modalidade identificatória descrita por Freud é a identificação que prescinde da relação de objeto: a identificação se faz na base de poder ou querer colocar-se na mesma situação do sujeito com o qual se está identificando.

Com frequência, encontramos, tanto em casos de crianças como de adultos, antecedentes fóbicos familiares; isto é o que se confunde, por vezes, com a hereditariedade. As mães transmitem seus temores para os filhos, além de ser comum o paciente recordar-se de que sua mãe utilizava objetos protetores para defendê-lo dos perigos. É importante lembrar que muitos pais ou mães usam seus filhos como objetos acompanhantes para se defender de seus medos, facilitando neles a emergência de estruturas contrafóbicas. Nesses casos, o medo se transforma em valor, tornando-se uma forma onipotente de enfrentar a angústia. O próprio medo acaba por se transformar em coragem pelo fato de a criança ter sido colocada por seus pais em uma situação de onipotência.

Um exemplo interessante de contrafobia é a de um paraquedista que escutei durante algum tempo. Ele sofria de frequentes vertigens quando, em terra, estivesse perto de uma janela. Para controlar seus intensos medos, procurava enfrentar o objeto temido, evitando, portanto, a angústia da espera. Seu medo da altura o obrigava a enfrentá-la para poder controlá-la. Na verdade, o que provocava angústia era o desejo de jogar-se. Desconhecia a origem de seu sintoma, mas à medida que, como resultado de suas associações, este ia se enlaçando com representações masturbatórias infantis, a vertigem foi se transformando em angústia e a necessidade de se colocar em situações de alto risco diminuiu. Vemos, aqui, o caminho inverso do sintoma físico "vertigem", a angústia como enlaçada a uma representação.

Outro paciente, que durante sua vida adulta sofre uma série de limitações em função de seus medos, recorda como era valente na infância. Colocava-se como mais corajoso do que a média, capaz de realizar as façanhas mais perigosas, expondo-se frequentemente ao perigo. Essa é a outra face da mesma moeda. A contrafobia aparece como a transformação no contrário de um traço fóbico, e assume, portanto, o mesmo valor.

Ao incorporar certos traços familiares, a criança costuma sentir-se mais amada, bem como ao responder a certos desejos parentais que a nomeiam, atribuindo-lhe um lugar determinado, tal como: "Ele nasceu para ficar junto a nós". Essa era a forma adotada pelos pais ao se referirem a uma criança que costumava ter graves manifestações de pânico sempre que tinha de ir a um aniversário. Para Piera Aulagnier (1985), o Eu funciona apenas se for capaz de garantir conjuntamente a estabilidade das duas referências: pelo seu reconhecimento e pelo reconhecimento de si mesmo através do olhar dos outros. Deve-se ser igual à imagem que é admirada pelos outros, ou ainda ser igual à imagem admirada pelo olhar que o Eu admira. Essas são as duas formações que o desejo narcísico adota no campo das identificações. O discurso familiar tem um grande peso sobre a formação da identidade e, muitas vezes, é esse tipo de produção de sintoma que nos faz pensar na hereditariedade.

Antes de terminar essa breve referência às fobias na literatura psicanalítica, gostaria de aludir a outros referenciais teóricos de grande importância, que colocam algumas diferenças com relação à formulação freudiana; eu as deixarei apenas indicadas, para serem aprofundadas em outro momento. Farei referência, em primeiro lugar, a Melanie Klein, que revisa a explicação freudiana (cujo núcleo central é o complexo de castração) para enfatizar a importância das fases de máximo sadismo em que vivem as crianças durante seu primeiro ano de vida. É na fase esquizoparanoide que ela encontrará a origem das fobias. Vê, frequentemente, os medos associados com a angústia de aniquilamento do ego em crianças pequenas, o que nos levaria

ESCRITOS METAPSICOLÓGICOS E CLÍNICOS

a dizer que são os mecanismos esquizoides os que subjazem às estruturas fóbicas. Tais estruturas seriam o produto de uma regressão baseada fundamentalmente na desintegração do eu e nos ataques internos da pulsão de morte. Ao ser projetada, esta se identifica com os objetos, que se voltam contra o eu como objetos ameaçadores, e deixam assim carregadas as fantasias de objetos retaliadores.

A existência de um superego sádico desde os primórdios constitui a constelação necessária para a aparição dos temores. As falhas nas defesas – onipotência, idealização, negação, simbolização e dissociação, típicas dessa posição – fazem que o eu sucumba diante da angústia. Na formação de uma fobia, o sujeito evita situações catastróficas produzidas pela pulsão, que o ataca de dentro; ao projetá-la, o sujeito a deposita em um objeto externo que pode ser evitado. Nos casos em que o objeto atacante e o protetor funcionam externamente, o acompanhante fóbico se identifica com o objeto bom; no entanto, o objeto mal está identificado com o objeto temido. Poderíamos dizer, portanto, que o sentimento de inveja, a pulsão de morte e o fracasso dos mecanismos defensivos são, nessa teoria, o pivô da fobia. Na psicopatologia kleiniana, a aparição de quadros neuróticos previne e evita a formação de uma psicose.

Os aportes lacanianos oferecem também ampla explicação para esse quadro. São determinantes nessa teoria o Édipo e a castração; entretanto, difere a forma em que esses entram em jogo. No caso do pequeno Hans, Freud diz que o menino teme ser separado de sua mãe; por outro lado, a teoria lacaniana situa a angústia como o medo de ficar preso na célula narcísica incestuosa, pela impossibilidade de que se exerça a lei paterna que enuncia a dupla proibição "não reintegrarás o teu produto, nem dormirás com a tua mãe". O cavalo, no caso do pequeno Hans, transforma-se em um objeto castrador, que se apresenta no contexto do imaginário para cobrir a falta de um pai real que atue no simbólico, como objeto castrador. Lacan dirá que é na falta do pênis materno que se revela a natureza do falo. O sujeito divide-se, vendo diante de si a abertura do abismo contra o qual se protege em uma fobia, podendo aparecer, em seu lugar, um objeto-fetiche que recobrirá a existência da falta do pênis, como deslocada.

Lacan propõe, no *Seminário da relação de objeto*, que a angústia não é o medo de um objeto, mas, sim, o *enfrentamento do sujeito com a falta do objeto*, uma falta de ser que o toma, na qual se perde e ante a qual é preferível até formar o mais estranho dos objetos, no caso uma fobia. Vemos, portanto, que a angústia de castração remete à relação do sujeito com o outro, ao mesmo tempo, constituindo-o como sujeito e o alienando.

Recordemos que, na teoria lacaniana, a angústia de castração é entendida em uma dimensão simbólica, como castração do sujeito, e toda a angústia acaba sendo angústia de castração, uma vez que determina a própria relação com a possibilidade de tornar-se sujeito desejante. Em Lacan, a condição de objeto total ou parcial decorre da posição que o sujeito ocupa na estrutura, isto é, se ele se coloca como *capaz* de preencher a falta na mãe, ou como parte daqueles que podem satisfazer seus desejos.

O jogo de interesses

Retomando o problema da etiologia, após ter exposto a contribuição da psicanálise, parece-me importante lembrar que na discussão dessas questões há elementos que estão para além de uma polêmica científica, e que levantam a questão do papel da ciência e o conhecimento na estrutura social. Tanto o conhecimento quanto o saber estão intimamente ligados ao poder: é justamente o poder o que origina um discurso científico que determina os lugares de hierarquia e dominação. O discurso é poder, e é luta pelo poder instituído o que nos situa em uma ordem social determinada. Adotar uma explicação única da etiologia do transtorno psíquico nos coloca no lugar de possuidores da verdade e, portanto, como os únicos agentes que têm o direito de administrar a cura. Essa prioridade não só funciona no sentido do prestígio, mas também determina a possibilidade de monopolizar o mercado de trabalho e a aplicação das verbas destinadas à pesquisa.

A partir disso é possível deduzir que não é só o benefício dos pacientes o que está em jogo nessa discussão etiológica e nosográfica a respeito da síndrome do pânico e da fobia; são também fortes interesses corporativistas que regem um mercado de trabalho cada vez mais competitivo. Reflexo dessa situação são as mudanças sofridas pelo *Manual de diagnóstico e estatística dos distúrbios mentais* (DSM), da Associação Psiquiátrica Americana, que refletem cada vez mais a ascensão da psiquiatria biológica e da psicofarmacologia, com a consequente proliferação de drogas psicoativas com alvos específicos. Observamos que o caminho vai cada vez mais na direção de classificar descritivamente os distúrbios, enfatizando os transtornos sintomáticos, deixando-se, assim, de lado a compreensão mais complexa que inclui os fatores sociais e dinâmicos. Não devemos esquecer que tanto o *DSM III* quanto o *DSM IV* regem a distribuição do dinheiro destinado às diferentes linhas de pesquisa.

Se é possível pensar um campo onde o orgânico e o psicológico se reúnam, tecendo uma trama, estaremos ajudando a romper com os feudos científicos. Estaremos, então, superando um imaginário narcísico que nos faz pensar que nossa visão é a única e que somos os detentores da verdade.

Referências bibliográficas

ABERASTURI, A. Teoria e técnica del analisis de niños. *Grupos de Orientación de Madres*. Buenos Aires: Paidós, 1962.

ABRAHAM, K. *Teoria psicanalítica da libido*. Rio de Janeiro: Imago, 1970.

AIDAR, M. A. K. As diferenças sexuais anatômicas. In: ALONSO, S. L.; LEAL, A. M. S. (Orgs.) *Freud*: um ciclo de leituras. São Paulo: Escuta/Fapesp, 1997.

ALONSO, S. L. e FUKS, M. P. Histeria e erotismo feminino. In: ALONSO, S. L., GURFINKEL, A. C. & BREYTON, D. M. (Orgs.). *Figuras clínicas do feminino no mal-estar contemporâneo*. São Paulo: Escuta, 2002.

ANZIEU, D. e KAËS, R. *O trabalho psicanalítico nos grupos*. Lisboa: Moraes, 1978.

AULAGNIER, P. *A violência da interpretação*. Rio de Janeiro: Imago, 1982.

_____. (1975) *La violencia de la interpretación: del pictograma al enunciado*. Buenos Aires: Amorrortu, 1977.

BAREMBLITT, G. *El concepto de realidade en psicoanálisis*. Buenos Aires: Socioanálisis, 1974.

BERNARD et al. *El grupo y sus configuraciones*. Buenos Aires: Lugar, 1982.

BESSERMAN VIANA, H. *Não conte a ninguém...* Contribuição à história das Sociedades Psicanalíticas do Rio de Janeiro. Rio de Janeiro: Imago, 1994.

BLEICHMAR, H. *Avances em psicopatologia psicanalitica.* Buenos Aires: Paidós, 1997.

BLEICHMAR, S. O intraduzível da mensagem do outro. Revista *Projecto,* 6, 1996. Porto Alegre.

_____. *La fundación de lo inconsciente: destinos de pulsión, destinos del sujeto.* Buenos Aires: Amorrortu, 1993.

CAETANO, D. *Como enfrentar o pânico.* São Paulo: Ícone, 1987.

CARR, D. B. e SHEEHAN, D. V. Panic anxiety: a new biological model. *Journal of Clinical Psychiatry,* n. 45, p. 323-330, 1984.

CARTOCCI, L. Pânico, pane… um divã para a queda. *Percurso,* n. 21, p. 16-22, 2º semestre 1999.

CASTEL, R. *O psicanalismo.* Rio de Janeiro: Graal, 1978.

CHAPA, H. *Pánico y agorofobias.* Buenos Aires: Salerno, 1997.

CHATEL, M.-M. *Mal-estar na procriação.* Rio de Janeiro: Campo Matêmico, 1995.

CHEMAMA, R. *Diccionario de psicoanálisis.* Buenos Aires: Amorrortu, 1998.

CLAUVREUL, J. *El orden medico.* Barcelona: Argot, 1983.

CLEMENTS, S.D. *Task force one: minimal brain dysfunction in children* (NINDB Monograph 3). Washington, DC: Department of Health, Education and Welfare, 1966.

CORDIÉ, A. La represión primaria en un caso de psicosis infantil. *Clínica bajo transferencia.* Buenos Aires: Manantial, 1984.

CRITÉRIOS DIAGNÓSTICOS DO D.S.M. IV. Porto Alegre: Artes Médicas, 1995.

DELEUZE, G. *Francis Bacon: Logique de la sensation*. Paris: La Vue le Texte, Éditions de la Différence, 3. ed., tomo I, s/d.

DOR, J. *Estruturas e clínica psicanalítica*. Rio de Janeiro: Taurus, 1993.

FERNANDEZ, A.M. Autonomias y de-construcciones de poder. In: MELER, I. e TRAJER, D. (Orgs.) *Psicoanálisis y género*. Buenos Aires: Lugar, 2000.

FERREIRA, A. B. H. *Novo dicionário Aurélio*. Rio de Janeiro: Nova Fronteira, 1986.

FREUD, A. e KLEIN, M. (1927) Psicoanálisis de niños. *Contribuciones al psicoanálisis*. Buenos Aires: Hormé, 1964.

FREUD, S. (1893-1895) Estudios sobre la histeria. *Obras completas*. Buenos Aires: Amorrortu, 1988, v. 2.

——————. (1894) Las neuropsicosis de defensa. *Op. cit.*, v. 3.

——————. (1895) Proyecto de una psicologia para neurólogos. *Op. cit.*, v. 1.

——————. (1896) Carta 52. Fragmentos de la correspondência con Fliess. *Op. cit.*, v. 1.

——————. (1897) Cartas de 21/9; 3/9; 4/9 e 15/10/1897. Fragmentos de la correspondência con Fliess. *Op. cit.*, v. 1.

——————. (1900) La interpretación de los sueños. *Op. cit.*, v. 4.

——————. (1905a) Tres ensayos de teoria sexual. *Op. cit.*, v. 7.

——————. (1905b) Fragmentos de análisis de un caso de histeria. *Op. cit.*, v.7.

_____. (1908a) Teorias sexuales infantiles. *Op. cit.*, v.9.

_____. (1908b) La moral sexual 'cultural' y la nervosidad moderna. *Op. cit.*, v.9.

_____. (1908c) Caráter y erotismo anal. *Op. cit.*, v. 9.

_____. (1909a) Novela familiar de los neuroticos. *Op. cit.*, v. 9.

_____. (1909b) Análisis de la fobia de un niño de cinco años. *Op. cit.*, v. 10.

_____. (1909c) A propósito de un caso de neurosis obsesiva. *Op. cit.*, v. 10.

_____. (1910a) Cinco lecciones de psicoanálisis. *Op. cit.*, v. 11.

_____. (1910b) Sobre un tipo particular de objeto en el hombre. *Op. cit.*, v. 11.

_____. (1910c) Sobre el psicoanálisis silvestre. *Op. cit.*, v. 11.

_____. (1910d) Un recuerdo infantil de Leonardo da Vinci. *Op. cit.*, v. 11.

_____. (1911a) Puntualizaciones psicoanalíticas sobre un caso de paranoia (*Dementia paranoides*) descrito autobiograficamente. *Op. cit.*, v. 12.

_____. (1911b) Dos principios del funcionamiento mental. *Op. cit.*, v. 12.

_____. (1913a) La predisposición a la neurosis obsesiva. *Op. cit.*, v. 12.

_____. (1913b) Tótem e tabu. *Op. cit.*, v. 13.

_____. (1915-1917a) La vida sexual de los seres humanos. Conferencias de introducción al psicoanálisis. *Op. cit.*, v. 16.

_____. (1915-1917b) Desarrollo libidinal y las Organizaciones sexuales. Conferencias de introducción al psicoanálisis. *Op. cit.*, v. 16.

_____. (1915a) La represión. *Op. cit.*, v. 13.

_____. (1915b) Lo inconciente. *Op. cit.*, v. 14.

_____. (1917a) Sobre las transposiciones de las pulsiones y en particular el erotismo anal. *Op. cit.*, v. 17.

_____. (1917b) Duelo y melancolia. *Op. cit.*, v. 14.

_____. (1918) De la historia de una neurosis infantil. *Op. cit.*, v. 17.

_____. (1919a) Lo ominoso. *Op. cit.*, v. 17.

_____. (1919b) Pegan a un niño. *Op. cit.*, v. 17.

_____. (1919c) Debe enseñarse el psicoanálisis em la universidad? *Op. cit.*, v. 17.

_____. (1919d) Nuevos caminos de la psicoterapia psicoanalítica. *Op. cit.*, v. 17.

_____. (1920) Sobre la psicogénesis de un caso de homosexulidad femenina. *Op. cit.*, v. 18.

_____. (1921) Psicologia de las masas y análisis del yo. *Op. cit.*, v. 17.

_____. (1922) La cabeza de Medusa. *Op. cit.*, v. 18.

_____. (1923a) La Organización genital. *Op. cit.*, v. 19.

_____. (1923b) El yo y el ello. *Op. cit.*, v. 17.

_____. (1923c) Psicoanálisis. *Op. cit.*, v. 18.

_____. (1924) El sepultamiento del complejo de Edipo. *Op. cit.*, v. 19.

_____. (1925) Algunas consecuencias psiquicas de las diferencias sexuales anatómicas entre los sexos. *Op. cit.*, v. 19.

_____. (1926a) Inhibición, síntoma y angustia. *Op. cit.*, v. 20.

_____. (1926b) Pueden los legos ejercer el psicoanálisis? *Op. cit.*, v. 20.

_____. (1927) El porvenir de una ilusión. *Op. cit.*, v. 21.

_____. (1930) El malestar en la cultura. *Op. cit.*, v. 21.

_____. (1931) Sobre la sexualidad femenina. *Op. cit.*, v. 22.

_____. (1933) La feminilidad. Nuevas conferencias de introducción al psicoanalises *Op. cit.*, v. 22.

_____. (1937a) Construcciones en análisis. *Op. cit.*, v. 23.

_____. (1937b) Análisis terminable e interminable. *Op. cit.*, v. 23.

_____. (1938) Compendio del psicoanálisis. *Op. cit.*, v. 23.

FUKS, L. B. "Insistência do traumático. In: FUKS, L. B. e FERRAZ, F. C. (Orgs.) *A clínica conta histórias*. São Paulo: Escuta, 2000.

FUKS, M. P. Algo que estava oculto tem vindo à luz. In: ALONSO, S. L. e LEAL, A. M. S. (Orgs.) *Freud: um ciclo de leituras*. São Paulo: Escuta/Fapesp, 1997.

GALEANO, E. (1940) O amor. In: *Mulheres*. Porto Alegre: LP&M, 1997.

GARCIA-ROZA, L.A. *Introdução à metapsicologia freudiana 3*. Rio de Janeiro: Jorge Zahar, 1995.

GREEN, A. Sexualidade tem algo a ver com a psicanálise? *Int. J. Psycho-Anal.*, v. 76, n.5, 1995.

HORSTEIN, L. A entrevista psicanalítica. In: *Introdução à psicanálise*. São Paulo: Escuta, 1989.

_____. Amar, trabajar en hombres y mujeres. In: MELER, I. e TRAJER, D. (Orgs.) *Psicoanálisis y género*. Buenos Aires: Lugar, 2000.

JOHNSON, M. R.; LYDIARD, R. B. & BALLENGER, J. C. "Panic disorder: Pathophysiology and drug treatment". *Drugs*, v. 49, n. 3:, p. 328-344, 1995.

JONES, E. *Vida e obra de Sigmund Freud*. Rio de Janeiro: Zahar, 1979.

KLEIN, M. Principios psicologicos del analisis infantil. *Contribuiciones al psicoanálisis*. Buenos Aires: Hormé, 1964a.

_____. Simposio sobre analisis infantil. *Contribuiciones al psicoanálisis*. Buenos Aires: Hormé, 1964b.

_____. *Relato del psicoánalisis de un niño*. Buenos Aires: Paidós, 1961.

KOHLER, E. *L'intelligence des signes supérieurs*. Paris: Alcan, 1927.

LACAN, J. (1936) El estadio del espejo como formador del yo (je) tal como se nos revela en la experiencia psicoanalítica. In: *Escritos 2*. México: Siglo XXI, 1985.

_____. (1958) La significación del falo. *Op. cit.*

_____. (1960) Ideas directivas para un congreso sobre la sexualidad femenina. *Op. cit.*

LAPLANCHE, J. e PONTALIS, J.-B. *Vocabulário da psicanálise*. São Paulo: Martins Fontes, 1986.

LAPLANCHE, J. El inconsciente y el ello. *Problematicas IV*. Buenos Aires: Amorrortu, 1978.

_____. *Vocabulário da psicanálise*. São Paulo: Martins Fontes, 1986.

_____. *La sexualidad*. Buenos Aires: Nueva Vision, 1988.

_____. *Teoria da sedução generalizada*. Porto Alegre: Artes Médicas, 1988.

_____. *Novos fundamentos para a psicanálise*. São Paulo: Martins Fontes, 1992.

_____. *La cubeta. Transcendencia de la transferencia. Problematicas V*. Buenos Aires: Amorrortu, 1990.

_____. "Implantation, intromission" In: LAPLANCHE, J. *La révolution copernicienne inachevée*. Paris: Aubier, 1992.

_____. (1992) *La prioridad del otro em psicoanálisis*. Buenos Aires: Amorrortu, 1996.

_____. Breve tratado do inconsciente. In: *Psicanalítica*, v. 5, n. 5, 1998.

_____. Pulsão e instinto. *Percurso*, n. 27, p. 5-13, 2001.

LIMA, A. A. S. Psicanálise e Sedes: uma tradição renovadora. *Percurso*, n. 20, p. 56-64, 1998.

MANNONI, M. *La primera entrevista con el psicoanalista*. Buenos Aires: Granica, 1973.

_____. *A criança, sua doença e os outros*. São Paulo: Via Lettera, 1999.

MANNONI. *A teoria como ficção*. Rio de Janeiro: Campus, 1982.

MEZAN, R. Três concepções do originário: Stein, Le Guen, Laplanche. In: *Figuras da teoria psicanalítica*. São Paulo: Edusp/Escuta, 1995.

MORIN, E. *Introdução ao pensamento complexo*. Lisboa: Instituto Piaget, s/d.

NASIO, J. D. *Enseñanza de 7 conceptos cruciales del psicoanálisis*. Barcelona: Gedisa, 1990.

NUTT, D. e LAWSON, C. Panic attacks. A neurochemical overview of nodels and mechanisms. *Brit. J. Psychiat.*, n. 160, p. 165-178, 1992.

ESCRITOS METAPSICOLÓGICOS E CLÍNICOS   461

PEREIRA, M. E. C. O pânico e os "fins" da análise. *Percurso*, n. 19, p. 29-36, 1997.

PRIGOGINE, I. (1977) *O fim das certezas*. Tempo, caos e as leis da natureza. São Paulo: UNESP, 1996.

RUDINESCO, E. *História da psicanálise na França*. Rio de Janeiro: Jorge Zahar, 1986.

SIGAL, A. M. (Org.) *O lugar dos pais na psicanálise com crianças*. São Paulo: Escuta, 1994.

_____. Sobre a Organização genital infantil. In: ALONSO, S. L. e LEAL, A. M. S. (Orgs.) *Freud*: um ciclo de leituras. São Paulo: Escuta/ Fapesp, 1995.

_____. Dialogando com a psiquiatria: das fobias à síndrome do pânico. *Percurso*, n. 19, p. 73-82, 1997.

_____. Psicanálise com crianças: um caldeirão fervendo. *Percurso*, n. 20, p. 81-92, 1998.

_____. "Francis Bacon e o pânico: uma falha no recalque primário" In: FUKS, L.B. e FERRAZ, F.C. (Orgs.) *A clínica conta histórias*. São Paulo: Escuta, 2000.

_____. O arcaico nas patologias contemporâneas. *Revista Latinoamericana de Psicopatologia Fundamental*, v., n. 4, p.: 112, 2001.

_____ (Org.) *O lugar dos pais na psicanálise de crianças* (2ª ed. revista e ampliada). São Paulo: Escuta, 2002a.

_____. Algo mais que um brilho fálico: considerações sobre a inveja do pênis. In: ALONSO, S. L.; GURFINKEL, A. C.; BREYTON, D. M. (Orgs.) *Figuras clínicas do feminino no mal-estar contemporâneo*. São Paulo: Escuta, 2002b.

_____. A mulher não nasce mãe, pode tornar-se mãe: a psicanálise, o feminino e as novas técnicas de fertilização assistida. In: FUKS, L. B. e FERRAZ, F. C. (Orgs.) *Desafios para a clínica contemporânea*. São Paulo: Escuta, 2003a.

_____. O originário, um conceito que ganha visibilidade. *Percurso*, n. 30, p. 59-66, 2003b.

TORT, M. *O desejo frio*. Rio de Janeiro: Civilização Brasileira, 2001.

VALABREGA, J.-P. A *formação do psicanalista*. São Paulo: Martins Fontes, 1983.

VALLEJOS. *Topologia de J. Lacan*: del narcisismo. Argentina: Helguero, 1979.

VIOLANTE, M. L. *Piera Aulagnier*: uma contribuição contemporânea à obra de Freud. São Paulo: Via Lettera, 2001.

WINNICOTT, D. W. A agressão e sua relação com o desenvolvimento emocional. In: *Textos selecionados*: da pediatria à psicanálise. Rio de Janeiro: Francisco Alves, 1978.

Edições Loyola

impressão acabamento

rua 1822 nº 347
04216-000 são paulo sp
T 55 11 2914 1922
F 55 11 2063 4275
www.loyola.com.br